国家出版基金项目
NATIONAL PUBLICATION FOUNDATION

出版人口述系列（第一辑）

老一辈出版人口述实录

《老一辈出版人口述实录》编委会 编

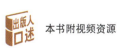
本书附视频资源

江西高校出版社
JIANGXI UNIVERSITIES AND COLLEGES PRESS

图书在版编目（CIP）数据

老一辈出版人口述实录 /《老一辈出版人口述实录》编委会编 . -- 南昌：江西高校出版社，2024.10

（出版人口述系列 . 第一辑）

ISBN 978-7-5762-4757-2

Ⅰ . ①老… Ⅱ . ①老… Ⅲ . ①出版事业—文化史—史料—中国—现代 Ⅳ . ① G239.297

中国国家版本馆 CIP 数据核字（2024）第 003908 号

策划编辑：袁幸园　邓玉琼　　　　　责任编辑：邓玉琼　曾文英　张佳兵

美术编辑：曾　宇　　　　　　　　　装帧设计：黄　静　王煜宣

排版制作：邓娟娟　　　　　　　　　责任印制：李香娇

出版发行：江西高校出版社　　　　　社址：江西省南昌市洪都北大道 96 号

总编室电话：（0791）88504319　　　销售电话：（0791）88517295

网址：www.juacp.com　　　　　　　　印刷：浙江海虹彩色印务有限公司

经销：全国新华书店　　　　　　　　开本：700 mm×1000 mm　　1/16

印张：21　　　　　　　　　　　　　字数：300 千字

版次：2024 年 10 月第 1 版　　　　　书号：ISBN 978-7-5762-4757-2

印次：2024 年 10 月第 1 次印刷　　　定价：68.00 元

赣版权登字 –07-2024-25

本书编委会

编委会办公室

主　任：刘丽霞

副主任：袁幸园　韩丽楠

成　员：朱胜龙　邓玉琼　李　江　王志宇　周　玥

视频工作团队

监　　制：韩丽楠

策　　划：李　江　王志宇　纪礼家

文字统筹：朱胜龙　邓玉琼　曾文英

编　　导：周　玥　王　魁

统　　筹：张佳兵　万丽婷　张　明　姚　平　邓娟娟

编写说明

新中国成立以来特别是改革开放 40 多年来，出版人为实现建设文化强国的宏伟目标，锐意进取，砥砺前行，留下了鲜明的印迹，做出了重要的贡献，体现了出版人的责任担当、文化情怀和奉献精神。实现在2035 年把我国建成文化强国的宏伟目标，需要汇聚出版行业力量，凝聚出版行业智慧，弘扬责任担当和奉献精神。老一辈出版人在长期的出版改革发展实践中，身体力行地赓续红色血脉，传承红色基因，弘扬优秀传统，参与、推进出版改革，留下了宝贵的精神财富。《老一辈出版人口述实录》，作为"出版人口述系列"的第一辑，通过口述实录，真实记载老一辈出版人的文化印迹和精神风貌，留存他们的经验与智慧，重现历史的光彩和辉煌，对进一步发扬优良传统，守正创新，推动出版业深化改革和繁荣发展，将起到积极的促进作用。

一、编写原则

1. 口述作者大都从事出版工作 30 年以上，不同程度地参与过出版改革、推动了出版改革的进程，为出版改革与发展做出了重要贡献，在全国出版界有影响的、获得韬奋出版奖等全国性出版奖项的老一辈优秀出版人。

2. 鉴于口述作者平均年龄 85 岁，年事已高，我们在口述录制中，以抢救式发掘的方式，记载其从业生涯亲历的重要事件，为新中国史、改革开放史提供有参考价值的史料。

3.口述内容选取了老一辈出版人亲历、参与的重要出版事件、活动，以及他们职业生涯中的精彩片段，其中不少事件在新中国出版业的发展史上，具有积极的开拓、开创意义。

4.口述作者按照出生年月的先后进行排序。

二、编写内容

《老一辈出版人口述实录》为"出版人口述系列"第一辑，由中国新闻出版研究院院长、韬奋基金会副理事长兼秘书长魏玉山担任编委会主任。《老一辈出版人口述实录》共收录19位老一辈出版人的口述资料，对其中16位老一辈出版人进行实地采访拍摄，制作成口述视频；对其中3位，制作资料性视频。相关视频以二维码的形式嵌入图书。同时，将口述实录内容制作成数字化图书、电子书、有声书和短视频等多元化产品，并通过互联网和新媒体平台进行推广和传播。

《老一辈出版人口述实录》主要包括口述实录文字、视频、照片及口述作者亲笔书写的有代表性的寄语等内容，以全媒体的形式进行呈现，是推进出版融合发展和转型创新的尝试和探索。

序：留住他们的风采

历史长河中，每代人都会留下自己的印迹。杰出人物更以其超常的智慧与能力，为社会做贡献。他们的精神风范，他们留下的优良传统与宝贵经验，对社会进步有着不可估量的价值。出版是文化事业的重要组成部分，出版人在传播、积累文化，传承文明中，担负着重要、不可或缺的历史重任。实现文化强国的宏伟目标，需要几代出版人坚持不懈的努力和义无反顾的付出；需要凝聚出版群体的智慧，汇聚出版群体的力量，激发出版群体的创新潜力。

新中国成立以来，老一辈出版人心怀国之大者，心系文化强国伟业，身体力行地传承红色基因，赓续红色血脉，推动出版事业、出版产业繁荣发展。他们把自己的人生答卷，写在出版事业发展的宏伟蓝图上，把个人的理想和追求，融入党和国家的工作大局中，融入竭诚为读者服务中。他们用智慧和心血铸就了出版业的辉煌，用服务经济社会发展大局诠释了出版人的光荣使命，绘就了初心如磐的时代画卷，在创造有形的精神文化产品的同时，留下了宝贵的精神财富。

如果老一辈出版人的经验与智慧能够被出版界共享，那么无疑将成为推动出版业高质量发展的精神力量。随着时间的流逝，老一辈出版人大多年事已高，不少人已经离开了我们。因此，留存他们的出版记忆和宝贵精神财富，成为一项刻不容缓的工作，其重要性和紧迫性不言而喻。

近年来，出版界出版了不少老一辈出版人口述历史的图书。这些口述历史，既有真实性，是亲身经历、亲身体验、亲眼所见、亲耳所闻；又有思想性，体现了他们对历史的总结、感悟和思考，体现了他们的崇高追求和远大志向。这既是对个人经历的复盘和梳理，也是对行业改革和发展的总结和展望。它为我们总结历史经验、传承优良传统、丰富出版史料，提供了独特的视角，开拓了重要的研究领域；对促进出版史研究的深入，起到了重要的补充和促进作用。进入新时代，这项利在当下、惠及长远的工作亟须在已有基础上继续深化推进，加强整体规划；并结合新的条件补充新的内容，拓展新的手段，提升质量和水平。

为了立体呈现老一辈出版人的精神风貌，在中国版协的有力支持下，在相关出版单位的积极努力下，《老一辈出版人口述实录》融合出版项目团队，以传承优良传统，打造传世精品为己任，精心策划，遴选了 19 位老出版人，他们大都从事出版工作 30 年以上，都曾获得过全国性重要出版奖项，主持或参与过许多出版重大项目、重点工程，为某一领域某一行业的改革创新突破发挥过关键作用，为我国出版事业的繁荣发展做出了重要贡献。项目团队通过创新内容表现形式，加强图书内容表现力，把作者的口述文章、图片与口述视频等多素材融合，以全媒体的形式呈现，借助先进的技术手段，将这些老一辈出版人的故事鲜活地呈现在读者、观众面前。项目团队不仅在融合创新上进行了有益的尝试和探索，更以只争朝夕的精神，与时间赛跑，抢救和留存了不少珍贵的文字和音像资料，取得了重要的阶段性成果。

出版人作为高擎火把的文化先行者，在富有创意的文化再造中，参与了社会精神生活的建构，引领了社会精神文化生活的走向，影响着社会生活方式的形成。出版人在生产优质精神文化产品的同时，也在创造出版文化。口述历史作为一种带有个人情感体验的叙事方式，既是挖掘精神文化遗产、传承优良传统的有效形式，也是夯实当代出版史研究、弘扬出版文化的路径选择。回望历史，可以从老一辈出版人与出版事业同频共振的出版实践中，感受他们毕生坚守的文化自信；可以从老一辈出版人"择一事，终一生"的文化情怀中，汲取促人奋进的精神动能。将这些老一辈出版人倾情付出、为之奋斗的历史传承下去，让尘封的记忆在个人叙事中重放异彩，有益于从口述的亲历体验中，更真切地了解出版界重大事件的始末缘由；有益于增强文化自信和历史使命感；有益于从口述的细节中，产生触摸过去的历史亲近感，了解来之不易的出版业改革和发展成就；有益于从口述还原的场景描述中，重温历史，记忆历史，认识历史，了解优良出版传统更深层次的内涵和意蕴。《老一辈出版人口述实录》既是老一辈出版人筚路蓝缕创业印迹的生动记载，也是新中国特别是改革开放以来我国出版业辉煌成就的集中体现；既是赓续红色血脉、传承奋斗基因的重要载体，也是深度挖掘老一辈出版人精神财富的思想成果，更是新时代出版人向老一辈出版人的致敬之作。

出版《老一辈出版人口述实录》，是老一辈出版人的夙愿，更是新时代广大出版工作者的期盼。特别是对广大年轻一代的出版从业者来讲，《老一辈出版人口述实录》为他们了解出版历史、传承优良传统、提高综

合素质提供了鲜活的培训教材。让我们共同期待，这本书能够为新时代
出版业的改革发展，贡献一份力量。

本书编委会

2024 年 4 月 16 日

目
录

张惠卿

出版马列著作的难忘回忆

001

郑士德

我国图书发行学建立和发展回顾

017

吴道弘

书评与出版

033

王久安

北京图书订货会见证图书发行体制改革

047

袁亮

回眸出版改革中的几件往事

063

邵益文
为编辑研究和编辑学学科建设尽心尽职尽力

071

周谊
科技出版改革回溯

087

刘硕良
把最好的东西捧给读者

115

江曾培
文艺出版的鸿爪屐痕

133

李景端
半生书缘一世情

153

陈为江

北京国际图书博览会见证我国对外文化交流

171

刘笃义

青岛出版社改革发展回顾

185

王为珍

创建"泰山科技专著出版基金会"始末

197

谢明清

见证我国音像电子出版业发展历程

211

吴智仁

上海科技出版改革往事萦怀

223

李元君

地方社的"接力"发展

243

汪继祥

转企改制给科学出版社带来了活力

261

海飞

见证童书高质量发展传奇

283

唐浩明

打通古今　传承智慧

303

张惠卿 ┃ 出版马列著作的难忘回忆

访谈实录视频

访谈时间：2023 年 4 月 13 日
访谈地点：上海

  张惠卿，1924 年出生，1953 年 3 月从华东人民出版社调入人民出版社后，在人民出版社工作了 45 年。1956 年任人民出版社马列主义基础编辑组组长，两年后，担任马列著作、外文书编辑室主任。1978 年 9 月任副总编辑。1983 年 7 月由国务院任命为人民出版社总编辑。同年年底，任人民出版社社长兼总编辑，直至 1988 年 11 月退居二线。1993 年任第八届全国政协委员。

出版马列著作是一项很重要的工作

张春桥

2023年4月13日

主持人：您调入人民出版社后，从编辑到编辑室主任，一直负责马列著作的出版工作。请您谈谈当年出版了哪些马列著作？

张惠卿：1949年人民出版社重建以后，马列著作的编辑出版工作开始有了集中统一的规划：一方面把过去的译本（包括解放社版和三联书店版）重新校订后统一用人民出版社的名义出版，一方面组织翻译新的译本，苏联外国文书籍出版局的版本也经过原译者校订译文后重新排印出版。

1956年我任人民出版社马列主义基础编辑组组长。两年后编辑组改为编辑室，我担任马列著作、外文书编辑室主任，长达20年。1978年9月任副总编辑，1983年7月任总编辑。1983年年底社长曾彦修离休后，我主持人民出版社工作至1988年11月。45年工作期间（1953年进入人民出版社，至1998年离休），我经手并负责出版了马列著作和外国政治学术著作近千种。社长曾彦修同志提倡睁眼看世界，我非常赞同他的观点，并在出版工作中尽量促其实现。

我经手编辑出版的近千种图书中，马列著作包括全集、选集、专题文集、书信集、合编本、单篇本等共占500多种，合计字数1亿4000多万，其中马列著作全集，计有50卷的《马克思恩格斯全集》、60卷的《列宁全集》、13卷的《斯大林全集》，选集则有《马克思恩格斯文集》10卷本、《列宁选集》4卷本、《斯大林选集》2卷本。编译出版马列著作是一项相当繁重而巨大的出版工程。圆满完成这项工程，无疑是人民出版社光荣而重大的政治任务。在这项伟大的工程中，中央编译局（中共中央马克思恩格斯列宁斯大林著作编译局）给了我们巨大的帮助并做出了重要贡献，许多马列著作都是由他们编译完成后，交给我们出版的。

20 世纪 80 年代，根据中央的决定，人民出版社还编译出版并大量发行了 4 卷本《马列著作选读》。书名分别是《马列著作选读：哲学》《马列著作选读：科学社会主义》《马列著作选读：政治经济学》《马列著作选读：马克思主义是发展的理论》。

这项浩瀚壮丽的出版工程，是中央编译局、人民出版社、新华印刷厂、新华书店诸多单位同志共同做出的贡献。就人民出版社来说，不论是编辑部门的审读、整理、发稿，还是美术部门的装帧设计，抑或是出版部门的版式设计、付排、校对，以及纸张材料的供应，一直到印制完成，发行前的成品检查，每一个环节和工序都经过精心细致的安排，各部门全力以赴。一般图书三校后即可付印，马列著作往往要经过四校，甚至更多校次，而且由熟练的老校对把关。纸张材料也是特备的，整个印刷过程，我们出版社都派专人下厂督促检查，自始至终，毫不松懈，确保质量。

主持人：1971 年，周总理倡议召开了全国出版工作座谈会，您也参与了会议材料的起草。请您介绍一下会议的有关情况和您的感受。

张惠卿：1971 年，周总理倡议召开了全国出版工作座谈会，并对出版工作做了一系列重要指示。当时我刚从湖北咸宁文化部"五七"干校调回北京，被派去参加会议文件的起草工作，得以有幸三次聆听周总理的谈话，亲身感受到总理对出版工作的焦虑和关怀。他为挽救出版事业，挺身而出，据理力争，冲破重重阻难，做了全面而周详的安排。当时的一些情景，总理的音容笑貌，至今历历在目，令人终生难忘。

"文革"期间，出版界受到很大冲击，出版园地一片荒芜。1967 年全国只出版 2000 多种图书，期刊也只剩下 27 种。

面对如此局面，周总理首先想到了整顿和恢复出版工作，于 1971 年 3 月 15 日召开了全国出版工作座谈会，全国各省、自治区、直辖市都派了代表参加。参会人员共有 200 多人，很多人是从干校刚调回来的，还有不少是军代表。吴庆彤同志担任会议领导小组组长，自始至终主持并掌握会议的进程。当时在国务院工作的王维澄同志担任会议文件起草小组组长，参加文件起草工作的还有人民出版社的副总编辑齐速同志、商务印书馆的副总编辑汝晓钟同志，连我共 4 个人。在吴庆彤同志的直接指导下，起草小组拟订了一份《汇报提纲》，概括了当前出版工作的基本状况和存在的现象，系统地列出了会议要讨论和解决的各类问题，以便向周总理汇报。

4 月 12 日，周总理接见会议领导小组成员和有关各方代表，一面听汇报，一面做指示、谈意见，从午夜 1 点一直进行到凌晨 5 点多钟，对出版工作做了全面细致的指示和部署。他着重谈了马恩列斯著作和毛主席著作的出版问题，谈了要积极组织出版各类图书，特别是历史、地理和青少年读物的问题，谈了封存图书的处理开放和批判极左思潮的问题，谈了出版队伍的问题，还谈了图书的封面设计、定价、稿酬、印刷、发行等许多问题。总理在谈话中有针对性地一再强调要用历史观点看问题，"不能否定历史，不能割断历史"，涉及了出版工作中一系列的政策性问题，使我们深受启发，耳目一新。

在总理的谈话中，令我印象特别深刻的一件事，是关于马列著作和毛主席著作、马列主义和毛泽东思想的次序、提法问题。文件起草小组在起草《汇报提纲》时，在提到马恩列斯著作的地方，习惯地把它放在毛主席著作的后面；而提到"毛泽东思想"时，则不敢同时提马克思列宁主义。当向总理汇报到"要出好毛主席著作、马恩列斯著作"时，总理马上纠正说，"马恩列斯著作要放在前面"。接着汇报到"要突出毛泽东思想"和"要坚持以毛泽东思想为指导"的地方，总理又立即指示：要提全，前面加上马克思主义、列宁主义。要写马克思主义、列宁主义、毛泽东思想。并强调说：水有源，树有根，毛泽东思想是继承了马克思主义，又发展了马克思主义。马克思是根，不能割断根嘛！周总理在会上还特别指示，要尽快重新编辑出版《马克思恩格斯选集》和《列宁选集》两个4卷本，并陆续出齐50卷的《马克思恩格斯全集》（当时《全集》已出21卷，尚有29卷还未出版）。此事很快被列入全国出版计划。其他各类图书，包括一些工具书在内，都在出版计划中一一列入。

这次由国务院直接主持召开的全国出版工作座谈会，自3月15日开始，一直进行到7月29日，共开了130多天，是当时所有会议中开得时间最长的一个，和比它晚开一个月的全国教育工作座谈会同时闭幕。座谈会期间，周总理三次接见会议代表。总理还做了总结性发言，要求大家回去立即行动起来，要多出一些书，并责成各地的第一书记要抓出版工作。

周总理在三次接见谈话中，对出版工作当时碰到的问题，做了明确而具体的指示和分析。总理还亲自修改国务院《关于出版工作座谈会的报告》，字斟句酌，连一个标点符号都不放过；6月16日又参加中央政治局讨论这一报告的会议。为抵制极左思潮的干扰，争取出版工作有一个好的局面，他呕心沥血，不遗余力。国务院《关于出版工作座谈会的报告》最后形成了中发〔1971〕43号文件，于1971年8月13日下发各地执行。

尽管文件最后在张春桥、姚文元的把持下，和全国教育工作座谈会的文件（中发〔1971〕44号文件）一样被硬塞进了周总理并不同意的所谓"两个估计"：一是出版界长期以来被"反革命修正主义"的"黑线"专了政；二是出版界的知识分子的大多数，他们的世界观是资产阶级的或还没有得到很好的改造。但无论如何，在当时的形势下，这次会议、这个文件给出版工作带来了生机和活力，并使出版业从此走出低谷。

文件中贯穿的基本精神，是周总理的心血凝成的结晶。如文件明确提出"要把出版马恩列斯著作、毛主席著作放在首位"，"要大量出版普及的读物，也要努力出版高级的作品"，"坚持唯物辩证法的两点论"，"要出版政治读物，也要出版文学艺术、科学技术、历史、地理等图书"，"坚持'百花齐放、百家争鸣'的方针"，"坚持'古为今用、洋为中用'，'推陈出新'的方针"，"对于民族文化遗产和外国文化，必须批判地继承和吸收，有选择地出版"，"在反对崇洋复古的时候，也要注意防止盲目排外、一概否定和割断历史的倾向"等。

主持人：全国出版工作座谈会结束后，出版界在贯彻会议精神中是怎样推进马列著作的出版工作的？请您谈谈。

张惠卿：遵照周总理的指示，会议以后，全国各出版单位很快动作起来，各项出版业务得以恢复和展开。由中央编译局重新编辑并校订了译文的《马克思恩格斯选集》4卷本和《列宁选集》4卷本，在1972年一年内全部出齐；《马克思恩格斯全集》各卷也相继迅速出版。中央一级和各地方出版部门的大批与出版工作相关的干部也从"五七"干校陆续调回，出版战线的基本队伍没有被打散而是保存下来，继续发挥着应有的作用。同时为了完成马列著作的编译任务，中央编译局的大批干部也在国务院的过问下，摆脱在江西"五七"干校的繁重体力劳动调回北京，使这个难得的马列著作的编译班子得以完整地保留下来。

根据周总理在全国出版工作座谈会上提出的要重新编辑出版马克思恩格斯和列宁两部选集的指示，中央编译局于1972年将编校后的《马克思恩格斯选集》1—4卷交人民出版社出版。因1966年的版本基本没有发行，故这部《选集》就作为第一版第二次印刷。

1995年在纪念恩格斯逝世100周年之际，中央编译局又重编出版了《马克思恩格斯选集》4卷本的第二版，也就是拨乱反正、改革开放以后的新版本。新世纪开始后，中央编译局又根据党中央实施马克思主义理论研究和建设工程规划的新要求，着手编辑了10卷本的《马克思恩格斯文集》，这也可以说是选集的最新版，在2009年出版，为中华人民共和国成立60周年献礼。

《列宁全集》中文第二版是根据1982年5月26日党中央的决定由中央编译局编译的，它和第一版完全不同，是由我国自行设计编辑的最完备的《列宁全集》，共60卷，以苏联的俄文第五版《列宁全集》（共55卷）为基础，又增收了未收录第五版的《列宁文稿》俄文版的部分文献编辑而成。译文都根据新版的原文仔细校订过，各卷由我们自己编写前言，介绍本卷的写作背景和基本内容，注释比第一版增加一倍多。《列宁全集》60卷新版从1984年开始出版，1990年出齐。

这部我国自行编辑、文献丰富、译文更为准确、资料齐备的《列宁全集》的问世，表明我国马列著作的编译出版事业向前迈进了一大步。它为我国人民系统地学习和研究马克思列宁主义创造了更为有利的条件，为马克思列宁主义理论宣传和理论教育提供了可靠的依据。

20世纪80年代，根据中央决定，还编译出版了前面提到的4卷本《马列著作选读》，曾大量发行。

主持人： 人民出版社在出版马列著作的同时，还出版了不少现代外国政治学术著作。请您介绍这方面的情况。

张惠卿： 在党的十一届三中全会以后，拨乱反正，国家进入了一个以经济建设为中心的改革开放的新时期，各方面开始步入正轨。当时国际国内形势已发生了很大变化，从外交、国际关系、经济建设、理论宣传、学术研究、科学创新、文化交流、教学需要等各方面来说，人们都十分关心并迫切想要了解外部世界的情况，特别是第二次世界大战以后近二三十年来的新情况和新知识。

当时出版部门不断收到一些学者和读者的建议，希望有关出版社参照过去出版"灰皮书"和"黄皮书"的办法，继续翻译出版一些现代外国政治学术著作，供大家研究参考。这项建议得到了有关部门一些领导同志的赞同。

1980年4月，在人民出版社总编辑曾彦修同志的倡议下，由陈翰伯（国家出版局代局长）、于光远（中国社会科学院副院长）、王惠德（中央编译局局长）和曾彦修4人出面，在国家出版局召开了一次有关各方人士参加的专门会议。会议一致同意继续翻译出版现代外国政治学术著作，并认为，为了有组织、有计划地出版此类书籍，确定选译的书目最为重要。决定在国家出版局的直接领导下，由人民出版社牵头，邀请中央编译局，社科院的马列所、情报所、苏东所，中联部七局，外交部苏欧司，北京图书馆和商务印书馆等单位参加，由十几位熟悉业务的同志兼职组成了一个"外国政治学术著作选目规划小组"，着手拟出决定翻译的书目。

这年 7 月，选目小组的同志经过大量阅读各类有关外文书籍以后，从中精选出了 100 本书，每本书都写有简要的内容介绍，编出了一份《现代外国政治学术著作选译书目（一百题）》（以下简称《选目》）的方案，经人民出版社主管此事的国际政治编辑室打印成册，分送给中宣部、国家出版局及有关单位和同志审阅，同时又送请胡耀邦、胡乔木等几位中央领导同志征求意见。

《选目》方案送出后的第三天，即 1980 年 7 月 21 日，人民出版社国际政治编辑室就收到了中共中央总书记胡耀邦同志的批示，基本得到耀邦同志的赞同，但要做到认真选译。就《选目》而言，耀邦同志提出，应指定一二十位有水平的行家再精选一下。耀邦同志还在退还给该室的 100 本书目的许多地方打上了红杠，表示关注，说明他仔细读过每一本书的介绍。

根据耀邦同志的指示精神，1981 年 1 月，经中宣部同意，国家出版局在京西宾馆召开了全国部分出版社和有关单位参加的座谈会，选目小组的全体同志均参加了座谈会。会议由陈翰伯同志主持，王惠德、于光远、边春光、曾彦修等同志都讲了话。会上确定了这套书的统一名称为"现代外国政治学术著作选译"，明确了读者对象和发行范围（不发县级书店）等；同时对书目做了一些调整，最后落实了95种。

许多出版社在会上提出，为了及时提供国外的思想信息资料，促进学术研究，尽管出版这些书经济上会有些亏损（因一般印数都较少），但他们都愿意承担出版任务，并认为95种书目太少了。

过去我们对国外的情况了解太少，很多学者不懂外文；即使懂外文的，原著也很难获得，这就需要有中文译本。现在有这样一个高水平的"选目小组"负责选书，尽量多翻译介绍一些重要的著作和资料进来，这是我们出版界为学术理论界服务的社会责任。最后经过研究确定，全国有26家出版社承担了这项任务。

选目小组根据大家的意见和要求，之后又分两批补充落实了72个选题，共167种，分别交由26家出版社负责组织翻译出版。

到1983年，列入"选目"的书已出版了64种，统一用黄色封面，作为一套丛书，封面上都印有"现代外国政治学术著作选译"的标记，每本书的扉页背面都有这样一个总的说明："为了研究和探讨现代国际共产主义运动中各种社会主义模式的理论和实践、各种共产主义流派学说以及其他政治学说，了解外国政治、社会和学术情况，我国部分出版社分别组织翻译一批有代表性的现代外国政治学术著作，供有关方面研究参考，本书是其中一种。"这些著作的出版，对于学术理论界了解外国政治学术动向，进一步研究马克思主义和科学社会主义理论，深入理解国际共运史上的经验教训和社会主义社会的规律，以及弄清当代世界发生的新情况新问题，是很有帮助和参考价值的，其中有些书还受到中央领导同志的关注，在对外交往中产生了积极作用。

1983年6月，接待
罗马尼亚出版代表
团（右五为张惠卿）

主持人：新中国成立后，人民出版社在提高马
列著作译文及装帧印制质量方面做了哪些工作？请
您具体介绍。

张惠卿：新中国成立以后，为了及时满足广
大干部、群众学习马克思主义的需要，最早是用
解放社的名义重印（也有个别的是初次出版）了
一大批马克思、恩格斯著作的中译本，其中有郭
大力译的《〈资本论〉通信集》、艾思奇译的《马
克思恩格斯关于历史唯物主义的信》，以及《共
产党宣言》《马克思恩格斯论中国》，等等。由于
这些译本大多是在新中国成立前翻译的，受当时
条件的限制，译文难免存在这样那样的缺点，新

中国成立后重印时有些译者又对译文做了一番校订。1949 年人民出版社重建后，马克思、恩格斯著作的编辑出版工作得到集中、统一的领导，并逐步有了具体的规划，重新校订出版过去的译本，同时组织翻译新的译本，而且印刷、校对和装帧设计也不断改善。以《资本论》为例，中译本最早出版于 1938 年，译文不妥甚至错误的地方较多。1951 年，译者依据 1932 年莫斯科德文版和 1949 年俄文版重新校订，修改了某些名词、术语的译法，有些地方还整段重译，对原书数字计算上偶然出现的差错（特别是第三卷第六篇）也依据俄文版加了附注说明或直接做了订正。1953 年第一次由人民出版社出版时，封面为宝蓝色绢面烫金字，印刷精美，庄严大方。又如恩格斯的《暴力在历史中的作用》，中译本原是 1940 年在延安出版，书名为《新德意志帝国建设之际的暴力与经济》；1951 年由人民出版社出版时，又据《马克思恩格斯全集》俄文第一版做了校订，并依据俄文版改了书名。《家庭、私有制和国家的起源》也是马克思主义的重要著作之一，是运用辩证唯物主义来研究人类历史的卓越典范。张仲实的译本是 1939 年译就，1946 年出版。1954 年，译者重校此书，并请了几位历史学家分别从德、俄、英、日文版仔细加以校阅，使译文更臻完善。

1953 年，中共中央马恩列斯著作编译局成立，从此马列著作得以实行有计划的集体翻译。编译局的成立不仅使《马克思恩格斯全集》《列宁全集》和《斯大林全集》这样篇幅浩繁的皇皇巨著能够翻译出版，而且能够充分发挥集体智慧，大大提高译文质量。

1959 年年初，中央编译局、人民出版社和新华印刷厂三家商定，为了向中华人民共和国 10 周年献礼，决定把苏联已经出版的 38 卷《列宁全集》（当时第 39 卷和第 40 卷两卷尚未出版）在国庆节前全部出齐，也就是说，要在 1959 年 9 月底以前，即 10 个月内把尚未出版的 22 卷《列宁全集》通通翻译出版。这是一个近乎疯狂的设想。因为无论是翻译还是排印装订，工作量之浩大艰巨是难以想象的！当时中央编译局集中了100 多位同志日夜奋战：能翻译的都来翻译，能定稿的都来定稿；不懂俄文的就通读中文做文字润饰工作；做卡片资料工作的同志，则日夜核对名词和引文，统一规格和用字。人民出版社的同志也是日夜不息地劳作。特别是担负校对工作的同志，任务极其繁重，一般图书三校即可，为了保证《列宁全集》不出文字差错，各卷（每卷 35 万到 40 万字）都至少进行了四校。这年的七八月间，有 15 卷的译校工作齐头并进，这是最为紧张的时期。新华印刷厂设立了专门的排字车间，在印刷过程中，增设了多种检查制度，建立了一系列严格的生产程序，以保证印制质量。三家紧密合作，终于到中华人民共和国成立 10 周年时，22 卷《列宁全集》全部问世，出齐了 38 卷，创造了出版史上的一大奇迹。这样的速度，粗疏当然是难免的，不过总算没有发生大的差错，只是译文在后来出版单行本和选集时，都需要经过重新校订。这一版的最后一卷第 39 卷（即《列宁关于帝国主义的笔记》）是 1963 年出版的；第 40 卷《土地问题笔记》因感到现实意义不大，没有翻译，所以这一版的《列宁全集》就出到第 39 卷为止。

《马克思恩格斯全集》中译本的出版，是 1956 年以后的事了，在此前后很长的时间内，马克思、恩格斯著作出版了 20 多种，其中有些属于早期著作，内容艰深，译校相当费力。如马克思的《关于犹太人问题》和《〈黑格尔法哲学批判〉导言》写于 1843 至 1844 年间，都发表在《德法年鉴》上。这两本著作对于研究马克思世界观的转变有重要意义，正如列宁所说："马克思在这个杂志上所发表的论文中已作为一个革命家出现，主张'对现存的一切进行无情的批判'，尤其是'武器的批判'；他诉诸群众，诉诸无产阶级。"

1958 年 12 月，《马克思恩格斯全集》中文版第一卷出版。全集译自俄文第二版，有些重要著作在翻译时曾参照德文原文，后期出版的各卷在翻译时参照德文版全集的比重有所增加。早年出版的许多中文单行本，或为全集提供了校订修改的基础，或者提供了有益的参考、借鉴。有的专家还不辞辛劳地协助校阅译文或解决疑难问题，例如郭大力同志就曾经抱病阅读了全集中《资本论》各卷的校样。翻译界的先驱都以自己的辛勤劳动为全集的翻译出版做出了贡献。全集分全织物精装和纸面布脊精装两种版本，蓝色封面烫红字，正面是著名雕塑家刘开渠雕刻的马克思和恩格斯浮雕头像，给人以庄严大方之感。

在出版全集的同时，人民出版社还重印了唯真等集体译校的《马克思恩格斯文选》(以下简称《文选》) 两卷集，其中收有著作 38 篇、书信 20 封。这部《文选》篇幅不大，选材也还精当，适合初学者使用。这个时期还出版了多种马克思、恩格斯的书信集。1964 年，中央决定选出 30 本马克思主义著作作为高、中级干部学习之用，其中有马克思、恩格斯的《共产党宣言》《法兰西阶级斗争》《〈政治经济学批判〉序言、导言》《雇佣劳动与资本》《工资、价格和利润》《法兰西内战》《哥达纲领批判》《反杜林论》《自然辩证法》《费尔巴哈与德国古典哲学的终结》《马克思恩格斯书简》等。其中有些书的译文又在全集的基础上根据德文原文重新做了校订，使译文质量有了进一步提高。为了便于老年读者阅读，这些书还排印了 16 开、三号仿宋字的大字本。《共产党宣言》等书还出版了线装本，印刷和装帧设计都很精美。

人民出版社近 60 年来共出版各类马列著作（包括全集、选集、专题文集、书信集、合编本、单篇本等）500 多种，如将各种不同装帧的版本（特装本，线装本，布面精装本，纸面精装本，平装本，精、平装的字典纸本，普及本，16 开大字本，等等）分别计算的话，就不下 800 种，合计字数 1 亿 4000 多万，印行 1 亿 9000 多万册，这是一项何等繁重而巨大的工程！

郑士德 | 我国图书发行学建立和发展回顾

视频资料

访谈时间：2023 年 6 月 14 日
访谈形式：书面访谈

郑士德，1928 年出生，1946 年参加工作，后从事发行工作 50 余年。历任《牡丹江日报》社发行科科长，新华书店哈尔滨分店经理，新华书店总店编刊室主任、副总经理兼《图书发行报》总编辑，《中国图书商报》首任总编辑，中国书刊发行业协会首届常务副会长兼秘书长。著有《图书发行学概论》《中国图书发行史》《图书发行学案例教程》，主编了《新华书店五十春秋》。获第六届韬奋出版奖，入选新中国 60 年百名优秀出版人物。2023 年 8 月 27 日在北京逝世，享年 95 岁。

主持人： 新中国成立前后，您在新华书店系统经历了哪些重要事件？有什么重要感受？

郑士德： 1949年年初，党中央在西柏坡开会，决定党的工作重心从农村转移到城市。1949年7月1日，东北书店统一改称新华书店。东北局宣传部指示新华书店，工业城市要以城市为主，各县书店要城乡并重。哈尔滨是大城市，分店要侧重为工业建设服务。于是我们建立了城市流动供应组，主动向各工厂宣传、供应图书，主要是科技图书。城市供应组还主动向文化馆、大中小学、医院等单位宣传、推荐图书。可以说，在全国新华书店系统，哈尔滨分店最早建立了城市流动供应组。1949年10月3日，我作为东北代表团的9位代表之一，参加了由中宣部主办、中宣部出版委员会筹备的全国新华书店出版工作会议。这是个划时代的会议，毛泽东主席为会议做了著名的题词：认真作好出版工作。新华书店总编辑（后担任首任出版总署署长）胡愈之主持会议，朱德总司令，中宣部部长陆定一、副部长胡乔木等先后在大会上讲话，大会强调要坚持全心全意为人民服务的出版方针，认真做好出版工作。会议讨论通过了《关于统一全国新华书店的决定（草案）》及编辑、印刷、发行等业务工作附件。会议最后一天——10月8日晚上7时，毛泽东主席在中南海颐年堂接见了全体代表，同代表一一握手。当点到我的名字和职务时，我走向前去，毛主席紧紧握住我的手，又略微向胸前提了一下，微笑着对我说："噢！青年团员？"我当时太激动了，涨红了脸，腼腆地答不出话来，代表们发出一阵笑声。那一年我才21岁，是共产党员，也是年龄最小的代表。

主持人： 抗美援朝时期，我们有随军书店，跟着战场走。请您谈谈随军书店在当时怎样开展工作的，发挥了什么作用。

郑士德： 组建随军书店，为解放军服务，是新华书店的优良传统。解放战争时期，华东（此处主要指山东一带）、华北、西北三个解放区的新华书店都建立了随军书店。华东书店组建的随军书店称第三野战军随军书店，直至新中国成立初期仍然很活跃。西北新华书店组建的随军书店曾荣立战功，受到表扬。1950 年 10 月抗美援朝战争爆发，东北新华书店经理李文从大连新华书店抽调 10 人组成随军书店，进入朝鲜战地，为志愿军前线连队建立图书室，很受欢迎。后来中国人民志愿军领导给东北总分店办公室打电话，要求多派人，多带书去前线。总分店认为这项工作非常重要，但总分店难以承担，于是委派我去北京向总店汇报，请求支援。总店总经理徐伯昕非常支持，主张随军书店改称新华书店战地文化服务队，所需图书由总店负责筹集。总店发动全国新华书店开展募书活动，募集的图书统一寄到东北总分店。为了确保图书质量，我们请了一批在校高中生帮助对图书进行审读，从中选择鼓舞士气的图书。为此，我们对这批高中生进行了培训。经审读发现，各地募集的图书大多数都适合战士阅读。战地文化服务队共 56 人，由东北总分店四平支店经理王明武任队长，分成 7 个小队。战地文化服务队历时 2 年 4 个月，在朝鲜前线共向志愿军赠送图书 700 万册，帮助连队、野战医院建立图书箱（室）7600 多个。战地服务队队员拉着小爬犁，冒着风雪和敌人的炮火给志愿军的坑道运送图书，还几次送书到上甘岭坑道。其间，服务队队员高照杰不幸光荣牺牲，还有 4 位队员负伤。在战斗间隙或坚守在前沿坑道里阅读图书，成了志愿军战士最好的文化生活。战士们最喜欢阅读连环画，一本连环画往往被多次传阅，如被翻得书角卷起，甚至封面脱落，战士们便细心地用针线缝好。战士们还把弹药皮加工制作成简易书架，用于陈列图书。有的连队指导员还用连环画记载的英雄事迹做战斗动员，图书的作用得到了很好的发挥。

志愿军战士喜爱连环画的信息反映到中央后，党中央以抗美援朝总会的名义，拨专款印制了80万册有关战地英雄的连环画册，由东北总分店转运给战地文化服务队。著名战斗英雄黄继光壮烈牺牲时，衣兜里还揣着《钢铁战士》和《马特罗索夫》。根据当年战地文化服务队王治高等人的回忆，最受战士们欢迎的连环画有《英雄连长杨根思》《刘胡兰》《董存瑞舍身炸碉堡》《郭忠田英雄排》等。1953年，战地文化服务队随志愿军胜利回国后，受到志愿军政治部的好评，志愿军政治部还给新华书店总店寄来了感谢信。此后，辽宁、吉林、黑龙江三个省的新华书店根据留驻朝鲜志愿军的要求，又在志愿军驻地建立了随军书店，直至1958年随志愿军回国。

主持人：1979年，为突破计划经济管理体制的束缚，您参与的全国新华书店试行全行业利润留成的改革，取得了明显的成效。当时新华书店面临的困难是什么？你们做了哪些工作？

郑士德：新华书店全行业利润留成是对我国实行多年的计划经济管理体制的初步改革。新中国成立以来，绝大多数新华书店多年来没有维修基金，许多书店门市部已成危房。"文革"前刚刚上收到省店的市县新华书店的人事管理权和财务管理权，"文革"时期又被下放，导致统一的规章制度被破坏，铺张浪费严重，许多县书店连年亏损。在计划经济管理体制的束缚下，作为文化企业的新华书店，除政治原因报废图书得到国家财政的适当补贴外，很少获得国家财政拨付的基建等基金。

1977 年 1 月，新华书店总店总经理王璟带我和谢洪炎到湖南调研。湖南省新华书店经理田裕昆说，从 1972 年起，经湖南省财政厅批准，全省市县书店的财权重新上收至省店。在这个基础上，全省新华书店实行利润留成 40%，主要作为生产发展基金，用于新建、扩建基层新华书店的门市部，效果很好。王璟向国家出版局领导汇报了调研情况及湖南的经验，建议将财权重新上收到省店，实行利润留成。国家出版局领导同意召开全国图书发行工作座谈会部署新华书店整顿工作。1977 年 2 月，王璟总经理委派总店计财处处长刘青轩同国家出版局计财部负责人赵晓恩商定，由刘青轩代表国家出版局与财政部文教司联系，提出出版社、新华印刷厂、新华书店都实行利润留成。但财政部文教司只同意新华书店系统试行利润留成，前提条件是必须把市县新华书店的财权上收到省新华书店，实行统一管理。对于经济条件差的市县新华书店，由省店用利润留成以盈补亏，地方财政不再补贴。由于财政部文教司与国家出版局计财部还需要协商，加之市县书店财权上收到省店需要一个过程，这件事暂缓了两年多。1978 年 12 月，党的十一届三中全会发出了以经济建设为中心，坚持四项基本原则和改革开放的动员令。国家出版局与财政部对于只在新华书店一个系统试行利润留成的改革达成一致意见。1979 年 9 月，财政部、国家出版局向各省、自治区、直辖市财政局、文化（出版）局、新华书店总店联合发出《关于各地新华书店试行利润留成的通知》。文件规定："从 1979 年 7 月份起，各地新华书店在财务管理体制集中到省级店的基础上，试行利润留成 50%。"财政部原定利润留成 40%，这 50% 是新华书店总店反复争取的结果。新华书店全行业试行利润留成，作为全国新华书店第一次改革，取得了十分显著的成效，增强了企业活力。仅 4 年多时间（1979 年 7 月至 1983 年 12 月），全国新华书店新增（建）门市部 3100 余处，图书销售额连续多年以两位数增长。总店共集中补助资金 3600 余万元，全部用于补助西藏、新疆等 6 个省（自治区）的新华书店，有力地支援了边疆少数民族地区发行事业的发展。如内蒙古新华书店收到补助资金 721 万元，补助了海拉尔、满洲里等 11 个旗（市）新华书店新建门市部 1.1 万平方米。湖南全省新华书店 1979 年至 1989 年的利润留成共新建书店房屋 466 栋 31 万平方米，全省县一级书店面貌焕然一新。在此政策下，许多亏损的县书店扭亏为盈，边疆、少数民族地区的书店面貌大为改观。90 年代，县新华书店享受免税待遇，城市店仍实行利润留成 65%（利改税，纳税率 35%），许多城市店用自己留成的利润积累，新建了 6000 ～ 10000 平方米的书城，备书 20 万种以上，实行多元化经营。追本溯源，这同 1979 年 7 月发起的新华书店全行业试行利润留成是分不开的。

主持人：十一届三中全会后，图书发行界进行的"一主三多一少""三放一联"等重大改革，取得了哪些成效？您参与了哪些工作？

郑士德：1979 年至 1989 年是新华书店系统启动图书发行体制改革的十年，总店通过推行"一主三多一少""三放一联"等改革举措，推动了图书发行事业的繁荣发展。

以"一主三多一少"为主要内容的图书发行体制改革方案是国家出版局副局长王益多次主持召开图书发行体制研讨会，经过反复讨论而制定的。1982 年 5 月，国家出版事业管理局并入文化部，成立文化部出版事业管理局（1985 年改称国家出版局，仍由文化部领导），7 月文化部印发了《关于图书发行体制改革工作的通知》，提出在全国组成一个以国营新华书店为主体，多种经济成分、多条流通渠道、多种购销形式和少流转环节的图书发行网。多种经济成分，是指国有书店之外，发展集体书店、个体书店。改革开放前，是新华书店独家经营。改革初期，新华书店把集体、个体书店作为自己的发行网点，在资金、货源等方面给予优惠。当时，集体、个体书店日益发展壮大，因新华书店缺乏折扣优势，许多民营书店直接从出版社或大中城市的民营批发市场进货，以价格优势与新华书店竞争。20 世纪 80 年代中期，一些文化层次较高的知识分子开始兴办书店，受到读者欢迎。多条流通渠道，实际上是强调出版社自办发行。多种购销形式，指除继续实行征订包销外，又提出了经销、寄销、初版分配试销等形式。少流转环节，是参照国营商业系统的改革措施提出的。

1992 年，王益同志主持召开发行改革研讨会，我和汪轶千及 10 多位出版社社长参加。我和汪轶千主张寄销，认为改革重点是突破"隔山买牛"的包销。1983 年和 1986 年我出访法国和日本，了解到这两个国家都实行寄销，卖不掉的可退回出版社。1986 年 9 月，国家出版局召开"一主三多一少"改革会议，中心议题是出版社自办发行。参加会议的省店代表与出版社代表对寄销发生了争论。我以国外书业为例，也主张寄销。国家出版局最后印发的会议纪要《关于推行多种购销形式的试行方案》规定：重要的文献和文件，继续实行征订包销，由新华书店总发行；一般图书实行经销，由出版社总发行。

1986 年 5 月，中国新华书店访日代表团一行参观王子流通中心（后排右三为郑士德）

1987 年 11 月，新闻出版署副署长宋木文抽调我去署里，要我按署党组的意图起草新的改革方案。改革方案形成后，经署党组两次讨论，又经中宣部出版局副局长袁亮补充，于 1988 年春，由中宣部和新闻出版署联合印发《关于当前图书发行体制改革的若干意见》，提出了"三放一联"的改革方案，即放权承包，搞活国有书店；放开批发渠道，搞活图书市场；放开购销形式和发行折扣，搞活购销机制；发展横向经济联合，发展各种出版发行企业群体和企业集团。要求出版发行单位贯彻执行。

放权承包的核心内容是政企分开，把经营权放给国有书店；国有书店作为承包的独立法人，与上级管理机构签订经营承包合同，实行"利税递增承包，定死基数，确保上缴，超收全留"。这项改革，对激发企业活力，调动员工积极性，发挥了积极作用。

放开批发渠道，是指除出版社和新华书店可以批发外，经省新闻出版局批准，集体书店也可以开展批发业务。"三放一联"的"联"是指打破地区封锁，加强承包发行企业的横向联合。文件下达后，出版社的发行部最早实行联合，建立了社科九联、科技二十三联等发行联合体。在此基础上，出版社和新华书店联合组建了行业协会——中国书刊发行业协会。

在"一主三多一少"和"三放一联"改革举措的实施中，经过行政管理部门的治理，目的基本上达到了。

主持人：改革开放前，有关论述研究图书发行的书籍凤毛麟角，在创建图书发行学科、编辑出版培训教材、组织培训方面，您和新华书店做了哪些工作？请具体介绍。

郑士德：我国的图书发行事业已有 2000 多年的历史。从古代到新中国成立后的 1978 年，我国约出版 240 万种图书（含历代古籍），出书内容涉及方方面面，但唯独没有"卖书的书"。党的十一届三中全会召开后，新华书店总店解放思想，敢于担当，在 20 世纪 80 年代陆续出版了60 余种有关"卖书的书"。到 1998 年，有关图书发行的教材、专著、史料、丛书、音像带等出版了 160 多种，大量教材、专著问世，结束了书店行业"无学、无书"的历史，创建了图书发行学科。

1978 年，国家出版局在武汉召开座谈会，主题是整顿新华书店，其中一项重要措施就是培训发行队伍。与会代表强烈要求总店编辑出版培训教材。我那时是总店编刊室主任，编辑培训教材的任务就落在了我头上。我对这项工作也跃跃欲试。早在1956年秋，我凭10年前的学历，考上了中国人民大学贸易经济系5年制函授本科。我当时有个梦想——把学到的课程知识联系书店工作实际写成一本书，建立图书发行学科。所以我学习很努力，各门成绩均为5分，毕业论文被评为优。撰写培训教材，需要物色发行经验丰富又有文字表达能力的"秀才"。当时江苏的农村发行工作很活跃，基础较好，我就委托江苏省店编写《农村发行工作》。1980年，总店召开了由各省级书店经理为编委的《农村发行工作》编审会议。根据编委会的意见，我撰写了第一章，介绍农村发行的历史传统和基本经验。该书由总店出版后，共培训了3000多名农村发行员。参照江苏省店的经验，我先后到安徽、浙江、上海、广西等省市新华书店，落实《进货工作》《门市工作》等培训教材的编写工作。从1979年到1982年，总店共编辑出版内部发行培训教材7种。

1983年6月，中共中央、国务院《关于加强出版工作的决定》指出："要在近几年将所有的书店营业员轮训一遍……要选择有条件的大学设立图书发行专业，有条件的省、市、自治区应建立图书发行和印刷技术的中等专业学校。"强调了书店业务人员培训的重要性。而在1982年，根据中共中央书记处关于轮训新华书店发行队伍的指示精神，文化部批转了新华书店总店拟定的《全国新华书店发行人员轮训规划》。按照这个规划的要求，80年代前期，总店会同江苏、上海、安徽、浙江、河南、山东、广西、辽宁、吉林、黑龙江等省市书店，组成8个编写组，陆续编写出版了《图书发行学概论》《科技书发行》《农村发行》《门市发行》

等 10 种发行职工培训教材。总店还先后举办了 18 期各地（市）书店领导干部训练班或读书班。各省级书店和部分地市书店分别建立了培训基地。到 1987 年年底，共培训 7 万人次。为了培养发行管理人才，总店拨出 284.4 万元，支持武汉大学于 1983 年设立图书发行管理专业（4 年制本科，90 年代改为出版发行系）。次年，又在该校和北京的文化管理干部学院分设培训在职干部的图书发行专修科（两年制大专）。华东六省市书店及四川、广东、北京等省市书店还分别与安徽大学、成都大学、中山大学、山东大学、北京商学院等院校达成协议，设立了图书发行专修科。新华书店系统投资总额达 379 万元，解决了这些大学办学初期经费不足的困难。这些大学培养的图书发行管理专业本科生和专科生，毕业后多数分配到新华书店或出版社工作，许多人成为单位骨干。在大学设立图书发行管理专业，在我国图书发行史和教育史上是第一次。它不仅为出版发行单位培养了大批专业人才，也使我国的图书发行从实践上升为理论，逐步形成一门学科。

为加强大中专学校图书发行教材出版，新闻出版署于 1987 年以总店为基础，分别组建了高等院校图书发行专业和中专学校图书发行学教材编审委员会，汪轶千和我担任委员会正、副主任，由我具体主持教材的编辑和出版发行工作。经编委会审议，到 1998 年，已经出版中专教材 18 种、大学教材 10 种。武汉大学图书情报学院出版发行系根据 10 多年的教学成果，也陆续编写了一批图书发行学教材。此外，总店还组织编写了《图书发行员技能》等 5 种工人技术等级培训教材。江苏、浙江、湖南、福建、辽宁、北京等省市书店和总店的专家学者，也出版了不少有关图书发行学的论著和基础知识读物。

为了指导全国新华书店业务工作，我主持编辑出版了图书发行丛书第一辑至第四辑。这套教材成了 7 所高校图书发行专业的试用教材。之后，我又总结和吸收 10 多项图书发行科研成果，历时 4 年，三易书稿，独自写了内容全新的《图书发行学概论》，1995 年由高等教育出版社出版并被推荐为全国书店经理的岗位培训教材。随着"卖书的书"陆续出版及图书发行理论研究工作的深入，逐步形成了图书发行学。

1995 年以来，我应邀为北京印刷学院管理系和出版系的大学生讲授图书发行规律和出版物营销课程；为新闻出版署培训中心和 9 个省、自治区、直辖市新闻出版培训中心（或总店、省店）多次举办的省、市、县店经理岗位培训班讲课。20 世纪 80 年代，在各省、自治区、直辖市出版局或省级新华书店，先后设立了 17 所印刷发行中专学校或图书发行中专学校，使图书发行中等职业教育走上了正轨。

主持人：您到了离休年龄后，离而不休，仍然奋斗在图书发行事业岗位上，参与了筹备中国书刊发行业协会等工作。而且笔耕不辍，撰写论文和回忆录，以 87 岁高龄，于 2015 年在人民出版社出版了《图书发行学案例教程》。请您谈谈这段时间的主要工作和感受。

郑士德：1987 年年底，我基本到了退休年龄，遂主动离开总经理室，到研究室继续编辑发行教材。1989 年春，新闻出版署任命我为中国书刊发行业协会筹备处主任。宋木文署长说，发行协会要依托大型企业，由新华书店总店筹办，要我具体负责。在总店有关同志的大力协助下，1991 年，在北京召开了中国书刊发行业协会成立大会，协会理事会选举副署长刘杲为会长，我任常务副会长兼秘书长，主持协会日常工作。为

了推动各省、自治区、直辖市尽快组建发行协会，我分南北两片召开了
发行协会年会，请各省、自治区、直辖市协会筹备组代表参加，在会上
着重阐述了组建协会的必要性，介绍了一些地方的先进经验。之后，绝
大多数地方都成立了发行协会，并成为中国书刊发行业协会的会员单位。
此后，我又起草了《科技书发行工作委员会工作条例（草案）》，请中发
协理事董芳明（科学出版社副社长）组建了科技书发行工作委员会。科
技书发行工作委员会的工作很活跃，开展了不少活动，我遂以科技书发
行工作委员会为样板，请中发协理事陈宇清（商务印书馆副总经理）和
郑宝瑞（中国书店经理）牵头，分别成立了中发协社科书发行工作委员
会和古旧书发行工作委员会，以后又成立了中发协城市发行工作委员会。

　　活动是协会的生命。第一届中国书刊发行业协会成立后，开展了不
少活动。一是评选优秀畅销书。这个活动是从美国《纽约时报》评选畅
销书中得到的启发。按照刘杲同志的意见，由中发协组织的优秀畅销书
评选活动，对参评图书提出了不但要畅销，内容也要优秀的要求，并组
建了优秀畅销书评委会，对推荐图书的内容进行审读把关。对评选出的
优秀畅销书，则联系媒体进行发布，同时请总店北京发行所和科技书发
行所向全国新华书店介绍，重新征订，使获奖畅销书发行量大为增加。
这一活动后来成了中发协为会员服务的传统项目。二是与总店举办分片
图书订货会。1980 年至 1990 年，中国出版工作者协会举办的北京图书
订货会规模较大，具有品牌效应。但北京图书订货会只接待大中城市新
华书店代表订货，一般不接待县新华书店代表。为此，我和总店商定后，
由中发协和总店于 1992 年 1 月联合召开了分片订货会筹备会议，讨论通
过了《中国书刊发行业协会、全国新华书店分片订货会实施办法》，分片

郑士德（右一）与
新华书店总店领导
等在新华书店总店
门口合影

订货会由订货会所在地的省新华书店和省发行协会
承办，城市和县新华书店都可参加订货。3月下旬，
总店和中发协先后在石家庄（华北）、沈阳（东
北）、南昌（华东）、长沙（中南）、成都（西南）、
兰州（西北）组织了分片订货会，每次订货会会期
3天。全国482家出版社以及总店、省店的参展新
书近2万种，全国800多个城市新华书店、近2000
家县新华书店共7000多位业务人员参加，订货总
码洋达2亿多元。许多县新华书店的业务人员都是
第一次参加订货会，感到非常有收获。1993年3月
中旬，又分别在太原、长春、济南、南宁、贵阳、

西安继续举办第二次分片订货会，有 7000 多位基层新华书店业务人员参
加，订货总码洋约 1.91 亿元。分片订货会的成功举办，对中国出版工作
者协会和中国书刊发行业协会共同举办 1997 年北京图书订货会，起到了
促成作用。1997 年后，每年的北京图书订货会均由两家共同举办，分片
订货会停办。

吴道弘 | 书评与出版

视频资料

访谈时间：2023 年 6 月 19 日
访谈形式：书面访谈

  吴道弘，1929 年出生。1950 年 2 月考入上海三联书店，8 月调北京三联书店总管理处编审部工作；1951 年三联书店并入人民出版社后，先后任编辑，编辑室副主任、主任等职；1983 年起任人民出版社副总编辑；1995 年 6 月退休。2001 年开始担任《出版史料》执行主编。主持编辑了《编辑工作二十讲》，所著的《书评例话》获第六届中国图书奖。曾任中国编辑学会副会长、中国图书评论学会副会长、原中国出版工作者协会学术工作委员会主任，获第三届韬奋出版奖。

主持人：您从 20 世纪 50 年代就开始写书评，您的书评写作和图书评论理论研究在业界广受好评。请您谈谈在书评实践和书评理论研究方面的经历和感受。

吴道弘：我对做编辑工作以后写的第一篇书评，至今仍有很深的印象。记得 1950 年春天，我刚刚踏进三联书店的大门，被分配在编审室工作。编审室的工作，除了审稿、发稿，还有专门为门市部审读若干外版书的任务。作为旧中国出版中心的上海，其时解放还不到一年，上海的私营出版社还有不少。这些私营出版社的出版物内容很杂，质量参差不齐，还有相当一部分粗制滥造的读物。我读到一本青年政治读物，发现有严重的思想错误，于是向门市部进行了反馈。有的同志鼓励我还应该向读者指出，于是我便很有信心地写了一篇简要的书评在报上发表。现在看来，我当时的书评不免稚嫩，但指出那本书存在的错误，这是完全正确和必要的。在 20 世纪 50 年代，《光明日报》有图书评论专栏，出版领导机关还出版了《读书月报》。我在负责人民出版社总编室宣传科时，先是做过几年图书宣传工作，这要求切实了解图书内容，正确进行评价、宣传和介绍图书。当时宣传科任务之一是自行编辑铅印小报，我自己也在报刊上发表书评。记得写过类似《向苏联学习》和介绍《恩格斯传》这样的文章，在《光明日报》图书评论专栏发表，后来收录到我的《书评例话》和《书评续话》中。因此，我对书评的关心、阅读兴趣始终没有减低。可以说，我一直保持着关心和阅读书评的习惯。

因工作变动，我写书评中断了一段时间。进入 20 世纪 80 年代，随着出版事业的繁荣，我写书评的兴趣又萌发了。结合编辑工作，10 多年间我先后对已出版的 60 多种图书进行评论，发表了近百篇共约 15 万字的书评文章。1991 年中国书籍出版社出版了我的书评拓荒之作《书评例话》，收录了"书评例话""书评续话"两部分探讨性文章。在这"两话"的 31 个标题下，我对书评进行了广泛而深入的探讨。

进入 20 世纪 80 年代，图书评论有了令人鼓舞的发展。一方面，出版物品种的迅速增加，特别是全国和地方书评刊物相继创刊，为书评实践的发展准备了客观条件；另一方面，在群众性读书活动的推动下，书评工作与读书活动的结合已经取得初步成功。

当然，书评工作也确实存在着令人不满意的地方。作为重要的社会评论力量，书评也是党的宣传教育的工具，同样起着舆论导向的作用，而书评的价值和作用，以及与社会主义出版工作的关系，还不能说已经完全为书评作者所正确理解。因此，需要大力强化正确的书评观，进一步提高书评的思想、文字质量，使书评继续得到健康的发展，增加书评的权威性和影响力，并且建立起一支有威信的、高水平的书评作者队伍。这些问题的解决，归根结底有赖于书评的理论建设。

主持人：出版界曾经有人认为，编辑写书评缺乏权威性，对此您是怎么看待的？

吴道弘：图书宣传评论工作不仅是贯彻出版方针、提高图书质量的重要方式，而且是沟通出版社、作者与读者的桥梁，是出版社更好地为读者服务的具体途径。书评就是发动群众，通过社会舆论，动员社会力量，向读者介绍推荐好书、批评不好的书。它对于监督促进出版部门坚持正确的出版方针、坚持正确导向均有重大意义。评论的本质属性是评论性、指导性，而评论性是书评的灵魂，只有精彩的、有影响力的评论才能正确引导读者，推动出版活动。这也是编辑的职责。因此，认为编辑写的书评缺乏权威性，编辑只能是编辑家、出版家，书评写作只是专家学者的事，把编辑书稿与评论图书完全割裂的观点，是一种偏见。编辑不仅是书稿的第一个读者，而且也应是书稿的第一个评论者。编辑写书评有很多得天独厚的优势：一是编辑了解图书选题、出版过程，通过审稿了解书稿的内容及特色，了解作者的写作意图及作者的学识和专业水平，是最有发言权的人；二是编辑比较熟悉出版信息，能从宏观上了解把握出版动向，便于写书评之时选好评论的角度，发挥编辑优势；三是编辑在写书评时，抒发自己的甘苦得失，会给作者、读者一种亲切感，容易产生思想上的共鸣。编辑有责任向读者介绍新书、推荐好书，这是责无旁贷的。一个编辑编了书之后，他的工作还没有完成，他还要告诉读者这本书的价值所在。

主持人：您以编辑身份切入书评活动，并以出版专业类图书作为书评的重点。您对哪些图书印象比较深刻？请您谈谈。

吴道弘：书评家好比是一个"文化保镖"，起着关心爱护、促进文化交流的作用。图书有其自身的命运，但这个命运并非掌握在自己手里，而书评是影响读者与图书命运的一种助力。我在《书评例话》中进行理论阐述时，结合了10部图书，主要是对马克思、恩格斯、列宁的著作进行了分析评价。我还在《书评例话新编》的《书评赏析》中列举了萧乾、胡愈之、茅盾、巴金、陈原等10人的书评作品作为典型案例。

我书评的重点是本行业的出版专业类图书，如许力以的《人类文明与出版》、袁亮主编的《出版学概论》、李海崑的《出版编辑散论》、徐柏容的《期刊编辑学概论》、方厚枢的《中国出版史话》、李瑞良的《福建出版史话》、李明山主编的《中国近代版权史》、魏龙泉的《美国出版社的组织和营销》，以及《书刊编辑手册》《美国出版概论》、章桂征的装帧设计相关图书等。我评论这些书，不是一时兴起，也不仅仅是人情之作。我的评论首先是出自内心的热爱，看到这类好书，便情不自禁地想评论。其次是我能读懂，懂得这些书的内涵，懂得这些书的意义和分量，目的是希望通过评论，引起读者的注意，引发大家的思考，使这些书能更好地发挥作用，推动出版事业的发展。

我评论袁亮主编的《出版学概论》是"一本比较详尽的、有理论的、具有文献价值和自成体系的出版学论著"，"标志着出版学研究工作的阶段性成果，是一块重要的里程碑"。我对李海崑的《出版编辑散论》，也给予极大的关注。我认为本书对出版中的若干理论问题和实践工作中的许多新的实际问题，都进行了认真的探索和思考，不仅观点鲜明，说理清楚，文字晓畅，而且内容比较充实。我评论出版专业著作，都是着眼于这一新学科的建立、规范和发展，着眼于这一新学科的建立对整个出版事业的影响。我在评论中国出版史相关图书的同时，还写了多篇正确认识出版史的专文。

我认为方厚枢的《中国出版史话》的可贵之处是第一部讲述至新中国成立 40 周年的通史性质的出版史，不仅史料积累有浓厚的功底，而且研究也很见功力，是首屈一指之作。李瑞良的《福建出版史话》更是丰富了中国出版史的内容，指出了"福建出版文化在福建文化中占有重要地位"，我认为"本书对于传播地方出版知识，促进出版史、印刷史和编辑史的学术研究，都是有价值的贡献。同时对充实中国文化史的研究内容和促进中外交流，也是十分有意义的"。我评论了《中国近代版权史》，认为该书诸多的版权论著中，论证更系统、更完整，"不仅充实了我国近代出版史的研究内容，为当前出版版权实践提供历史借鉴；而且在一定意义上，也为我国知识产权法学研究提供历史审视的学术成果"。在对出版史著作的评论过程中，我得出这样的结论：出版史是文化史的组成部分，也是社会的文明史；作为一门学科，需要探索，需要研究，需要总结，从而促进当代出版事业的发展。此外，我还评了《韬奋文集》《胡愈之文集》，蒋路的《俄国文史漫笔》，陈依范的《美国华人史》，陈原的《书和人和我》，戴文葆的《寻觅与审视》，叶至善的《古诗词新唱》《诗人的心》，王朝闻的《美学概论》，朱自清的《经典常谈》，侯艺兵的《院士风采——中国优秀科学家肖像手迹集》，章含之的《我与乔冠华》，胡乔木的《人比月光更美丽》，钱锺书的《石语》，杨绛的《干校六记》，等等。这些评论的特点是内容比较广，文字比较短，议论并不深，多是介绍性评论，介绍其人其著。如评胡乔木的《人比月光更美丽》，只是说胡乔木不仅是理论家，"还是诗人"，没有详细评介诗的内容；只介绍了毛泽东、郭沫若、赵朴初帮助他修改诗的情况，点出"这本诗集的装帧极好。精装本绿色绸面上烫金色书名，书名由钱锺书题写，凝重中透出潇洒。护封是用淡淡的浅蓝底色……正文横排，版式疏朗，用仿宋字体排诗，更觉美观"。对钱锺书的《石语》，只简介了60年前钱和陈衍（石遗老人）的亲密关系，略谈了几件逸事，有可读性。评《胡愈之文集》，只介绍了他作品的年代，简要概括了叶圣陶、冰心等人的评论"言简意赅、很有可读性"。对《编辑出版家叶圣陶》、《报人出版家陈翰伯》、陈原的《书和人和我》的评论，都比较简略。有些书只是取其一点，似蜻蜓点水。

主持人：1995 年您退休后，于 2001 年负责《出版史料》的编辑工作。期刊编辑和图书编辑是两个不同的领域，有一定的跨度，您是如何挑起这副重担的？有什么感受？遇到过什么困难？

吴道弘：我长期做图书编辑，一旦要挑起期刊编辑的担子，不免要从头学起，也是自讨苦吃。不过事情的发展，总是有前因后果的。《出版史料》于1982年在上海创刊，在宋原放、赵家璧等主编的努力下，作为季刊连续出版了10年。到1993年停刊，共出版了32期，团结和发掘了一批出版史料作者，积累了大量有价值的史料，为编辑出版史研究提供了宝贵的资料。《出版史料》的停刊，成了宋原放挥之不去的心病，他一直在为复刊奔走呼吁。在前辈王益、王仿子，特别是中国出版工作者协会老年出版委员会的支持下，《出版史料》终于在停刊8年之后，于2001年在北京复刊。我就是在这样的背景之下，参与了《出版史料》在北京的筹备和编辑工作。在宋原放主编《出版史料》时，我只是一个热心的读者。当他得知我们人民出版社在编辑"大事记"的消息后，曾写信要我提供稿件。在中国编辑学会举办的研讨会等场合，我与宋原放有过多次交往，我还协助他编辑了10卷本《中国出版史料》等。由于这些交往，宋原放在物色《出版史料》在北京重新出版的主编人选时，便想到了我。但说实话，最初我很犹豫，因为《出版史料》在宋原放、赵家璧的主持下办得很有影响，我怕不能很好地完成工作，有损《出版史料》的声誉。后来在宋原放和王仿子的建议下，我愉快地接受了这个任务。我还特别约请了有期刊编辑经验的人民出版社老编审陈子伶与我共同分担主编的工作。我考虑最多的是，刊物首先要有明确的定位、办刊宗旨和读者对象：《出版史料》应有历史的继承性、连续性；应坚持资料性与研究性的统一，坚持党的实事求是、解放思想的思路；应积极、公正地反映我国出版历史的丰富实践和优良传统，为积累出版史料、传播出版史知识和出版史研究服务。在栏目设置、作者队伍和选题原则方面，我们重视知识的普及性、信息性和可读性，设置了《往事寻踪》《名家书信》《文化自述》《人物写真》《国外出版网络》等专栏。其中《文化自述》提倡编辑家、出版家写自述性回忆文章，每期只选登一篇，以引起读者重视。为了适应青年一代出版史研究者发表他们在出版史方面的探索、整理和研究成果的需求，从 2005 年第二期起又增设了《青年文摘》栏目。每期的卷首语除了传达、交流编者的声音，还发表有关知识性的文章。同样，《百家书话》《随笔》栏目和《补白文字》等方面，也有增强刊物知识性的考虑。《走进序跋》栏目的选稿则比较慎重，既要使读者了解出版情况，又要能起到倡导并重视图书序跋的作用。在上海出版时，《出版史料》已拥有一批有影响力的作者。20 世纪 90年代以来，出版界、出版史研究领域和出版史教学领域中涌现出不少新人。为此，我们提出"不忘老作者，发现新作者"，努力建立一支高素质的作者队伍，营造编辑与作者的和谐关系，达到彼此尊重、互相信任的程度。为《出版史料》撰稿的作者分布在北京、上海等地，我们编辑部多次到上海、南京、杭州、嘉兴等地召开小型的作者座谈会，征求意见，介绍和交流情况。"为有源头活水来"，有了稳定的老作者队伍，加上不断有新作者加盟，刊物的改进和提高得到了有力的保证。

我长期从事图书编辑工作，挑起期刊编辑的担子后，"七十学吹打"，一切都要从头学起。我也确实思考过：我从哪儿来的勇气和热情？首先，经验丰富的期刊编辑家陈子伶与我的良好合作，增强了我的信心。其次是我的编辑经历，使我对编辑工作规律的普遍性和适用性有一定的理解。图书编辑与期刊编辑的工作存在某些共性。近代以来，中外出版社都讲期刊出版与图书出版同时并举，这是近代出版的优良传统。最后是我有学习、了解期刊编辑工作的兴趣爱好。以上这些因素都是促使我"匆忙上马"的原因。我认识到，任何一个专业性期刊编辑的文化追求和专业学术素养都是十分必要的，选题与组稿是刊物主编应该时刻牢记的工作，有事还必须亲自去做，这就要求敏感与勤奋。比如《出版史料》编审委员会主任宋原放曾在一次座谈会上提到上海福州路文化街地图，还提到要发表钱君匋的设计作品，这两个选题我一直放在心上。

期刊编辑改动作者原稿往往是必不可少的。改稿其实是对编辑学识水平、文字功底及理解能力的考验。我的体会是要把握两条：一是谨慎，不要为改稿而改稿，要改正原稿中的不妥和错误，千万不能把原稿改错了。其实有不少作者的原稿是不需要改动的，特别是大的改动。如有位老作家讲在干校放牛的故事，文字流畅，叙述清楚。只是把原来的标题的"自上放牛"改成"自上干校放牛"，全稿只增加两个字。二是编辑要尊重作者的思路、文风和表达方式，力求做到帮助作者表达清楚，有逻辑性，切忌随意删改，或者按照某种模式和风格去改造，避免在机构、人名、地名和其他专有名词上犯错误。作为刊物执行主编，时刻要牢记学习"大处着眼、小处着手"的工作方法。大处着眼，就是每期的安排从整体出发，统筹考虑；小处着手，就是对每篇稿件认真通读，从观点到材料，从文字到标点，都要认真，尽可能避免出错。刊物图文并茂是普遍的要求，更是史料性刊物的编辑准则。图片实物也是历史的形象资料，在审稿的同时就要考虑配图工作，包括审读作者提供的图片稿和从稿件文字中发现适合的配图并及时与作者联系等，同时重视配图的大小摆放位置和清晰度。还要写好文字说明，特别是人物照片的文字说明。我很看重《出版史料》杂志的稳定性，包括封面设计、排版格式方面。稳定性也是刊物整体风格的表现。史料性、研究性的学术刊物，还应该保持严肃朴素、庄重大方的特征。

主持人： 中国出版工作者协会学术工作委员会成立后，做了哪些服务工作，开展了哪些活动，请您具体介绍。

吴道弘： 中国出版工作者协会学术工作委员会成立于 1986 年，是版协较早成立的专业委员会之一。回顾从成立到结束的 23 年时间，主要做了三件事：一是组织了全国性的出版理论研讨会；二是以"出版文化茶座"的形式，在北京举办了小型座谈会，内容是围绕编辑出版工作中普遍感觉到的热点、难点问题，邀请业内外人士进行座谈讨论；三是在新世纪到来之际，组织退下来的老同志在总结工作经验、提高理性认识的基础上，写出自己的心得体会，策划了"书林守望丛书"。

先说说组织全国性的出版理论研讨会。1983 年，中共中央、国务院《关于加强出版工作的决定》提出了出版理论研究的重大课题。中国出版工作者协会于 1983 年 12 月在广西阳朔召开了第一届全国出版理论研究年会。年会的宗旨是：提倡出版工作者重视出版理论研究，促进群众性的出版科研工作，推动出版工作者把实际工作中的经验总结、归纳并提高到理论认识的高度，并且利用研究成果，来推进出版改革的深入发展。年会由时任中国出版工作者协会主席陈翰伯主持。这是出版界空前的一次会议，与会代表 105 人，收到论文 247 篇。与会代表抱着极大的热情，畅所欲言。代表钱君匋刚从上海飞抵阳朔，就赋诗表达了欢畅的心情。宋原放在论文中提出建立社会主义出版学的主张。这次年会的意义和影响，已大大超出出版理论研究的范围，成了出版界同人团结奋进的集会。这次年会的论文集第二年就出版了。

学术工作委员会正是适应这种需要才成立的。它主要负责组织两年一次的"出版研究年会"，包括征集论文等具体工作。委员会由资深编辑、科研部门有关人员和有关专家组成，但他们都有本职工作。

第二、三届出版理论研究年会分别于 1985 年和 1987 年，在成都、贵阳召开。1990 年在南京举行的第四届出版理论研究年会，是与中国出版第五届出版科学学术讨论会联合召开的。年会主要总结了新中国成立以来特别是近 10 年的出版工作经验。出席年会的有王子野、王益、杨牧之等 98 人。此后，1993 年和 1995 年又分别在北京和杭州举行了第五、六届出版理论研究年会。这两届年会主要讨论了在建立社会主义市场经济体制过程中，图书出版业面临的挑战与机遇及其对策，以利于出版业的发展与繁荣。

这一时期不少地方版协，如上海、天津、辽宁、湖南、浙江、山东、湖北、吉林等地的版协都分别（或联合）召开过出版理论研讨会，从而扩大了群众性的出版科研基础。同时，中国出版科学研究所、中国书刊发行业协会、中国编辑学会相继成立，他们为出版科研做了大量工作，组织了许多活动。客观形势的发展，促使我们认真考虑中国出版工作者协会组织的出版理论研究工作的重点和方向问题，于是就有了后来的出版文化系列茶座活动。

因有了前几届组织年会的经验，1995 年的第六届出版理论研究年会的准备工作做得比较细。学术工作委员会事先拟出的年会重点发言题目，得到了版协领导宋木文、卢玉忆、伍杰同志的修改补充。

1996 年 3 月 7 日，学术工作委员会顺利完成换届工作，吸纳中青年优秀编辑、出版工作者加入了新一届委员会。卢玉忆同志参加了新一届的委员会，讨论了今后工作的重点，提出"通过小型座谈形式，讨论和研究出版工作和出版理论研究中的热点难点问题，或者组织报告会，约请有关同志讲授"。根据这个精神，后来我们便不定期举办了"出版文化茶座"，这一活动得到了中国青年出版社提供的物质条件保障。

1996年12月中国版协在"出版之家"举办了叶圣陶思想研讨会，通过论文交流研讨，对叶圣陶的思想有了较深入的阐述，有利于当前编辑工作作风的改进和编辑工作质量的提高。会后，与叶圣陶思想研究会共同编辑了《叶圣陶编辑思想研究》，由开明出版社出版。

再说说组织出版文化系列茶座。从2000年起，学术工作委员会开始组织在京的出版工作者召开小型专题研讨会。到2001年，开始命名为"出版文化茶座"。至2008年，共组织了16次。这类小型座谈会由学术工作委员会和有关出版社共同主办，邀请媒体参与，重点讨论出版文化方面的热点问题，强调理论结合实际，交流信息，交流经验，为出版工作者提供参考。讨论的主题有：市场经济与编辑工作、WTO与中国出版、出版人才培养问题、图书装帧工作体制问题、公司化管理与出版人才培养、出版物质量管理机制建设、市场经济与精品图书、现代出版中繁简汉字使用问题、读图时代的编辑工作等。还为一些新书召开了出版研讨会，有中国工人出版社的《编辑人的世界》，河北教育出版社的《佛罗伦萨在哪里》，中国青年出版社的"大视野文库"、《人类精神文明发展史》、《史海流连：郑一奇文存》、《书籍装帧创意设计》，等等。小型研讨会由于话题紧跟时代步伐，贴近实际工作，很受同行欢迎。参与研讨的各方面专家、同行、媒体近百人，给同行留下了较深的印象。如2001年1月18日，学术工作委员会与中国工人出版社联合召开了"市场经济与编辑工作学术研讨会"，与会同行热烈讨论了中国工人出版社出版的《编辑人的世界》，讨论了中美编辑思想的比较研究、市场经济对编

辑工作的正面作用及负面影响等问题。这次研讨会除了有资深专家刘
杲、邵益文、聂震宁等参加，还吸收了中国工人出版社、中国青年出
版社的青年编辑参加研讨，实际上也是对一线编辑进行了一次"应该
如何做编辑"的启蒙教育。再如 2002 年 2 月 28 日举行的出版文化茶
座，讨论了"出版人才培养问题"。面临出版界新老交替的现实，出版
人才培养成了十分急迫的任务。参加研讨的有新闻出版总署培训中心
专家尤广巽、中国大百科全书出版社副总编辑王德有等。大家在研讨
中达成了一些共识：中国出版人才已经进入一个新阶段，出版人才培
养要通过培训解决，人才培养要同时关注职业精神与职业技能等。还
探讨了培养人才的多种方式、方法、手段，强调培养人才要调整领
导心态，要立足于"后继有人"，要"让年轻人超过自己"，等等。此
外，关于"现代出版工作中繁简汉字的使用问题"的研讨，是国内出
版界首次为解决编辑实际工作和海峡两岸文化交流中的文字使用转换
问题进行的讨论。这些讨论主题比较集中，具有一定务实性和前瞻性，
受到业内的关注。对一些重点图书的研讨，也给了同行启发与思考，
如：对杨牧之的《佛罗伦萨在哪里》的研讨，让同行了解了一本高质
量的图文书是如何编写、设计、制作出来的；对中国青年出版社"大
视野文库"的研讨，使同行在如何进行"大众读物精品化，学术著作
大众化"的开拓方面颇受启发；对刘明翰、郑一奇主编的《人类精神
文明发展史》的研讨，对同行如何填补学术研究空白、学术研究如何
关照现实，也有启示。这些小型研讨会讨论的问题，容易引起同行及
媒体的兴趣。每次研讨会后，均有多家媒体进行充分的报道，因此扩
大了影响。

　　最后说说策划、出版"书林守望丛书"。2007 年，中国出版工作者

协会组织了"三项学习教育"活动。学术工作委员会在活动中听取了柳斌杰等领导同志的讲话，深深感到在"三项学习教育"活动中，可以通过总结老一辈编辑的经验，在传承中国出版界优良传统方面做点具体工作。经过多次研讨，学术工作委员会策划了一套讲述老一辈编辑职业精神和职业经验的丛书，为中青年编辑提高业务素质、学习职业精神提供参考。丛书策划方案报送新闻出版总署后，很快得到批复。

中国出版工作者协会领导对这套丛书非常支持，丛书出版还得到北京市新闻出版局和韬奋基金会的指导和具体支持。2009 年 9 月出版了"书林守望丛书"第一辑（10 本），有叶至善的《叶至善序跋集》、徐柏容的《期刊：长流的江河》、潘国彦的《为书籍的一生》、王维玲的《岁月传真——我和当代作家》、林君雄的《编辑生涯感悟》、周奇的《编辑阅读与校对阅读之比较研究》、聂震宁的《书林漫步——聂震宁序跋随笔集》、熊国祯的《文化的积累与追求》、陈芳烈的《我的科普情结》、郑一奇的《编辑的悟性》。柳斌杰同志为这套丛书写了总序《做文化的守望者》。第二辑有吴道弘的《书评例话新编》、方厚枢的《编辑之歌——怀念远去的英才》、赵洛的《北京编辑六记》、邵益文的《一切为了读者》、叶小沫的《向爷爷爸爸学做编辑》、宋应离的《呕心沥血铸精品——现当代名编辑叙录》等。

中国出版工作者协会的学术工作委员会，在民政部有关专业委员会复查登记时没有核准。因此，2009 年 3 月，中国版协决定将几个未获核准的专业委员会合并成"读书工作委员会"。至此，开展活动有 23 年的学术工作委员会正式结束。

王久安 | 北京图书订货会见证图书发行体制改革

访谈实录视频

访谈时间：2023 年 3 月 22 日
访谈地点：北京

　　王久安，1929 年 11 月出生，中国青年出版社原发行处处长、原经理部副经理。离休后任中国出版协会经营管理工作委员会副主任兼秘书长、首都社科书市办公室主任。2001 年获第七届韬奋出版奖，2009 年入选新中国 60 年百名优秀出版人物，2017 年获中国版协北京图书订货会 30 年特殊贡献奖，2018 年被中国书刊发行业协会、中国新华书店协会评为中国改革开放 40 年图书发行业致敬影响力人物。

祝北京图书订货会

越办越好！

王久安

2023年3月22日

出版寄语

1946 年，刚加入开明
书店南昌分店的王久
安，时年 17 岁

主持人：请您谈谈改革开放初期，30 年一贯制的图书发行体制存在哪些不适应新时期图书发行工作的弊端。

王久安：1982 年以前，我国出版界已经实行了 30 年的图书出版发行分工制。这种体制与新中国成立初期出版发行一体化相比，显然是一大进步。实行出版与发行分开后，经过全国"三大改造"，私营书店没有了，图书发行业成了新华书店的"一统天下"。当时在购销形式上实行的是单一的征订包销制，出版社自己不承担发行业务，出版社出版的每种新书，都由新华书店包销。出版社每出一本新书则向新华书店提供 200字左右的内容介绍，以及估计定价和出版时间，由新华书店发行所去全国各新华书店征求订数。大约一个半月全国订数报上来以后，发行所就向出版社订货，出版社则按照新华书店报订的数字，进行造货。这是典型的"以销定产"的计划经济运作模式。这种模式对出版社来说，比较有利。其原因：第一，出版社不必为发行图书操心；第二，出版社不用建立书库，始终保持"零库存"，既省人又省事，还不用承担经营风险；第三，能很快回笼资金。但这种计划经济下的运行模式，建立在出版社出书品种不多、生产规模较小的基础之上。新华书店为此虽然也承受了一些经营风险，但由于卖不完的书可以报废，向国家财政核销报销，因图书积压库存而造成的经营矛盾并不突出。这个出版社"旱涝保收"、新华书店积压的库存由国家财政"买单"的制度一直延续了30年。

国家实行改革开放后，各行各业都在改革，尤其是一些不合理的制度面临改革。出版界"隔山买牛"式的征订包销制度，首先受到冲击。据新华书店的内部统计，一个基层新华书店的进货员，每年至少要看300万字的新书内容介绍，还要对每本书提出具体的订货数量，实在难以胜任。在这种制度环境下，基层新华书店订货员采取了"少进勤添"的办法，即每次只进少量的书，根据书店的实际销售情况，及时添货。后来逐步发展到"少进不添"乃至"不进不添"。如此一来，反映到新华书店发行所的汇总表的订数也就越来越少。1982年间，我做过一个统计，中国青年出版社出版的新书，经过北京发行所编目征订，全国3000多家基层书店，订数覆盖率只占47%。也就是说，一半以上的基层书店，订数为零。时任文化部出版局顾问王益同志听到后大为吃惊，他说："中国青年出版社的新书订数覆盖率一半都不到，其他专业出版社就更少了，这种现象太不正常。"可是后来事态发展得更加严重，有些出版社的新书征订单发往全国3000多家新华书店后，竟然"全军覆没"，吃了"零蛋"。出版社为此感到恐慌。有的社长说，想不到发行问题成了影响出版社生死存亡的关键问题了。不少出版社开始对这种征订制度产生怀疑。从出版社方面来说，这个问题确实比较严重，影响到出版社的生存。许多新书因为订数太少，没法开机印刷，只好打成纸型压在印刷厂。这样不但影响了出版社资金周转，对作者也难以交代，更谈不上满足读者需求。久之，造成了出版社的"出书难"。而新华书店也有难言的苦衷，对征订的图书，仅凭简略的内容介绍，就要做出是否订货及征订数量的决策，存在着不确定的经营风险。面对这种"隔山买牛"式的征订包销制度，如果订多了造成积压，又不让退货，而订少了很快脱销，又会受到读者指责，形成了新华书店"卖书难"。"出书难"和"卖书难"，导致了读者"买书难"。

主持人：文化部于 1982 年 7 月发布的《关于图书发行体制改革工作的通知》中提出的"一主三多一少"，对缓解"出书难"、"卖书难"和"买书难"，促进图书发行起到什么作用？

王久安：80 年代初期，原有的图书发行体制与新时期出版发行工作不相适应的矛盾，突出表现为图书市场出现的"三难"现象，即"出书难"、"卖书难"和"买书难"。

出现"三难"问题以前，党和政府就开始注意协调出版社和书店之间的关系。当时新华书店对征订包销制度采取谨慎态度，提出"少进勤添"来应付。因为少进，许多新书一出版就卖光，读者要购书的呼声很高。我在 1981 年 3 月 23 日的《人民日报》上发表了一篇文章，呼吁新华书店要根据图书内容和读者需要认真研究订数，不要千篇一律地"少进勤添"，要把书当成青菜萝卜一样，要趁新鲜卖掉。吕叔湘先生看到以后，也在《人民日报》刊载文章，希望出版社出书不要"一版定终身"，应当不断再版供应给读者，解决"买书难"问题。

针对出版界人士的呼声及社会的反响，文化部出版局在王益同志的主持下，做了许多调研工作。1982年6月，文化部在北京召开了全国图书发行体制改革座谈会，听取出版发行部门意见，研究如何解决"三难"问题。我参加了多场座谈会，在会上反映了出版社的困难和读者的呼声。会议首次提出，将在全国组建一个以国营新华书店为主体的，多种经济成分、多条流通渠道、多种购销形式、少流转环节的图书发行网。会议确定，今后将大力支持出版社自办发行，改革购销形式。有一场座谈会还邀请了商业部门的负责人参加会议，请他们介绍改革经验，给了大家很多启示。

根据系列座谈会形成的意见，文化部于1982年7月印发了《关于图书发行体制改革工作的通知》（以下简称《通知》）。《通知》明确提出：图书发行工作的现行体制，不能充分调动出版社和书店两个积极性，不利于出版事业的发展，已不能适应社会主义建设的要求，必须加以改革。图书发行体制改革的根本目标是：在全国组成一个以国营新华书店为主体的，多种经济成分、多条流通渠道、多种购销形式、少流转环节的图书发行网，即"一主三多一少"。多种经济成分就是允许集体经济和私营经济成分参与图书发行，多条流通渠道主要是支持出版社自办发行，多种购销形式就是推广寄销和试销。如此，使货畅其流，书尽其用，更好地贯彻出版工作为社会主义服务、为人民服务的方针，最大限度地满足读者对图书的需要。文化部的这个通知，拉开了全国图书发行体制改革的序幕。

通知的出台，宣告了我国图书发行体制改革正式启动。从计划经济体制下图书发行工作由新华书店独家经营，转变为"一主三多一少"，这是一个具有里程碑意义的重大改革，预示出版社要加强自办发行，并且要发展多种经济成分，增加流通渠道，提倡多种购销形式，减少中间环节，这为解决图书市场的"三难"问题下了一剂"猛药"。

各出版社积极响应，纷纷成立发行机构，配备发行力量，包括人员、资金、库房、交通工具等。我所在的中国青年出版社较早开始了自办发行。受图书发行体制的局限，70年代末，中国青年出版社出版的不少图书，出现了读者想买、书店无书可卖的状况。如《第二次握手》的征订，就很不顺利，很多书店看到简单的内容介绍，由于心里吃不准，不敢贸然进货，但不少读者却四处寻书。我社只好少量控制，加印了2万册，作为门市部和邮购应急之用。结果读者登门求购者之多，出乎我们的意料。《李自成》（一、二卷）书店征订甚少，要书的读者却很多，由于我社没有书库，只能在出版社门口搭个书棚卖书。扮演《智取威虎山》杨子荣的著名演员童祥苓因在书店买不到书，不得不亲自跑到我社发行部求购。我社出版的其他图书，如《文学描写辞典》《通俗哲学》《革命烈士书信》等也深受读者欢迎。我们从中感受到读者对图书日益剧增的需求，于是在1981年5月成立了中青社读者服务部和邮购部，逐步扩大自办发行。为了扩大影响，我们在报纸上登广告、发书讯，一时顾客盈门，汇款求购者众多，每天接到的汇款单都要用麻袋来装。中青社的畅销图书如《闪光的生活道路——张海迪事迹》《青年修养十二讲》等也通过邮寄的方式源源不断地送到全国各地读者的手中。仅半年时间，我们就为读者邮寄图书10多万册。

邮购部的业务虽然红火，但毕竟属于直销方式，出版社要想做大做强，则必须开展批发业务。但因条件所限，出版社不可能在全国开设门店，我于是想到复制当年开明书店在出版社力所不及的城市，与信誉较好的同行合作，建立特约经销关系，代销本版图书的经验。于是便与当时全国最大的北京王府井新华书店的门市负责人王曰成同志商量合作事宜，该提议得到了他的大力支持。经过几轮谈判，双方于 1981 年 2 月正式建立特约经销关系。特约经销处发挥品种全、到货快的优势，吸引了大批的读者，为出版社自办发行闯出了新路。王府井书店特约经销处设立了中青社图书专柜，货源由中青社直接供应，有专人负责管理，发现售缺后，则及时补货。专柜的设立，不但便于读者选购，而且减少了图书流转次数，使读者能在第一时间买到新书，有利于扩大出版社的影响，使读者得以了解出版社的全貌。同时还密切了社店关系。我社的编辑经常去书店站柜台，听取读者和营业员的反馈，征求对新选题的意见和建议，对发现的问题，能及时采取措施，改变了以往的被动局面。从特约经销处的添货中，我们能及时了解到受读者欢迎的好书，并通过加强宣传，使这些书成为畅销书。我社和王府井新华书店创建的特约经销办法，以其品种全、到货快、折扣优惠的三大特点，深受书店欢迎，一时成为热点，全国不少出版社和书店都纷纷效仿。仅一年后，全国就有 89 家出版社共建立起 500 多个特约经销处，在出版界引发了一场特约经销热。这期间，其他兄弟出版社也有许多创新的改革措施，如：水利电力出版社把门市部办成了"读者之家"；纺织工业出版社选择好几个纺织工业发达的城市办起了特约经销处；特别要提到的是上海辞书出版社，他们经过调研和核算，首先独家成立起发行所，本版图书全部自办发行。一时间全国图书发行体制改革风起云涌：浙江省新华书店和湖南省新华书店不约而同地和本省出版社合作，对全部出版物试行联合寄销制，实行

"三个不变一个转移"的方式，即征订方式、发货折扣和货款结算时间都不变，销不完的图书，损失由出版社承担。

1983 年 10 月，文化部出版局在成都召开全国图书发行体制改革经验交流会。会上，代表们详细地介绍了各自的改革经验，可以说是百花齐放、异彩纷呈。我也在会上介绍了中青社自办发行的经验。王益同志在总结报告中，充分肯定了一年多来图书发行体制改革所取得的成绩，鼓励出版社要加强自办发行，配备足够的发行人员，创造条件，解决资金与仓库等问题，要把自办发行看作是一项战略措施，不是权宜之计。他对上海辞书出版社全部自办发行进行了表扬；对各地社店建立的特约经销处给予肯定，认为这种形式受到出版社、书店和读者三方面的欢迎，要坚持办好；对各地发货店在建立特约经销店方面存在的顾虑，则进行了解释。他还鼓励推行寄销制度，认为浙江、湖南实行的社店联合寄销，好处很多。出版社可以掌握印数的主动权，书店可以解除"背包袱"的后顾之忧，敢于大胆进货，从而丰富书店的备货品种，扩大销售，满足读者需要，充分发挥书籍的效用。此外，对新华书店实行经营责任制和发展集体、个体书店等问题，王益同志也发表了看法，给予了支持和鼓励。

这次经验交流会后，全国图书发行改革掀起了一个新的高潮。除了出版社的自办发行和特约经销店有更大发展之外，出版社与发货店之间的合作，也得到进一步加强，各地民营书店在扶持中有了发展。这些都是可喜的现象。

主持人： 1986 年 7 月国家出版局印发的《关于认真贯彻全国图书发行工作会议精神的通知》《关于推行图书多种购销形式的试行方案》，明确规定出版社拥有图书总发行权，促进了出版社之间的联合。这对深化图书发行体制改革起到了怎样的推动作用？

　　王久安：改革是一个不断深化的持续过程，原有的问题解决了，又会出现新的问题，需要创新思路，提出新的对策。图书发行体制的改革也是如此。其间虽遇到不少曲折和阻碍，但在新问题的解决中，图书发行体制改革不断取得新的成果，促进了出版业的发展。首先在购销形式上，由于多种原因，图书寄销制度的实行困难重重，当初浙江、湖南两省所推行的社店联合寄销，后来因故停滞不前，其他地区社店之间也难以达成共识。1985 年 6 月 26 日，在京 20 多家出版社在中国广播电视出版社开会，邀请新华书店总店和北京发行所领导参加，试图通过协商，推进联合寄销。文化部出版局王益、陆本瑞和中国出版工作者协会王仿子等领导也参加了，但在寄销问题上社店双方难以达成协议。北京发行所在会上提出，当前他们最大的困难是近 6000 万元码洋的图书，因铁路运输不畅不能入库，按照以往的发货规律，大约还要好几个月才能疏通，出版社对此很有意见。因此，原来实行的初版试销、再版包销及社店联合备货等改革措施将难以坚持，更不要说寄销了。此外，前些年搞得红红火火的特约经销方式，不少地方社店争相建立，搞得太多太滥，致使许多特约经销店有名无实，失去了特色，只起到了一般经销的作用。出版社没有图书总发行权，自办发行量加大后，与发货店之间的矛盾便随之而来。一方面，出版社发货渠道受到限制；另一方面，发货店的发货受到阻塞。眼看"三难"问题又将死灰复燃，国家出版局于 1985 年 11 月 22 日印发了《关于推行多种购销方式的初步方案（征求意见稿）》，提出了 4 种购销形式：1. 凡党政文件、领导人著作、教科书、年画挂历和内部发行图书，一律采取征订包销；2. 寄销分为分配寄销和征订寄销；3. 自销和选销；4. 特约经销。

1986 年 1 月 20 日，人民出版社庄浦明副社长和新华出版社许邦社长牵头，组织在京部分出版社社长开了一个座谈会，对国家出版局的方案进行讨论，提出了颇有远见的三条建设性建议：1. 除征订包销图书以外，一般图书总发行权应归出版社所有。出版社可以委托书店经销或搞特约经销。这使出版社能真正决定印数，承担起出版发行的全部责任。2. 出版社让利 3 个折扣给基层新华书店，以提高其销售积极性。3. 在全国范围内筹建 50 ~ 100 个一级批发站，以利扩大流通渠道。这三条建议由我执笔形成书面材料，提交国家出版局。

同年 3 月 19 日，中国出版工作者协会邀请北京地区部分出版社社长在中国青年出版社印刷厂开会，再次听取大家的意见和建议。国家出版局顾问王益、专员陆本瑞、发行处处长高文龙，中国出版工作者协会副主席王仿子等应邀到会，中国出版工作者协会秘书长王业康主持了会议。人民出版社、人民文学出版社、中国青年出版社、中国少年儿童出版社、中国大百科全书出版社、中国社会科学出版社、世界知识出版社、新华出版社、北京出版社、中国对外翻译出版公司、中国农业出版社、中国铁道出版社等 20 余家出版社的社长到会，有 16 位社长在会上发了言。会议气氛十分热烈，充分反映了大家对即将召开的全国图书发行工作会议的高度重视和期待。不少社长再次强调了 1 月 20 日提出的三条建议。王业康秘书长表示一定把大家的意见整理后送交出版局领导参考。

同年 4 月，国家出版局召开了全国图书发行工作会议。会议主要有 4 个方面内容：1. 端正思想，统一认识，正确对待当前出现的新问题；

2.坚定信心，巩固成果，积极推行多种购销形式；3.书店进行自身改革建设，充分发挥主渠道作用；4.加强对发行工作的领导和管理。这次会议非常适时，在关键时期做出了许多重要决定。同年7月，国家出版局印发了《关于认真贯彻全国图书发行工作会议精神的通知》《关于推行图书多种购销形式的试行方案》。社长们提出的三条建议中"除征订包销图书以外，一般图书总发行权应归出版社所有。出版社可以委托书店经销或搞特约经销。这使出版社能真正决定印数，承担起出版发行的全部责任"和"鉴于基层书店任重利薄，出版社应让利3个发行折扣给基层书店"这两条写进了文件，使出版社改变了以往受制于他人的被动地位，成为图书出版和经营的主体。而基层书店也从降低折扣中得到了实惠，提高了销售积极性。这些建议实施后起到了很好的作用。出版社掌握总发行权以后，可以选择多条发行渠道和多种购销形式，与各地新华书店、民营书店进行合作，解决了过去的许多矛盾；对书店发货折扣降低，使基层书店得到经济上的实惠，销售积极性大为提高。

20世纪80年代中期，出版界出现了新的订数萎缩期。许多出版社的新书，通过北京发行所征订后，报来的数字往往不到1000册，无法开印。销货店积极性不高，出版社虽然拥有了自办发行的权力，但还受到很多限制，不能向销货店直接发货。货款回收也遇到不少阻碍。如何建立营造新型的社店关系，成为出版社自办发行的难题。全国图书发行工作会议后不久，出版社拥有本版图书总发行权，感到自办发行大有可为。基层书店摆脱了包销的"枷锁"，社店之间可以直接发货进货，不仅到货速度快，信息也更畅通，减轻了库存书的负担。此时，北京市十几家出版社联合主办的第一届首都社科书市已经获得成功，正在筹办第二届书市。其中 6 家出版社的发行部主任，包括我和人民出版社的施茂仙、人民文学出版社的张克平、中国社会科学出版社的王文耀、世界知识出版社的马高基，由于平时接触较多，我们便一起商量下一步如何进行小范围的联合，共同开拓图书市场。我提出了联合闯市场的思路，得到了大家的支持。

1986 年 5 月，中国第一家发行联合体"六联"宣告成立。"六联"的出现，为出版社自办发行注入了新的活力，是出版社发行部门横向联合的一个创举，为共同开拓图书发行渠道创造了条件。这种联合的态势，加强了六家出版社发行部门与北京、上海、南京、重庆、广州、长沙、临沂等许多大中城市的新华书店的合作，有的还建立了联合批销中心。"六联"最初成立时，正值图书发行体制改革进一步深入，许多出版社都感到这种横向联合有助于开拓发行渠道。紧随"六联"之后，"艺术八联"和"科技联"也相继成立，之后"文艺九联""经济联""中央部委联""文教六联""法律八联"等也纷纷成立，新闻出版署直属出版社也成立了"署直联"。有的地方还发起成立了全国性的"美图联""文艺联""经济联""大学联"等。这些联合体都在发行体制改革和改善出版社经营管理方面发挥了积极作用，撼动了实行 30 多年的征订包销发行体制，开拓了出版社自办发行的局面。

主持人：创办图书订货会，并不断拓展图书订货会的功能，体现了图书发行体制改革不断深化的成果。请您具体谈谈北京图书订货会是如何应运而生，如何发展的。

王久安：首都新闻出版界社科图书交易会和首都社科书市，从一开始就是由北京 10 多家出版社的发行部主任自发联合起来主办的。其中包括中国对外翻译出版公司、人民出版社、中国青年出版社、中国少年儿童出版社、人民文学出版社、世界知识出版社、新华出版社、法律出版社、中国工人出版社、北京大学出版社、中国财政经济出版社、中国广播电视出版社、群众出版社、商务印书馆、北京出版社、中国社会科学出版社等，并由这些出版社的发行部主任参加，成立书市办公室，挂靠在中国出版工作者协会之下开展工作。第一届首都社科书市是 1985 年举办的，地点在劳动人民文化宫。办了两届以后，到办第三届时，大家看到在书市中有不少书店的进货员也来采购，于是萌发了办看样订货会的想法。

1987 年年初，在京 10 多家出版社的发行部主任，为了进一步开拓图书市场，在已经成功举办了两届首都社科书市的基础上，决定利用已经得到的总发行权，着手创办图书看样订货会。这个想法立刻得到中国出版工作者协会王业康秘书长的大力支持。经过精心策划和积极筹备，第一届首都新闻出版界社科图书交易会与第三届首都社科书市于 1987 年 5 月 27 日在劳动人民文化宫开幕，成为举办至今的北京图书订货会的开端。这一届书市设在文化宫前院东西松树林，交易会设在文化宫东配殿，面积不到 300 平方米，正好安排给 44 家参展出版社。交易会和书市开幕当天，请了著名编辑家、科普作家叶至善和北京大学学生会主席陆昊同志前来剪彩，体现了出版社秉持的"读者至上、敬畏作者"的理念。书市期间，中宣部副部长李彦、北京市委副书记徐惟诚、共青团书记处书记冯军、国家出版委员会主任王子野、司法部副部长鲁坚和光明日报社总编辑姚锡华等领导都来参观指导。

第一届首都新闻
出版界社科图书
交易会与第三届
首都社科书市剪
彩仪式（右二为
叶至善）

这一届图书交易会办了 8 天，订货 676 万元；书市办了 12 天，销售 114 万元。图书交易会接待来自全国各地的 290 位书店代表，为他们安排了食宿。为了节省开支，代表们都被安排在出版社和部队的招待所，而且有车辆接送。接待工作十分周到，书店代表都比较满意。图书交易会期间还邀请 60 家书店举行了一次座谈会，征求他们对举办图书交易会的意见和建议，为进一步办好图书交易会起到了促进作用。

随着图书交易会规模的扩大，1991 年年底，书市办公室希望得到中国出版工作者协会的具体指导。在版协秘书长王业康同志的协调下，以之前参与书市部分出版社的社长为主，成立了中国出版工作者协会的二级组织——经营管理研究委员会。委员会由新华出版社社长许邦任主任，中共中央党校出版社副社长刘忠礼、商务印书馆总经理林尔蔚和中国少年儿童出版社社长杨永源等任副主任，聘请王仿子同志为顾问。书市办公室在版协经营管理研究委员会（以下简称"经管会"）

领导下开展工作。

1997 年筹办第十届首都新闻出版界社科图书交易会时，中国书刊发行业协会也决定筹办全国性的订货会。在同一地区举办两次同一性质的订货会，将使参展单位和订货单位无所适从，而且会造成人力物力的浪费。经过中国出版工作者协会和中国书刊发行业协会领导协调，并得到新闻出版署批准，决定从 1997 年开始，首都新闻出版界社科图书交易会改由中版协和中发协联合举办，名称改为"北京图书订货会"。经管会作为中版协的内设机构，原办会人员全部进入新的组委会。由于两个协会合办，新闻出版署参与协调，领导力量显著增强，订货会规格得到提高，各项措施也越来越规范，其功能逐步由单一的看样订货增加到展示形象、交流信息、版权交易、看样订货、为图书馆配书等多元化功能，从自发性的书市发展为全国三大书市盛会之一，成为出版界高度关注的图书市场风向标，越来越受到各方面欢迎。

北京图书订货会从 1987 年创办以来，到现在已办了 35 届。订货会从无到有，从小到大，多年来年订货数量都在 30 亿以上，已成为全球最大的华文图书订货会。北京图书订货会在改革大潮中应运而生，更在深入改革中发展壮大。尽管这 30 多年走的是充满变数的不平坦之路，然而却是探索中的前进之路，创新中的开拓之路，改革中的成功之路。

作为 80 年代图书发行体制改革的亲历者和第一届首都新闻出版界社科图书交易会的发起人之一，我有幸见证了我国 30 多年来图书发行体制改革的曲折变化及北京图书订货会应运而生的历程。

袁亮丨回眸出版改革中的几件往事

视频资料

访谈时间：2023 年 10 月 19 日
访谈形式：书面访谈

袁亮，1930 年 11 月出生。1949 年参加中国人民解放军。1950 年 4 月调湖南永顺县委办公室工作，1956 年 6 月调湖南省委讲师团任理论教员，1957 年 8 月调湖南省委宣传部《学习导报》编辑部任编辑，1958 年 6 月调湖南省委《新湘评论》任编辑组组长。1961 年 4 月调中宣部出版处工作。1973 年 7 月调北京市委组织部工作。1978 年 8 月调回中宣部出版局，1980 年 11 月任综合组组长，1981 年 10 月改任综合处处长，1983 年 3 月任副局长。1991 年任中国出版科学研究所所长，兼任所学术委员会主任。编著有《毛泽东邓小平与中国出版》《周恩来刘少奇朱德陈云与新闻出版》《出版探索录》《出版和出版学丛谈》等。

积极发展出版业, 为强国建设、
民族复兴作出贡献.

袁亮

2023.10.19

主持人： 中国出版科学研究所与中央档案馆联合编纂的《中华人民共和国出版史料》（以下简称《史料》）出版后，对推动出版科学理论建设，具有重要意义。请问您当时是如何推进、实施这个项目的？

袁亮：《史料》的编纂，起源于我国著名出版家王仿子同志的建议。1991 年 7 月 16 日，王老给我和常务副所长陆本瑞写信说："我建议现在就动手编纂《新中国出版史料》，按年代编，分卷出版。许多重要史料，现在不抓，再过若干年连线索都找不到，很难收集了。必须趁现在如王益、陈原、倪子明等同志健在，提供线索，可以获得比较全的资料，供后人研究。这件工作由贵所主持最为适宜。"我随即组织中国出版科学研究所领导班子开会讨论，大家一致同意王老的意见。我和陆本瑞还去王老家登门拜访，具体研究了编纂方案。1991 年 12 月 2 日，中国出版科学研究所向新闻出版署报送了《关于筹备编纂〈新中国出版史料〉的报告》，还提出了编纂方案，对史料收集的范围及年限、史料选取的原则做了说明；还建议成立比较精干的编委会，主持其事。希望署里批准，并拨给经费。新闻出版署于 1992 年 10 月 7 日批复同意，并先后拨了 40 万元专款。

中国出版科学研究所很快成立了编纂机构，聘请王益、许力以、王仿子、刘杲为顾问，在所里设置了编辑部，我任主编，陆本瑞、方厚枢、邓从理、余甘澍任副主编，后又增加魏玉山任副主编。为了更好地查阅和使用出版史料档案，我们与中央档案馆进行了协商，签订了合作协议。协议的主要内容是由中国出版科学研究所和中央档案馆联合编纂《史料》，请中央档案馆负责人沈正乐、冯鹤旺、李明华等任副主编，编辑部也有中央档案馆工作人员参加。与中央档案馆合作编纂出版史料，过去没有先例，是我们的首创，由于大量采用来自中央档案馆的原始档案，从而大大提高了这套书的权威性和学术价值。在编纂团队的努力下，第一阶段的 15 卷，于 2013 年全部出齐。所收史料始于 1948 年 12 月，止于 1978 年 12 月，涵盖了新中国前 30 年。史料按年份编纂，或是一年一卷，或是多年一卷。本套书收录的史料以中央档案馆、文化部档案室、新闻出版总署（新闻出版署）档案室的档案为基础，加上中国新闻出版研究院（中国出版科学研究所）及出版界老同志保存的史料，共计 1988 篇，588 万余字。史料收集的范围包括中共中央、全国人大、国务院（政务院）、中宣部、国家文委、出版总署、文化部、国家出版局等领导机关发布的有关出版工作的指示文件等。许多史料都是首次公开出版，是研究改革开放前中国出版历史、出版方针政策、出版理论的权威史料集。根据一些同志的建议，《新中国出版史料》后改名为《中华人民共和国出版史料》。

主持人：中国出版科学研究所设立的全国优秀出版科研论文奖，在促进出版科研活动、培养出版科研队伍方面，发挥了重要作用。请您介绍这个奖项的起源和发展。

袁亮：为了促进出版科研工作，1991 年年初，中国出版科学研究所与几家出版单位协商，共同发起了首届全国优秀出版科研论文奖评选活动，并于 4 月 20 日向新闻出版署报送了书面请示，说明了开展评奖活动是为了调动出版科研工作者的积极性，推动出版科学研究的深入开展，促进我国社会主义出版事业的繁荣。同年 5 月 4 日，该请示得到了新闻出版署的批准。评奖活动的发起单位，开始是 6 家，后来增加到 8 家，即《新闻出版报》社、《中国出版》杂志社、《出版发行研究》编辑部、新华书店总店《图书发行》编辑部、浙江教育出版社、中国出版工作者协会学术工作委员会、天津市出版工作者协会、中国科技编辑学会《编辑学报》编辑部等，还有25家协办单位。评审委员会由27人组成，王子野任主任，刘杲任常务副主任，王益、许力以、宋原放、袁亮、谢宏、孙五川、赵含坤任副主任，赵含坤兼秘书长。这次评奖活动共收到全国出版单位的推荐论文564篇，经过评委会的初评和复评，评出获奖论文100篇。1991年12月24日，评审委员会在北京人民大会堂召开了首届全国优秀出版科研论文颁奖大会。

为保持评奖活动的稳定性和延续性，1994年年初，我和研究所领导班子商定，要建立中国出版科研奖励基金。这一提议得到了杭州大学出版社和中国书籍出版社的支持，新华社、《人民日报》等对此进行了报道。许力以和刘杲也积极支持建立出版科研奖励基金，并热情参加了联名倡议。1994年3月21日，许力以、刘杲和我三人联名发出《关于建立中国出版科研奖励基金的倡议书》，希望全国有条件的省市新闻出版局和出版社、期刊社、新华书店积极给予支持。倡议得到了出版界的广泛响应。为了做好奖励基金的管理工作，于1995年12月1日成立了出版科研奖励基金领导小组，由三名发起人和两位研究所领导组成，许力以任组长。同时制定了《中国出版科研奖励基金章程》，对基金的性质、宗旨、管理原则等，做了明确规定，强调要严格专款专用，用基金增值部分作为奖金和评奖活动经费。

出版科研奖励基金建立后，活动经费有了保障，1996年至2003年，相继举办了4届出版科研论文评奖活动。第二届全国优秀出版科研论文评奖活动评出了 66 篇优秀论文,第三届评出了 60 篇优秀论文,第四届评出了 58 篇优秀论文,第五届评出 57 篇优秀论文。每届评选出的优秀论文,都由出版社结集出版,同时将评奖结果向各省市出版工作者协会通报,或是在业内媒体公布。第一届、第二届、第四届召开了颁奖大会,给优秀论文作者颁发获奖证书和奖金。第三届和第五届是用通信的方式,向优秀论文作者寄送获奖证书和奖金。

经过多年的实践,我们形成了一套比较规范、比较严格的评奖原则、制度和措施。第一,坚持正确导向和创新精神。在评选工作中,把正确导向与创新精神结合起来,对理论性和学术性很强的论文,则鼓励创新,鼓励争鸣,如编辑出版科学中的各种范畴、各种方案,允许各抒己见,自由探讨,只要有新的思想观点,言之成理,持之有故,对出版实践有指导或参考价值,就予以肯定。第二,组建有权威的评委会。从第一届到第五届,共聘请评委 200 人次,众多评委既有实践经验,又有理论素养,为做好论文评选工作提供了基本条件。第三,恪守评选工作中的民主程序和民主原则。规定了出版科研论文的申报、参评和评选必须经过的既定程序:一是核查申报资质;二是受理申报论文的省一级版协和中央出版单位按照申报的篇数进行报送;三是评委会办公室对申报论文及申报资格进行审查;四是评委会听取参评论文情况汇报,提出评审要求;五是将评委会委员分成若干小组,分组进行初评,每篇论文至少有两位委员阅读,对有争议的论文要有多人阅读,在此基础上提出初步意见;六是评委会听取各评审小组的汇报,形成获奖论文整体初步方案;七是召开评委会全体会议,在讨论的基础上,进行无记名投票,以赞同票数达到与会委员的三分之二为通过。第四,把好获奖论文质量关,做

到既要高度重视论文的质量，又要考虑获奖论文篇数的规定，在坚持质量第一的前提下，适当考虑论文数量，力求做到既不限优，又不凑数。从第二届到第五届，篇数定额均为60篇；除第三届为60篇外，其他三届均有增减。

五届优秀出版科研论文评奖活动的成功举办，特别是随着这一奖项成为国家级的奖项，对于推动我国出版科研工作的深入发展，推动出版学、编辑学、发行学等学科的建设，促进中国特色社会主义出版事业的繁荣，发挥了积极作用。2005年5月，由中国出版工作者协会向中宣部呈送了设立出版领域各项奖项的报告，其中包

2005年2月，袁亮在北京东黄城根北街寓所

括了全国优秀出版科研论文奖。同年 7 月 7 日，中宣部办公厅复函中国出版工作者协会，同意将"全国优秀出版科研论文奖"作为中华优秀出版物奖的三个子项之一，每两年评选一次，每届获奖数额 60 个。

邵益文 | 为编辑研究和编辑学学科建设
尽心尽职尽力

访谈实录视频

访谈时间：2023 年 3 月 23 日
访谈地点：北京

　　邵益文，1931 年出生，1955 年被分配到中国青年出版社做编辑。1984 年调文化部出版局筹建中国出版发行科学研究所，任筹备组副组长。1985 年任中国出版发行科学研究所副所长（主持工作），创办《出版与发行》杂志。1988 年任中国出版发行科学研究所党委书记。同年开始筹建中国编辑学会。1992 年中国编辑学会成立后，任第一届、第二届常务副会长兼秘书长，第三届常务副会长。著有《编辑学研究在中国》《出版学编辑学漫议》《20 世纪中国的编辑学研究》《编辑的心力所向——编辑工作和编辑学探索》《一切为了读者》等。2011 年，受中国编辑学会领导邀请主编出版了《普通编辑学》。2024 年 5 月 27 日在北京逝世，享年 92 岁。

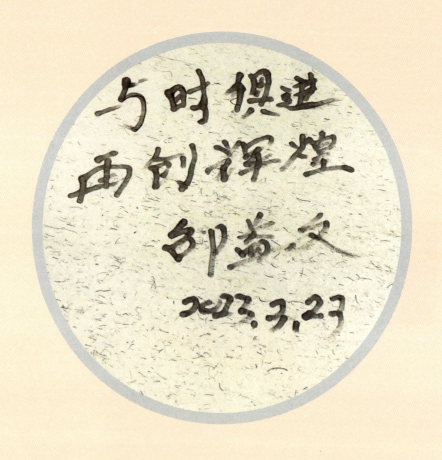

与时俱进
再创辉煌

邱盼文

2023.3.23

出版寄语

主持人：中国出版发行科学研究所的成立，是我国出版界的大事。您参与了中国出版发行科学研究所的整个筹建工作，请介绍一下这方面的情况。

邵益文：1983 年 11 月底，我从中国青年出版社借调到文化部出版局。次年 1 月，时任文化部出版局副局长刘杲要我根据中共中央、国务院《关于加强出版工作的决定》的精神，起草《关于筹建中国出版发行科学研究所的初步设想》。2 月下旬，刘杲召集了我和倪子明、方厚枢等讨论了这个设想，决定接着准备两个材料：一是《中国出版发行科学研究所条例》（以下简称《条例》）；二是以与会者的名义，向出版局写一个建议，提出拟请领导解决办公用房及经费等问题。为了写好《条例》，我请教了中国社会科学院的相关领导，得到了一份《中国社会科学院新闻研究所条例》，并在中国社会科学院法学研究所资料室查阅了古今中外的相关资料，花了 20 天时间，完成了《中国出版发行科学研究所条例（草案）》（以下简称《草案》）。经刘杲修改后，《草案》印发有关同志。3 月中旬，出版局顾问王益发表了《关于筹建研究所的刍议》，在指出中国出版"5 个没有"，即"没有出版学院、没有出版发行研究所、没有出版过出版发行的著作、没有公开发行的出版发行方面的学术性杂志、没有社会公认的出版发行方面的专家"的同时，提出建立中国出版发行科学研究所起码的基本建设目标，即"3 个 20"：解决 20 间办公用房、20 个人员编制、20 万元开办费。这些构想充实了我的思路。4 月初，出版局召开局务会议进行了专题研究，决定将此报告上报文化部。1985 年，文化部批准建立中国出版发行科学研究所，成立了以王益为组长、叶再生和我为副组长的筹备组。筹备组把《中国出版发行科学研究所暂行条例（草案）》发给业内各方面的领导、专家，并以个别访问、座谈会的形式广泛征求意见。历时半年，征询意见有 160 多人次，最后，我们完成了修改工作。8 月中旬文化部办公厅印发的《同意研究筹建中国出版发行科学研究所》文件下达后，我们的工作进入了紧张状态。万事开头难，当时面临的主要问题是办公用房、经费和编制都没有着落，其中编制的难度最大。针对劳动人事部编制局提出的"出版研究所目前全国有几个""研究所任务要进一步明确""提出 70 人编制的根据是什么"等 3 个问题，我们确定了力争"70"、死保"50"的目标，在报批的方案中列举了很多事例，提出了充足的理由，同时准备了大量的口头汇报材料，由我向劳动人事部编制局领导当面汇报。根据编制局领导的意见，我们重新修改了报告，最后终于争取到 90 个编制。在文化部上报国务院的报告中，根据刘杲的指示，我们在报告中强调了成立研究所是时代的需要，强调了出版理论研究的迫切性和研究所的学术性，明确了中宣部出版局、文化部出版局与研究所的领导与被领导的关系。1985 年 3 月 21 日，中国出版发行科学研究所正式获批成立。6 月 19 日，文化部任命我为中国出版发行科学研究所副所长并主持工作。我们没有搞任何庆祝活动，而是埋头工作，保持低调，但成立研究所一事还是在出版界引起较大反响。新华社《瞭望》周刊对我进行了专题采访，并刊发了长篇报道，介绍了研究所的性质、任务和科研构想，见证了研究所诞生、发展的新起点。

主持人：中国出版发行科学研究所的成立，为出版科研活动和出版科研人员提供了资源整合的平台和交流展示的空间。请您介绍在初创时期的工作。

邵益文：研究所成立初期，百端待举。研究所获批后，国家出版局在宋木文主持下，很快召开了局务会议，讨论研究所的工作。会议确定研究所工作要贯彻理论研究和应用研究相结合、专业研究和业余研究相结合的原则，同时要贯彻边建所、边工作的方针。宋木文强调了"进人"的重要性，要坚持选有真才实学的干部，行政人员要尽可能减少。会后我梳理了当前要做的10多项工作，把创办《出版与发行》杂志、成立中国书籍出版社、编纂《出版词典》列为优先项。

创办《出版与发行》杂志，最早是王益同志在研究所筹备工作会议上提出的。从事出版理论研究，必须要有出版理论刊物做依托。当时全国出版类刊物不多，我们对《出版工作》《科技与出版》《编辑之友》等刊物的办刊定位进行了分析研究，认为这些刊物各具特色，与我们构想中的《出版与发行》或有某些交叉；但由于《出版与发行》突出了编辑、出版、发行学术理论研究，与其他刊物不会有太多内容设置上的重复。我们在申述办刊理由时，强调刊物的专业性、理论性、学术性，突出出版大视角、行业全方位的定位，凸显《出版与发行》不同于其他出版类刊物的特色。这些理由得到了领导的认可，使刊物顺利获批。在刊物主编人选上，征求各方面的意见，都说谁办谁当，身为研究所主持工作的副所长，就只能"赶着鸭子上架"了。但当时我"留了一手"，在主编前加了一个"代"字，什么时候有了合适的主编人选，我就可以"脱身"。1985年7月推出创刊号时，为了慎重起见，决定先以内部发行的形式试出了两期月刊。1986年改为双月刊后，仍保留了内部刊物的性质。1987年改为公开发行后，所领导班子配齐了，刊物由分管副所长邓从理主管，聘请了赵含坤为主编，我不再"代"了。后来赵含坤辞去了主编一职，我又"代"上了。袁亮同志任研究所所长后，提出和我并列主编。1988

年，根据读者的意见，为更切合刊物的性质，《出版与发行》改名为《出版发行研究》。

创办出版社也是研究所筹建时就形成的设想，主要动因来自 1983 年颁布的中共中央、国务院《关于加强出版工作的决定》。在拨乱反正中，出版工作面临的许多问题都需要研究，振兴出版业是众望所归，人才培训成了当时的一大要务。那时出版界要求办培训班、要求出版培训教材的愿望十分迫切，而仅有的几家出版社出版的培训教材品种较少，有些还是内部发行的，难以满足出版从业人员的需求。面对这种状况，研究所显然应该承担起义不容辞的责任，不然有负党的重托。1984 年，胡乔木复文教育部，要文化部出版局提供"编辑概论"相关书籍，作为北大、南开、复旦大学中文系试办编辑专业的教材，我随即找有关专家商谈。阙道隆表示愿意担任主编，将书命名为《实用编辑学》。阙道隆找了中国青年出版社 10 多位编辑室主任着手撰写，我又找了巢峰和林穗芳参与撰稿。此后，我们又抓住参加首届全国出版科学学术研讨会的时机，约请百花文艺出版社总编辑徐柏容撰写《期刊编辑学》、高等教育出版社副总编辑王耀先主编《编辑学概论》等，为申办出版社创造条件。在给出版社取名时，刘杲说苏联有个书籍出版社，专出书刊出版方面的书，我觉得这个名称好，在申办出版社的报告中，就采用了"中国书籍出版社"的社名。1986 年 9 月，国家出版局批复同意，明确出版社的任务是出版有关编辑、出版、发行方面的图书。

编纂《出版词典》是边春光同志提议的。经过十年"文革"，出版人的知识结构亟待更新，编纂《出版词典》就是在这样的背景下提出并立项的。为此，边春光披甲上阵，亲自担任主编。1985 年 1 月，他召集我和朱语今、叶再生等开会，谈了有关编纂词典的意义、内容、对象规模、框架及机构等想法。与会者表示认同，并提出为加强词典的针对性，有必要到一些省市开座谈会，听取多方面的意见；同时了解、收集国内外同类工具书出版的情况，做到心中有数。1986 年 10 月应日本文化交流协会的邀请，我参加了以边春光为团长的中国出版代表团访问日本的活动，并在活动中找到了日本《出版事典》主编布川角左卫门，商谈翻译出版《出版事典》事宜，对方一口答应。1990 年，此书由中国书籍出版社出版，出版时改名为《简明出版百科词典》，93.6 万字。这部词典的引进出版，对《出版词典》的编纂，起到了很大的助推作用。我和袁继莘在湖南、湖北、上海的调研也很顺利。在上海我们拜访了罗竹风、赵家璧、胡道静等老出版人，还会见了上海辞书出版社社长巢峰，商定《出版词典》由上海辞书出版社出版。

《出版词典》上报立项后，国家出版局拨了 30 万元课题费。边春光认为这是研究出版学的突破口。在编纂国外出版物条目时，当时因对国外出版期刊不了解，我们无从下手，后来请文化部外事局协助，由文化部外事局出面，请各主要驻外使馆文化参赞提供资料，撰写条目，使这个棘手的问题迎刃而解。1992 年《出版词典》出版后，填补了国内的一项空白，受到业内好评。《出版词典》从 1985 年启动编纂，1989 年年底定稿，到 1992 年年底出版，历时 7 年。令人唏嘘不已的是，主编边春光和副主编朱语今都在出版前去世，未能感受到词典问世的喜悦。

主持人：1994 年下半年从研究所领导岗位卸任后，您没有闲着，立即把工作重心转向中国编辑学会，并参与了中国编辑学会 1992 年至 2006 年最初

10 多年的建设尤其是前期创建工作，见证了中国编辑学会从无到有、从小到大、由内向外的发展变化。请您谈谈中国编辑学会的筹建工作。

邵益文：我从事中国编辑学会的相关工作，从筹建、正式成立到离开编辑学会的领导岗位，前后共 18 年。其中有六年半是重叠的，即 1988 年 2 月到 1994 年 10 月。这段时间我既是中国出版发行科学研究所的领导，同时也做中国编辑学会的筹建工作。从 1992 年起，我担任了中国编辑学会常务副会长兼秘书长。我参与编辑学会的相关工作，大体经历了 3 个阶段：

一是编辑学的发轫与兴起。二十世纪七八十年代，陈仲雍、倪子明等资深编辑在报刊发表文章，认为研究编辑学已是"当务之急"。1983 年，著名科学家钱学森在一次讲话中提出"编辑工作也是一门科学"，要研究它在工作中有什么规律，并主张先创造出一门科学的编辑学。1983 年中共中央、国务院《关于加强出版工作的决定》指出，"要建立出版发行研究所……加强出版、印刷、发行的研究工作"。1985 年中国出版发行科学研究所成立；1986 年，国家出版局批准设立两个出版专业类出版社，即中国书籍出版社和书海出版社；同时，上海市编辑学会、湖南科技期刊学会和中国科学技术期刊编辑学会先后于 1985 年到 1987 年期间成立。这些研究机构、专业出版社和编辑学会的成立，正是编辑出版研究发展孕育的产物，助推了中国编辑学会的成立。

中国编辑学会的筹建，前后花了 4 年时间。1988 年 2 月，在一次会议上，高等教育出版社副总编辑王耀先和我谈起建立中国编辑学会的想法，考虑到当时成立全国性学术团体的条件尚不成熟，不如参照上海的经验，先成立地区性的编辑学会，同时吸收北京地区的部委出版社参

加。我随即把这个想法先后与边春光所长和新闻出版署分管副署长刘杲
做了汇报，刘杲说可以先酝酿一下。2月中旬，我和王耀先、阙道隆草
拟了《关于成立北京编辑学会的倡议书》，上报新闻出版署。后根据署领
导的指示，把这份倡议书印发给一些大出版社的领导和资深编辑，得到
了他们的支持。4月中旬，把这份倡议书印发给北京地区的各家出版社，
倡议书明确了学会的日常办事机构设在中国出版发行科学研究所。7月，
边春光受新闻出版署领导的委托，主持了"北京编辑学会倡议人会议"。
会议通过了我们三人起草的《北京编辑学会章程》，成立了北京编辑学
会筹备委员会。会后以简报的形式，向在京筹备单位通报了北京编辑学
会筹备委员会成立的有关情况。1989年4月，收到新闻出版署关于同意
向北京市民政局申请办理北京编辑学会登记事宜的批复后，我们马上进
行了申报。5月初，北京市民政局回复称：因编辑学会会员单位主要是
中央一级出版社，不属于北京市领导，因此不能在北京市登记。我马上
咨询了国家民政部社团司，对方答复：如在民政部登记，就不能用"北
京编辑学会"的名称。后来，边春光提议把"北京编辑学会"改为"中
国首都编辑学会"，新闻出版署批准后，向民政部进行了申报。12月29
日，因筹委会会长边春光病逝，给筹建工作带来新的问题，如会长人选
等。按照刘杲同志的意见，筹委会常务组召开了会议，提出继续以中国
出版科学研究所（1989年8月更名）为学会挂靠单位，会长候选人请署
领导考虑。新闻出版署同意将有关情况书面报告民政部。1990年7月，
民政部社团司回复：目前文化、艺术、社科社团正在进行整顿，新申报
的社团在整顿后统一受理。进入1991年后，我多次给民政部领导写信，
请求尽快回复。1991年4月，民政部社团司回复：民政部只管全国性社

团，中国首都编辑学会不是全国性组织，不能在民政部登记。根据这个意见，筹委会提议把名称改为"中国编辑学会"，报到新闻出版署后，署人教司派员与民政部社团司商议，同意将学会名称定名为"中国编辑学会"。1992 年 2 月 10 日，民政部批准中国编辑学会办理登记手续。署党组提议刘杲同志为中国编辑学会会长候选人。1992 年 6 月中旬，新闻出版署印发了《关于建立中国编辑学会筹备工作组的通知》，明确学会筹备组由王耀先、吴道弘、邵益文等 8 人组成，王耀先、邵益文为召集人，要求各地按规定征集团体会员，会员征集工作由此全面展开。1992 年 10 月中旬，中国编辑学会召开成立大会，选举刘杲为会长，聘请王益为名誉会长，聘请叶至善、张志公、张惠卿、袁亮、戴文葆为顾问；根据会长提名，同意我为常务副会长兼秘书长，袁继荨为副秘书长。

主持人：2001 年，人事部和新闻出版总署实行全国统一的职业资格考试，初级和中级职业资格以考代评，在出版界产生了很大影响。您参与了出版职业资格考试的考前教材和辅导材料的编写工作，请介绍一下。

邵益文：21 世纪初，随着出版改革的不断深化和出版新技术的不断发展，为了更科学、客观、公正地评价和选拔出版专业人才，进一步加强出版队伍的思想和业务建设，人事部和新闻出版总署联合印发了《出版专业技术人员职业资格考试实施办法》，对初级和中级的任职资格实行以考代评。为此，新闻出版总署成立了全国出版专业技术人员资格考试辅导教材审定委员会，桂晓风任主任，刘杲、巢峰和我任副主任，组织编写 5 本教材，即《出版专业基础知识》初、中级各 1 本，《出版专业理论与实务》初、中级各 1 本，《有关出版的法律法规选编》（初、中级合用）1 本，编写工作分别落到上海、湖北和北京相关的大学、出版社头上。我和杨凌康负责法律法规组，在规范征求意见的基础上，提出了选编篇目。在审定委员会召开的编写工作汇报和初稿审读会议上，与会者认为《出版专业理论与实务》（初、中级本）和《出版专业基础知识》（中级本）基础较好；而《出版专业基础知识》（初级本）内容略显凌乱，要赶在 5 月份之前出版，重新修改时间不够。为此我建议：在《出版专业基础知识》（中级本）的基础上，内容略加调整，改为初级和中级的合用本，出题时针对初级和中级的不同程度，有所侧重即可。这个意见得到了各编写组负责人的赞同。这就是 2002 年的出版专业技术人员职业资格考试教材比原定的 5 本少了 1 本的原因。

2002 年 9 月初，新闻出版总署人教司提出由中国编辑学会具体负责 2003 年全国出版专业技术人员职业资格考试辅导教材的编写和修改工作。中国编辑学会于 10 月 16 日和 18 日，分别召开了全国出版专业技术人员职业资格考试辅导班教员座谈会和部分出版单位负责人座谈会，就辅导教材的修订、编写和考试命题工作征求意见。由于前期准备比较充分，这项工作进展顺利。随着考试年复一年地进行，辅导教材的修订工作也一年接着一年进行。在 2003 年 1 月召开的全国出版专业技术人员职业资格考试辅导教材审定委员会第一次会议上，在讨论《出版专业基础知识》的修订时，我对出版方针的表述提出不同意见，主张出版方针主要讲"二为"方向、"双百"方针和质量第一等，两个效益相结合可作为原则来讲。当时虽然大家都说双效相结合重要，但在阐述上却有不同提法，有的主张"必须"结合，有的则说"最佳"结合，有的说要"正确"结合。这些不同提法都可以有不同理解。我主张作为原则，坚持社会效益是首要的，经济效益必须服从社会效益，因为社会效益是全局性的，经济效益是局部的。两者的结合不是平起平坐，不能牺牲社会效益去强调经济效益。会上一致同意我的意见。在这次会议上，我还提出，把"坚持质量第一"单独列为《出版理论与实务》中的一章，理由是当前图书质量滑坡现象比较突出，引起了社会的关注和批评；而且多年的实践表明，这是编辑经常碰到的问题，我从中共中央、国务院《关于加强出版工作的决定》中提出的"坚持质量第一"讲起，把改革开放以来历任中央领导对加强图书质量的指示，逐一引述，强调了"坚持质量第一"单独列章的必要性，与会者都表示同意。热烈而浓厚的讨论风气，是这次会议的一大特点。在 2002 年的考试中，发现教材中有些名词概念的界定和解释不尽统一，为此，大家在会上提出了需要统一的名词，如"出版""图书""期刊""编辑"等。会议确定由我和巢峰分别牵头，各提出一份统一的表述，发给大家讨论。有的名词引发了激烈的争论。我看

2005 年，中国编辑学会时任会长刘杲（后排中间）和中国编辑学会秘书处工作人员合影（后排右一为邵益文）

到有些年逾古稀的资深编辑也认真参与讨论，深受感动，随手在小纸条上凑了一句顺口溜，交给了旁边的刘杲同志。刘杲请岳麓书社原社长夏剑钦改了两个字，就让大家传阅。这句话是："众说纷纭论不休，面红耳赤苦探求，图书何物终难定，哪怕编辑到白头。"这句顺口溜反映了与会的教材编写者为探求真理争鸣不止的精神，令人敬佩，难以忘怀。

主持人：您在中国出版发行科学研究所和中国编辑学会领导任上，亲历了我国出版界一些重大的对外文化交流活动，一定有不少感受，请给我们做些具体介绍。

邵益文：出版界的对外文化交流活动，体现在"走出去"和"请进来"两个方面。"走出去"，就是组团参加国际出版学研讨会。1989 年 10月，中国首次参加了在日本东京青山学院大学举办的第四届国际出版学研讨会，研讨会的中心议题是汉字文化圈的出版开发和出版学术交流。1993 年，中国编辑学会首次轮值主办了第六届国际出版学研讨会，研讨会的主题是：出版业的现状与发展前景的探讨；90 年代的出版开拓及其发展趋势的研究。中国、日本、韩国、菲律宾、马来西亚、新加坡等国家和中国香港、中国台湾地区共 84 位代表参加，国内外的 23 位专家、学者在大会上宣读了论文。论文的内容大多是着墨于分析国际出版业的现状，研究促进出版业发展的有效途径和方法。这是一次推动出版研究、促进出版繁荣的盛会。中国是一个出版大国，那时在出版科研方面，已有一定的进步，进入改革开放时期，亟须吸收和借鉴国外进步的学术思想和先进的管理经验，以利于中国特色社会主义出版事业的建设，这是我们举办这次研讨会的主要出发点。

在派代表或组团参加国际出版学研讨会的同时，中国编辑学会多次组团，访问了美国、奥地利等国家。2002 年 12 月，我率领的中国出版代表团的访美之行，给我留下较深的印象。在美国访问期间，我们接触了四种类型的编辑：出版社图书编辑、期刊编辑、大企业编辑和社会上的独立编辑。此外，我们还与《编辑人的世界》的主编格罗斯进行了深入交谈，受到不少启发。格罗斯主编的这本书 1962 年首次出版以来，经过了 3次大的修改，已经成为美国编辑艺术和技巧的标准读本。中国工人出版社于 2000 年率先引进出版后，此书也成了我国编辑案头必备的经典。格罗斯对作者与编辑的关系，有着精辟的理解，例如：编辑作为幕后人，向作者表达意见时，要注意分寸和语言的技巧。书稿好比是作者的孩子，这个孩子无论长得是美是丑，对父母来说都是最好的；编辑与作者不是对立关系，不是上下级关系，而是平等合作的关系。编辑好比助产士，是帮助作者解决书稿中的问题的。编辑与作者好像是舞者与伴舞的关系，伴舞者要尽量揣摩舞者的想法；编辑要最完美地表达作者的意思，编辑如感到作者的思路不合适，要多与作者沟通，要说服作者，把它改造得适合读者的需要；新书出版，就是作者和编辑共同"生"了一个非常好的孩子。

主持人：在高校加强编辑学科建设，设立出版专业本科及硕士授予点的进程中，在新闻出版署的高度重视下，中国编辑学会做了大量工作，起到了重要的助推作用，促进了出版业专业人才的成长。请您介绍这方面的情况。

邵益文：1983 年中共中央、国务院《关于加强出版工作的决定》发布后，在"加强出版科研"的号召下，编辑学科建设不断推进。高校编辑学专业自 1985 年试办以来，在较短时间内，已发展成为具有相当规模而且在国内外产生较大影响的专业。河南大学、中国科技大学、南京大学等采取"借窝孵蛋"的办法，率先培养了以编辑学为主要方向的研究生，为出版业提供了高层次的人才。这些人中的不少人成为出版单位的骨干或专业教师。1995年10月，我参加了全国高校编辑专业负责人第三次联席会议，于友先、桂晓风、高明光等领导在讲话中，肯定了编辑学专业的成绩，提出要加强领导，促进发展。1997年3月，刘杲邀集张惠卿、陈早春等政协委员，在全国政协八届五次会议上提出了《关于建立编辑学专业硕士点的建议》。中国编辑学会还召开了部分高校编辑学专业负责人和专家座谈会，座谈会主题是呼吁教育部把编辑

1997年6月，全国高校编辑专业负责人第四次会议在成都召开（一排左五为邵益文）

出版学列入硕士研究生专业目录。会后，中国编辑学会和中国出版工作者协会联合向新闻出版署递交了专题报告。1999年，在教育部门的专业调整中，出现了保留或砍掉编辑学的争议。为了保留高校已有的编辑学专业，新闻出版署人教司及时在武汉大学召开了紧急会议，请有关高校专业负责人参加，商量对策，同时还邀请了教育部高教司代表参会。参会代表通过列举有代表性的事例，说明了编辑专业的系统学习，在培养编辑人才中的重要作用。经过反复讨论，一再磋商，终于保留了现有的高校编辑专业。同年，国家教委再次提出要压缩本科专业，新闻出版署再次进行保留编辑学专业、出版学专业的努力，刘杲和我、阙道隆等应邀参加了新闻出版署人教司召开的座谈会，讨论国家教委调整专业目录征求意见稿，会议主题是如何保住出版专业。编辑学会从成立开始，就在各种场合或利用各种条件，支持高校编辑学、出版学专业发展。刘杲曾多次给有关领导写信，并两次邀集政协委员联名提案，申述保留编辑学专业的重要性。2000年5月，鉴于"授予博士、硕士专业目录"调整在即，中国编辑学会再次向新闻出版署写报告，建议把"编辑出版学"列入"授予硕士专业目录"，并向国务院学位办公室和有关专家发出呼吁。2001年3月，在全国政协九届八次会议上，刘杲委员再次递交提案，强调了设立硕士点是出版业发展的客观需要，而且已经具备了一定的基础条件。此后，中国编辑学会利用多种形式，传递、放大尽快在高校设立出版专业硕士授予点的呼声。2010年，国务院学位委员会公布了全国硕士专业学位授权审核结果，北京大学、南京大学、武汉大学、中国传媒大学、复旦大学、南开大学、四川大学、河南大学、河北大学、安徽大学、湖南师范大学、华中科技大学、北京印刷学院、吉林师范大学等14所高校获首批出版专业硕士学位授予点。

周谊 | 科技出版改革回溯

访谈实录视频

访谈时间：2023 年 3 月 22 日
访谈地点：北京

　　周谊，1931 年出生，1956 年进入中国建筑工业出版社做编辑，1979 年任总编室主任，1982 年任副总编辑，1984 年 6 月任社长兼总编辑，1992 年任社长兼党委书记，1994 年 12 月退休。曾任中国出版工作者协会副主席，第四、第五届中国出版工作者协会科技出版工作委员会主任。作为"施工组长"，他参与策划的"建筑工人技术学习丛书"（13 种）发行 1300 多万册；参与策划的《建筑施工手册》（上、中、下）获全国优秀科技图书奖，现已推出第六版，发行 200 多万册。他主持策划的"中国古建筑大系"（10 卷）获国家图书奖荣誉奖、全国优秀科技图书奖特别奖。曾获第六届韬奋出版奖，入选新中国 60 年百名优秀出版人物。

事业崇高　创意无限

周谊

2023·3·22

出版寄语

主持人：1984 年您担任中国建筑工业出版社社长兼总编辑后，率先探索出版改革，进行了以分配制度为突破口的改革，在取得显著的社会效益和经济效益的同时，员工的精神面貌发生了很大变化。请介绍您的改革思路和举措。

周谊：新中国成立后的前 30 年国家实行计划经济，计划经济体制下的弊端是企业吃国家的"大锅饭"，职工吃企业的"大锅饭"，出版社也不例外。出版社员工经营意识淡薄，不考虑投入产出，不关心积累发展，干多干少一个样，是出版社存在的突出问题。党的十一届三中全会已做出把党和国家的工作重心转移到经济建设上来的决定，改革是大势所趋，不可逆转。我认为中国建筑工业出版社的出路也是改革。我按党委的决定起草了改革方案，提出实行社长负责制，建立岗位责任制，以实行定额管理、任务承包、奖金提成为突破口，打破分配上的平均主义，实现出版社由生产型向生产经营型的转变。改革的初期目标是做到两个并重：出书与出人并重，社会效益与经济效益并重。这两个"并重"为"七五"后期的进一步改革、发展，打下比较扎实的基础。全体中层干部对改革方案进行了集中讨论、研究和修改，一致表示同意。

1984 年 10 月 17 日，城乡建设环境保护部党组批复了我们的改革方案，指出改革应坚持事业单位企业化经营的管理办法，试行技术经济责任制。内部可试行岗位责任制和承包责任制，试行以收抵支、盈余留成的办法。对领导体制、干部任免等问题，部党组先不做书面表态，但口头上同意试行。出版社副总编辑和处级干部的聘任，实行备案制，社党政联席会议确定后，先与人事司通通气，无大的意见上报备案即可。此次的改革方案为出版社的改革创造了良好的条件。主要做法有：

1.改革管理体制，实行社长负责制，重大问题提交党政联席会议决定。在党委加强思想政治领导、对方向的把握和对生产行政工作与方针任务贯彻的保证监督的基础上，社长负责制使行政决策简便及时，切合业务需要，提高工作效率。如 1991 年广东科技出版社社长欧阳莲给我打电话，说广州新发展区天河有一座新楼，广东科技出版社已购两层，尚有 870 多平方米的一层，好几家正争购中，问中国建筑工业出版社想不想要。欧阳莲社长还说广州市中心今后将往深圳方向东移，未来这个地方将成为黄金宝地。因为时间紧迫，我立即表态：中国建筑工业出版社要了。事后我向党政联席会议汇报了这个决策，得到了他们的一致同意。现在此处已成为我社华南分社的办公地，房子市值大大上升。如果不是社长负责制，我当时不可能有这样的表态。

2. 实行岗位责任制与任务承包制。建立了岗位责任制，以此作为其他制度的基础。对凡有数量和质量指标的部门，一律实行定额管理；并以质量作为基础，所定指标应达到同行业平均定额的领先水平。对发行室和出版部门实行任务承包制，编辑部门也有重点图书的指令性计划。对无定额的党政部门，实行目标管理按季考核评议的办法，根据考绩奖惩，拉开了奖金差距。总编室、装帧设计室、行政处等处室，均实行岗位责任制、任务承包制、目标管理制等管理制度，提升和改善自身的管理、服务职能。专业面窄的编辑室试行盈亏平衡和减亏措施。

3. 改革分配制度。打破"大锅饭"，克服平均主义，拉开分配差距。这是改革的核心问题和难点。奖金分为月奖和季奖两部分，月奖联系考勤，季奖联系考绩。定额部门以准期、均衡、质量为考核内容；承包部门以完成任务指标、质量、周期为考核内容；党政部门以工作目标完成实绩为考核内容。考核实行评分制：定额承包部门由经营室审核评分；

无定额部门在社务会上汇报工作，由社务会成员以无记名的方式评分；所有评分由社长或主管副社长审核签字后生效。

　　4.改革干部制度。在坚持革命化、专业化的基础上，重点考虑了年轻化要求，在原有的3位副总编辑因已到离退休年龄的情况下，将副总编辑全部调整为经验丰富的50岁左右的专业人员。室主任中55岁以上的，原则上都退出领导岗位，请他们发挥自己的专业优势和经验优势，承担起编审稿件和培养新人的重任。新上来的和原有的室主任与其他部门科以上干部，一律按改革方案

1992年，周谊（左五）主持社党政联席会议，研究深化改革问题

全部实行聘任制，任期两年。干部任用采用了聘任制和任期制，按照岗位职责、工作要求和任务目标实行群众推荐与自愿竞聘相结合，组织审核、社长聘任的办法。这样，增加了干部的工作压力，加强了干部的责任心。

5. 加强经营管理。成立经营管理室，其任务是：负责出书计划的制订和执行过程的监督，收集、研究市场信息，提出可供选择的决策方案，发挥参谋作用；制定各项制度，并通过制度对资金运作、生产过程进行管理。同时，还参与制定选题规划，协调各工序的关系。根据制度，经营管理室拥有检查、监督、奖惩的权力。在经营管理室的基础上成立参谋咨询机构——社调研小组，吸收有经营才能的干部参加，成员均兼职，以加强综合信息的研究，定期分析经营情况，提出经营方针，拟定相应措施供社长抉择。

在出版改革中，我们坚持从实际出发，随着员工心理承受力的提高，不断把改革引向深入。1987 年 9 月，我社正式启动"目标管理"，以此作为深化改革的重要一步，要求各部门结合自身特点，实行各种形式的任务承包或任务承包责任制。提出了 1990 年要实现的四大目标：大力提高出书水平，大力提高队伍素质，大力提高经营管理水平，进一步改善生产手段和职工居住条件。其中，对提高出版水平提出了以下要求：大力提高图书质量，优化选题结构，缩短出版周期。同时适当发展数量，品种年平均增长 3% ~ 4%，1990 年达到 400 种。"目标管理"实施半年后，1991 年回顾总结时，上述目标都基本达到；即使遇到连续 3 年的市场萎缩，但经过大家的努力，出书品种仍然达到 394 种。1991 年在"扭转滑坡，努力振兴"的口号下，出书品种恢复到 463 种，出版周期缩短到 179.8 天。

1989 年，我因身体原因请辞了总编辑职务，但如何把书出好，仍是心头重点，因此要求编辑部门一定要及时掌握市场动态。我自己出差开会，调查研究是必带任务。例如，1991 年 9 月把在杭州等几个城市的调研所感赶写了一封长达 9 页的信，寄给社正、副总编辑。信中主要内容：一是对当前投资回升现状及国内图书市场的分析和展望；二是从 14 个方面列举了建议加快组稿、发稿、出书的项目，新组稿的还就内容、写法提出了建议；三是加快上述书稿，尤其是其中重点项目的出版进度，建议采取必要的激励措施（对作者、责任编辑），并与其他社领导研究商讨，形成共识。回京时，总编辑们已经开会做了研究部署，这些措施对"扭转滑坡"起到了促进作用。

20 世纪 80 年代中后期，中国出版业发展很不平衡，中央部委出版社和高校出版社多数还处在起步阶段，但地方出版社已呈现出朝气蓬勃、生龙活虎的状态。为了使全体职工对出版社的发展有一个明确的方向、清晰的思路，凝聚共识、形成合力，我们在前几年探索的基础上，正式提出了中国建筑工业出版社"完善主体，加强两翼"的中期发展战略，对中国建筑工业出版社的发展做了总体构想、总体布局。

"主体"涵盖编、印、发。首先是编辑工作要根据出版社的发展目标，体现出版社的发展方向，这是重中之重。发展战略内容的主要成果是我社有 8 种 128 册图书列入新闻出版署主持的《1991—1995 年重点图书选题出版计划》中的重大项目，以及部分项目列入"八五"重点图书出版规划。

"两翼"包括了加强对外合作和多种经营。对外合作包括国际合作和与我国香港、台湾地区的合作。这方面业务我社起步较早，20 世纪 70 年代末即启动了与日本、欧洲国家和我国香港地区的合作，推出了多部介绍中国传统建筑的图书。80 年代中期我们开始增加人手，以能够参加国际书展对外合作的人员优先。有任务的社领导出国一般是借住在友人家或住最便宜的酒店，这是为了将有限的外汇优先用在专职人员身上。

多种经营，是指图书以外的其他产品的开发。这是我们 80 年代后期形成的经营思路，内容主要有：

1. 实行书刊并举，增加刊物、年鉴类出版物。我社早在 1979 年即创办了《建筑师》杂志，不久又创办了《建筑画》杂志；同时与香港出版机构合作，先后创办了《中国建设发展》杂志，出版了《建筑材料与设备指南年鉴》，这两种出版物均在香港出版。

2. 延伸产业链，经营与室内装饰、室内设计、室内陈设有关的公司。利用社里的上万张建筑、景观照片资源，注册了影艺装饰部——画框世界。

在对外合作方面，我们也创新了合作方式，扩大自有版权的输出。与台湾合作的"中国古建筑大系"（10 卷，8 开本）就是一个实例。台方投资 10 万美元，并提供摄影器材，负责台湾版的出版、发行；我方负责撰稿、拍摄图片，提供全稿，自留其他版权。为了严格保证质量、按期交稿，我们抽调资深专业编辑自己编写，集中专业的建筑摄影师自拍图片。整个工作由副总编辑总抓。这样一可保证进度，二可自留知识产权，三可锻炼队伍。自 1989 年 11 月签约算起，经过双方共同努力，3 年过去，台湾繁体字版推出，丛书名改为"中国古建筑之美"，约 1 年时间便发行 20000 套，一时洛阳纸贵，轰动宝岛，取得空前成功。我方为飨大陆读者，以 2 万美元购得台方加印的 800 套书页，自行装订加封，定价 4200 元 1 套。这些"组装书"很快也销售一空，创利即达 200 余万元。台湾版的盛大发行，产生了巨大影响，让广大台胞了解到了祖国灿烂的建筑文化，加深了其怀念故土之情。随后，在张惠珍、王雪林、董苏华等的努力下，大陆的各种外文版、简体字版、平装版等版本相继印刷发行。这些版本的出版发行也是双效俱佳，影响深远。1995 年，本丛书获得第二届国家图书奖荣誉奖、第七届全国优秀科技图书奖特别奖。

改革使中国建筑工业出版社焕发了生机，不论

"中国古建筑
大系"书影

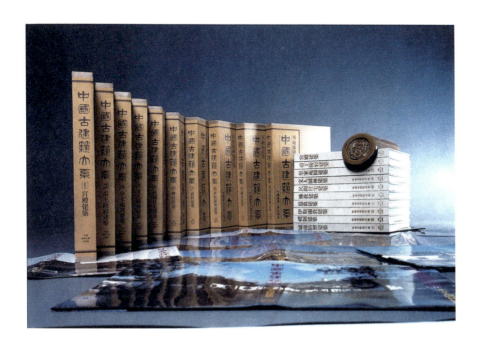

是在市场较为平稳的前期——1985 年至 1988 年，还是在后期——1989 年后市场开始急剧变化、竞争激烈、困难增大的 6 年，其都在改革中稳步前行。1991 年全国出版建筑图书的单位已从 80 年代初的二三十家增加到 100 多家。从 1991 年年初开始，我们创新发展思路，举行一年一次的年初出版工作恳谈会和编辑工作恳谈会。前者主要邀请部领导和部业务司局、部直属单位领导出席，我们向他们汇报上一年出版工作情况，听取他们的指示和工作建议，并反映自身的困难和需要部里给予关心和支持的问题；同时借机会表明出版社将怎样更好地为部里的中心工作、各直属单位的工作做好服务，为行业建设发展提供智力支持的平台。后者主要是邀请专家、学者、作者参加，我们听取他们对改进编辑出版工作的意见。几次恳谈会都取得了不错的效果。

改革取得了显著的阶段性成果，职工的经营、质量、竞争、效益、市场等观念普遍增强。由于补充了大批"新鲜血液"，年龄构成优化，职工总数只增加了 20%，但出书品种增长了 1.4 倍，码洋增长了 8.7 倍，利润增长了 9.8 倍，优秀图书出品率、重印率年年增加，显示了改革带来的新气象。1993 年年末码洋突破 1 个亿，库存只有 700 万元，位居全国 542 家出版社的第 5 位。这个来之不易的位次，我认为带有偶然性，但极大地鼓舞和调动了员工的积极性。

中国建筑工业出版社的改革成果，引起了有关各方的关注与鼓励。中国建筑工业出版社有关领导在全国性的会议上发言不下 10 次，在新闻媒体上的曝光率陡然增加。1985 年 4 月，全国出版局（社）长会议在北京召开，主题是出版改革，我有幸作为代表出席并做大会发言，介绍中国建筑工业出版社改革的方案和进行情况。此外，我们还在第四届、第

五届、第六届全国科技出版社社长总编辑年会和第一届全国图书看样订
货会上做了介绍。1987年10月，在第五届全国科技出版社社长总编辑年
会上，中国建筑工业出版社以《观念的改变是改革成败的关键》为题介
绍经验，此次介绍获得强烈反响。1988年3月，全国新闻出版局（社）
长会议在北京召开。我再次应邀出席，并做大会发言，介绍中国建筑工
业出版社由生产型转向生产经营型和推行社长负责制的改革实践，此次
发言受到会议关注。1992年的中日著作权研讨会和1992年、1995年的海
峡两岸出版研讨会，我都作为中方和大陆方面的代表出席并做主要发言。
1993年5月，我参加了大陆出版代表团首次赴台考察活动。在抵台后的
记者招待会上许力以团长指定我作为主要发言人回答了记者们的问题。

　　我们在改革实践中体会到：早改革，早受益；晚改革，晚受益。改
革不能等待，不改革，就要被抛弃。

　　主持人：十年改革，中国建筑工业出版社取得明显成就，靠的是
什么？

　　周谊：第一，靠全体员工积极改革，团结拼搏。1985年秋，适逢第
一次规范标准出版大会战，400多个图书品种600万字70万册，从选编
到发行要在半年内完成。当时排版多为手工输入，人手紧张，而且印刷
厂纸张不足。中国建筑工业出版社生产会议讨论了一整天，任务却始终
无法安排、落实。出版室主任姚贵最后表态："社长定了，按社长指示
办。有困难我们自己克服。"会后姚贵带领全室出动，迎难而上，出色地
完成了任务。多年后，姚贵因癌症住院，我去医院看望，曾说："老姚，
你对中国建筑工业出版社贡献很大，你那句表态，我感谢你一辈子。"后

来，姚贵去世，我饱含泪水为他送别。

第二，靠读者、作者的信任。中国建筑工业出版社有重视质量的优良传统，多出好书提高声誉成为大家的共识。作者的好作品优先选投中国建筑工业出版社，读者选书优先选购建工版，甚至痴心等待建工版的故事时有所闻。

作者的关爱方面，我们不能忘记杰出科学家钱学森教授82岁高龄时写给中国建筑工业出版社的一封信。作为跨界学者，他以广阔的视野，把对哲学、对艺术的感悟，特别是对中国建筑、城市建设半个世纪的观察和思考，形成了一系列真知灼见，提出了体现生态文明理念、

1993年，钱学森写给中国建筑工业出版社的信

建设"山水城市"的主张。他的多部著作惠赐中国建筑工业出版社，先后推出了《钱学森论建筑科学》《钱学森论山水城市》等6种图书。他对中国建筑、城市建设事业的关心和对中国建筑工业出版社的眷顾令人感动。

第三，靠中宣部、新闻出版署、建设部各级领导的支持和关怀。部里多位领导参加过中国建筑工业出版社年初的工作恳谈会，有些领导还参加过我们的年终总结会，对中国建筑工业出版社深化改革、谋求发展多次给予支持和指导。最令人难忘的是，建社40周年时，以部长为首、在职的和离休的11位部领导，全部出席了我们的庆祝

钱学森（右一）接见中国建筑工业出版社编辑团队

会。这给了全体职工莫大的鼓舞和鞭策。

主持人：二十世纪八九十年代，科技出版难的问题，一直困扰着科技出版社。当时国家出台了一系列政策、措施鼓励科技出版。您也亲历其中，做了一些具体工作。请您谈谈体会。

周谊：二十世纪八九十年代，出版社在改革中逐步由生产型转向生产经营型。不少出版社调整内部机制，职工积极性有了提高，业务发展很快，但由于种种原因，最主要的科技图书因其专业性强，印数都不多，书价上不去，经济效益不好，科技出版是名副其实的微利行业。以中国建筑工业出版社为例，20 世纪 80 年代改革之初创利 100 万～200 万元，1986—1987 年增长到 500 万～600 万元；后来基建一调整，又降到 200 多万元，交完税余下的也就 100 多万元。当时出版社只能保学术专著出版，维持生产，扩大再生产已十分紧张。科学、地震、宇航、原子能、环保、气象、农业、冶金、煤炭、海洋、计量、兵器等专业面窄的出版社，更是艰难度日。我作为社长，多次跑中央财税部门，但没有什么效果。

1990 年 10 月 13 日在第五届全国优秀科技图书奖颁奖大会举行之前，江泽民总书记给评奖委员会发来贺信。两年后，1992 年 12 月在第六届全国优秀科技图书奖评奖时，江泽民总书记再次发来题词："多出优秀科技图书，为建设有中国特色的社会主义服务。"

1990 年 12 月 11 日，第五届全国优秀科技图书奖颁奖大会在人民大会堂召开，政治局常委李瑞环同志亲临大会，发表了论述科技出版重要性的讲话，并号召各界扶持科技出版事业。这给我们带来了极大的希望。委员会认为，此时呼吁解决科技出版难，正当其时。版协科技出版工作委员会（简称科工委）主任卢鸣谷主持召开了主任办公会，决定以社长个人或社长联合方式向中央写信。于是大家推选了 2～3 人，我作为分管改革发展的副主任，起草信件。我们 3 天就拿出了初稿，并继续听取大家意见。主要内容首先是简要报告了改革以来科技出版的发展、进步和当前的困难，重点当然是反映科技专著出版难，科技社发展乏力，甚至以书养书、以书养人也步履维艰的状况，恳请国家在税费政策上给予优惠。在此之前，国家对文化教育出版事业政策上曾有优惠，归口财政部文教司。但科技专业出版社随工业部委归口工交司，不在享受政策之列。1992 年 11 月，信件由 9 位在职社长联合署名，上报中央。不多久，时任新闻出版署图书司司长杨牧之同志透露，中央 9 号文件正在考虑对科技出版社增值税、所得税免返优惠的问题。社长们认为这是希望的曙光，都翘首静待着佳音的到来。

果然，3 个多月后的 1993 年 3 月 22 日，国家税务总局发出了《关于进一步支持宣传文化事业的通知》（以下简称《通知》），决定在税收政策上对新闻出版业进一步给予支持。《通知》决定，对出版物只征收增值税，不再征收营业税，科技图书和科技期刊免征增值税，而且所得税税率也从 35% 调减到 33%。这就是说，科技书刊开始享受税收优惠政策。1994 年国务院批准同意的财政部、国家税务总局《关于继续对宣传文化单位实行财税优惠政策的规定》则明确了增值税先征后返的政策。自此一直到 2000 年，各科技出版社累计获得的退税少则几百万，多则几千万甚至上亿元。这对支持科技图书出版和科技社生产、生活条件的改善无疑起到了很大的作用。这是行业主管部门和基层组织多年共同呼吁和国家领导人及财税部门关心支持科技出版事业的结果，科技出版工作委员会同人和基层出版社自然倍感鼓舞。

时序推移，很快到了 2000 年。这一年的上半年传来消息，增值税返还的政策可能终止执行或将另做调整。在此同时，财政部派出工作人员开展调研。科工委抓住机会，向他们详细介绍了情况，说明优惠政策对科技出版起到了非常积极的作用，结合现状恳切陈情希望这项政策延续。我于 6 月 13 日组织北京地区的部分科技社的社长进行座谈讨论，征求各方意见。参加座谈的为化工、建工、科学、邮电、农业、水利、气象、国防、石油、轻工、电子、地震、宇航、原子能、科技文献 15 家出版社的负责人。新闻出版署图书司阎晓宏司长应邀与会指导。经认真讨论后，一致同意直接给朱镕基总理呈递专题报告，争取优惠政策延续并希望参照西方发达国家对科技出版采取零税制的办法。会议推选化工社的肖望国副社长、中国建筑工业出版社的王珮云副社长和科学出版社的向安全总编辑 3 位同志综合会议意见，由肖望国牵头，共同起草报告。经讨论修改后，报告正式定名《关于请求对科技出版社继续实行财税优惠政策的报告》。报告在税制上建议参照西方发达国家的经验，对出版业实行零税或低税制政策。如果零税或低税制政策暂时难以实施，建议对所有科技出版社，特别是整体经济效益差的专业科技出版社继续实行增值税先征后返的扶持政策。同时建议 20 世纪 90 年代出版行业的所得税返还政策，也能够在中央一级专业科技出版社推行，或者在"十五"期间推行几年，至少在经济效益相对差的专业科技出版社能够推行。该报告于 2000 年 6 月 28 日送出。

2001 年 1 月 21 日，中国版协潘国彦副秘书长告诉我们："科工委去年 6 月呈递给朱总理的关于请求财税优惠政策的报告，国务院已正式下发相关文件。我们已传达文件精神。这是委员会为全国科技社办了一件大好事……"当然，我们很清楚这同样是中央领导对科技出版工作的关怀，是国家财税部门对科技出版社的支持和总署各有关部门共同努力的结果。

进入新世纪后，随着所得税返还政策在科技出版行业的推行，科技出版迎来了春天，出书量大的，每年增收一两个亿，少一点的也是几千万、几百万，事业获得了空前的发展动力。

我从 1992 年、2000 年先后两次参加给国家领导人写信的亲身经历中，深深感受到党和政府对科技出版事业的关怀，感受到他们对基层来信的重视。这些经历使我深受教育，倍感鼓舞，也激励我们更好地工作。

主持人：促进"三农"图书出版，是党和国家的重点工作，也是科技出版社的职责。请您介绍一下科工委在这方面所做的工作。

周谊：中国的社会团体和组织都是社会主义事业的组成部分，都有一个共同的目标，用今天的话讲，就是竭尽全力为实现国家富强、民族振兴、人民幸福的中国梦奋斗。因此，每个行业协会、社会团体、群众组织，除履行好协会、团体、组织的共有职能，解决好本行业、本团体、本组织自身发展的需求，维护好自身的权益之外，还有一项很重要的任务：发挥党和政府与基层群众的桥梁纽带作用，当好政府的助手，使政府的工作更符合实际、更有成效。

科工委把为"三农"服务列入重要议事日程，发挥组织职能，全力推进这项工作。地方工作部每年都举办地方科技社的联合订货会。订货会上各社都要展示自己的新书和主要重印图书。这种展示一年比一年丰富、出彩，可谓琳琅满目，令人目不暇接。但从 2001 年、2002 年的出书品种来看，生活用书、教辅图书出书品种增长迅速，"三农"图书出书品种却明显下降。我和地方工作部主任王为珍社长交换了意见，她亦有同感。我们觉得这不正常。地方科技社历来都把出好"三农"图书作为主要任务之一，绝大多数出版社都设有专门的农业编辑室，农业图书占到相当的比重，各社都把出好种植、养殖、农村建设、农村发展图书作为己任。像《杂交水稻育种栽培学》（湖南科学技术出版社）、"农民'金口袋'丛书"（江苏科学技术出版社）、《新世纪西部农民读本》（贵州科技出版社）等上百种获奖图书都产生过很大影响。但进入 21 世纪后，"三农"图书在地方科技社图书中所占比重日益下降，数量减少，结构失衡，明显地不能适应农民读者需要。我与王为珍社长经过初步了解，发现"三农"图书出书品种滑坡的主要原因为出版农业图书工作量大，盈利、保本都难，甚至赔钱等。我们感到这个问题必须重视。办法是先把情况摸准，再做研究。经委员会讨论，大家决定深入调研。2003 年 4 月 3 日至 4 日，我与王为珍同志在南昌共同主持召开了"三农"图书调研座谈会，邀请广东（黄达全）、江西（沈火生）、安徽（席广辉）、贵州（丁聪）、陕西（张培兰）等地方科技社的社长、总编辑和农业编辑室主任 10 余人参加。事先请他们做好本社情况的了解和分析。广东科技出版社农业编辑室主任冯常虎还专门写了一份书面材料，有情况、有数据、有分析，准备得十分认真。江西科学技术出版社沈火生社长也为会议提供了全面的协助。调研会摸清了"三农"图书出书品种滑坡的主要原因，研究了解决问题的初步方案。

滑坡原因主要有三方面：一是"三农"读物经济效益低，编辑人员积极性不高。农民收入低，文化水平也相对较低，购书受到制约。二是发行渠道不畅，"出版社卖书难，农民买书难"的两难情况有增无减。三是书号控制，制约了地方科技社出版农业图书的积极性。农业书本子薄、品种多，一套种植、养殖丛书就要用掉一个社全年书号的三分之一，甚至一半，其他图书就要受到挤压。这个问题 2000 年 9 月科技委员会向于友先署长汇报时曾作为专题之一，并当场得到农业图书的书号可以专题报告给予满足的答复。但各社仍觉得这是前几年农业图书减少的因素之一。

调研会上进一步讨论了解决问题的初步建议，并委托广东科技出版社社长黄达全和农业编辑室主任冯常虎综合会议意见起草一份致上级主管部门的报告。考虑到报告要反映整个行业的真实情况，并使这些问题首先引起出版社自身的重视，我们决定将报告内容的讨论列为 2003 年 9 月全国地方科技社社长总编辑年会的主要议题之一。这次年会我们还特邀中国农业出版社和金盾出版社的代表与会，广泛听取意见和建议。年会上大家一致同意相关意见，最终修改定稿以科工委的名义，上报中国版协，并报送中宣部、新闻出版总署。

地方社社长总编辑年会，破例邀请部委社代表参加，主要是考虑中国农业出版社一直是为"三农"服务的，他们深怀"带着感情和责任为三农出书"的理念，早已成为农业图书出版的中流砥柱。金盾出版社建社定位就是为军地基层出书，种植、养殖、房屋基建、汽车驾驶等，都是农村和军队后勤急需的图书。在张延扬社长和郭德征总编辑两位部队干部的带领下，金盾出版社的出版工作，形成了两大特点：内容编写上贴近基层，真正做到了读者看得懂、用得上、买得起；图书发行上做到了送书到"家"——到连队、到县级书店。他们的发行队伍多是部队转业干部，而且大多为师团一级，政治思想素质和身体素质都比较高。当时交通条件差，偏远地区要靠马车、三轮车，甚至跋山涉水地步行，他们肩扛、手提一箱箱新的样书，跑遍全国 2000 多个县市基层，因而受到了全国书店和部队军营的广泛信任和欢迎。

正是这样的努力和业绩，2003 年 11 月金盾出版社庆祝建社 20 周年时，新闻出版总署图书司致金盾出版社的贺信中，明确表述："金盾出版社是中宣部、新闻出版总署表彰的全国优秀出版社，是中国出版界的一面旗帜。""旗帜"这个震撼人心的词语，让我铭记至今，也是我当时提议邀请金盾出版社派代表参加地方社年会的唯一依据。

报告定名《关于加强农业图书出版的建议》，报告在分析农业图书出版现状、指出农业图书出版工作存在的问题的同时，提出了解决问题的建议。报告认为，"三农"问题的解决是一项重大的社会工程，必须由政府牵头，动员全社会的力量共同努力，在政策法规、财政、税务、工商、运输、出版、发行等各个方面相互配合。具体建议：

1. 国家在相关政策上进行实质性倾斜：（1）书号管理方面，农业图书选题不占正常书号额度，采取专题报批制度；（2）建立农业图书的出版基金；（3）实行税收优惠；（4）给予专项政策性补贴；（5）加大图书评奖的导向力度。

2. 大力拓展发行网络：（1）强化各级地方政府的调控职能与扶持力度，抓好农业图书市场建设；（2）抓住城镇化建设机遇，合理布局下伸网点；（3）鼓励民营书店参与农业图书发行。

3. 大力营造重视农业图书的宣传氛围。

报告于 2003 年 11 月 10 日上报后，引起了主管部门的重视，在中宣部的内部简报刊登。新闻出版总署于 2004 年 2 月 14 日在兰州召开了"全国服务'三农'图书出版发行工作座谈会暨表彰会"，我作为代表应邀出席。这次会议总结交流了"三农"图书出版、发行的经验，表彰了工作卓有成效的地区和单位，明确了下一步的工作要求、办法和政策。

会后不久，新闻出版总署图书司又委托科工委草拟为"三农"服务的中长期图书选题规划。参加人有科工委副主任、农业社老社长蔡盛林等委员会负责人及农业社、金盾出版社相关代表。"规划"草稿经两次讨论，三易其稿，3 月 30 日正式报送总署图书司。

2004 年 6 月，中宣部、新闻出版总署发出了《关于进一步加强"三农"读物出版发行工作的意见》，强调要多出版、发行农民看得懂、用得上、买得起的读物，为促进农民增加收入、统筹城乡经济社会发展服务；要求各级党委宣传部门和新闻出版管理部门，各类出版和发行单位把服务"三农"读物的出版发行工作作为整个出版发行工作的重中之重，抓实抓好。此后，各社"三农"选题明显增加，"三农"图书的出版开始出现兴旺景象。

主持人：您担任中国出版工作者协会科技出版工作委员会主任期间，发挥科技出版界的团结协作优势，策划了"中国西部开发信息百科"丛书，有力地配合了党中央提出的西部开发战略的实施。请您做些具体介绍。

周谊："围绕中心，服务大局"，是出版界的重要工作方针，也是我们科工委的优良传统。1999 年 6 月 17 日，江泽民总书记明确提出：加强开发西部地区，是全国发展的一个大战略、大思路。随即，朱镕基总理负责牵头的西部地区开发领导小组成立，被称为 21 世纪中央 1 号重大决策的西部大开发战略正式启动。

"春江水暖鸭先知"，凭着一名老编辑尚存的些许敏感力，我立即想到在这样一项重大战略的实施中，科技出版人应该而且能够有所作为。西部大开发涉及 685 万平方千米区域面积和约 3.6 亿人口。西部 12 个省、自治区、直辖市，由于自然地理历史条件、经济技术基础和社会发展水平的不同，与东部地区存在较为明显的差异。交通不便、信息闭塞、外界知之甚少是显著特点。要大开发，首先要让国内、国外的政府机构，规划、设计、施工单位，以及广大投资者对西部地区有比较全面、深入的了解，提供西部地区的信息应该是启动阶段的当务之急，也是整个实践阶段的广泛需求。于是推出一套有实用价值的信息类工具书的策划念头油然而生。

西部开发的范围涉及大半个中国，收集和整理出相关信息，绝非一个部门、一个单位、少数人所能完成。怎样下手？如何组织？我与委员会曾铎、张学良两位副主任交换了初步想法，决定趁 1999 年 11 月在北京召开第十二届全国科技出版社社长总编辑年会之机，邀请西部地区的科技出版社社长先座谈讨论一下。11 月 10 日晚上，我主持了会议。西部地区的云南、贵州、四川、重庆、广西、陕西、甘肃、青海、宁夏、新疆、内蒙古等省、自治区、直辖市的科技社社长或综合性出版社科技编辑室主任参加会议，科工委副主任兼地方工作部主任王为珍及科工委的其他领导同志出席。我首先谈了个人对西部大开发这一伟大战略的认识和科技出版人应该肩负的光荣责任，继而介绍了共同推出这套丛书的初步建议。令人高兴的是，与会者一致赞同这个选题，并认为可以按省、区、市分卷编写。他们的表态体现了这项伟大战略的感召力和科技出版人强烈的社会责任感。当然，大家也意识到工作的艰巨性，有的提出了资金方面的困难。

有了广大出版同人的支持，我们开始了具体的策划工作。首先是起草策划方案，包括选题名称、意图、对象、分卷原则、内容、取材、结构体例、写法要求、组织方式、工作程序、工作进度、发行方式等，并立即上报新闻出版署和中共中央宣传部。策划方案很快得到批准，而且被列入国家"十五"重点图书出版规划。同时，我分别给当时实力较强的上海科学技术出版社、江苏科学技术出版社、辽宁科学技术出版社去电话，请胡大卫社长、胡明琇社长、刘红社长给予支持。我的请求得到了一致同意。

为了取得国家计委（今国家发展改革委）和国务院西部开发办（设国家计委内）的支持，科工委首先联系了中国计划出版社徐平社长，邀请中国计划出版社参加，并请徐平社长向计委领导和有关部门汇报，把委员会关于丛书组织计划和拟请曾培炎副总理担任丛书总主编的报告，转呈曾培炎副总理。徐平社长出色地完成了我们的委托。西部开发办和国家计委国土开发与地区经济研究所的领导同志对这项工作表示大力支持，并同意尽快共同研究具体方案，曾培炎副总理欣然同意担任丛书总主编，王春正副主任等计委领导同意担任丛书副总主编（王副主任后来还给丛书写了序）。领导们的支持，给了我们巨大的鼓励和鞭策，同时为丛书的出版实施提供了强有力的组织保障。之后我们展开了两方面的工作，一方面邀请国土开发与地区经济研究所的专家们协助进行丛书的内容安排、编写体例和目录框架的设计，一方面收集西部地区科技出版社提供的资料和工作开展情况。

经过深入的酝酿和广泛的组织、准备后，2001 年 7 月 12 日至 14 日，科工委在昆明召开西部地区 12 个省、自治区、直辖市科技出版社社长会议——"中国西部开发信息百科"丛书策划组织工作会议。丛书策划组织委员会副主任、国家计委国土开发和地区经济所所长杜平，中国计划出版社社长徐平，科技委员会副主任、地方工作部主任王为珍，科技委员会副主任、丛书策划人之一曾铎等领导，以及有关出版社编辑人员 40 余人到会。东部地区提供支援的上海科学技术出版社社长胡大卫、江苏科学技术出版社社长胡明琇等也应邀参加了会议。我首先就西部大开发战略的重大意义、科技出版工作者的社会责任和服务大局的主动精神，谈了个人的认识，然后对丛书的策划方案、目的、要求、编写框架的构想，分卷内容的安排、组织方式、工作进度等做了陈述。特别是介绍到这套丛书得到曾培炎副总理与国家计委、新闻出版署、中宣部出版局、中国版协等各部门领导同志的大力支持和鼓励时，与会代表极为振奋，报以热烈的掌声。在对工作方案、目录和编写要求等进行了认真、深入讨论的基础上，有关出版社社长踊跃接受了所在地区的组稿和出版任务。云南科技出版社杨新书社长和员工在承担《云南卷》出版任务的同时，为这次策划组织会议提供了全力支持。

会后科工委和丛书策划组织委员会又多次研究了整套丛书的有关工作。考虑到新疆生产建设兵团，以及位于中、东部地区的湘西、恩施、延边 3 个少数民族自治州，按中央精神同样列入西部开发的范围，于是又增加了 4 个分卷，并委托中国建筑工业出版社、湖南科学技术出版社、湖北科学技术出版社、吉林科学技术出版社等分别负责组织或承担出版任务。除以上 16 个地区卷之外，另设《综合卷》1 卷，由中国计划出版社负责出版。

经过几个月的努力，补充的 5 个分卷相继组稿落实。各省（自治区、直辖市）和新疆生产建设兵团等各级领导、各地计委、开发办和出版主管部门高度重视，给予了大力支持。组稿落实后，作者们四处收集信息、查阅资料，日夜兼程，认真编写。一年过去，一套 17 卷 800 多万字的辉煌巨著，大部分相继完稿。

2002 年 8 月 20 日至 24 日，科工委在延安召开了"中国西部开发信息百科"丛书第一次审稿工作会议。除西藏外，其他 16 个分卷的出版单位和部分编写单位的代表共 32 人到会。与会代表通过认真审读、讨论，对某些分卷在编写形式、体例、内容等方面的不足和不够统一的地方提出了修改意见，并就修改中需要进一步明确的问题，统一了认识，形成纪要，9 月 3 日以特快专递发往所有参加单位。

2003 年 4 月 16 日至 20 日，丛书第二次审稿会议在北京昌平召开，此时正值"非典"肆虐，许多出版社正处于紧张的抗击"非典"阶段。为了保证这套书能顺利推出，西部地区 12 家出版单位，以及湖南科学技术出版社、湖北科学技术出版社、吉林科学技术出版社和中国计划出版社、中国建筑工业出版社的有关领导和编辑人员近 50 人均按时到会。国务院西部开发办的宁吉喆司长、新闻出版总署阎晓宏司长到会讲话，鼓励大家把稿件审查好，修改好，早日出版好。会议就丛书最后的修改、加工要求，开本、装帧、版式和工作进度，达成共识，形成了纪要，要求各社严格按纪要执行。

经过 3 年多的共同努力，"中国西部开发信息百科"丛书于 2003 年年末全部出齐。

2004 年 1 月 12 日，丛书出版座谈会在新闻出版总署举行。新闻出版总署柳斌杰副署长、中宣部出版局张小影局长、中国版协于友先主席、国务院西部开发办杜平司长参加。国家民委、共青团中央均派代表到会。11 家新闻媒体到会采访。中央电视台在当晚的新闻联播中报道了丛书的出版和会议情况，《人民日报》（海外版）等多家报纸都报道了丛书出版的消息。

"中国西部开发信息百科"丛书总共 17 卷。12 个省、自治区、直辖市各 1 卷，即重庆、四川、贵州、云南、西藏、陕西、甘肃、青海、宁夏、新疆、内蒙古、广西 12 个分卷；新疆生产建设兵团 1 卷；中、东部3 个民族自治州，即湖南湘西土家族苗族自治州的《湖南湘西卷》、湖北恩施土家族苗族自治州的《湖北恩施卷》、吉林延边朝鲜族自治州的《吉林延边卷》，共 3 个分卷；另有《综合卷》1 卷。《综合卷》主要从国家的战略高度，从西部地区的总体角度介绍西部的资源概况、发展概况和

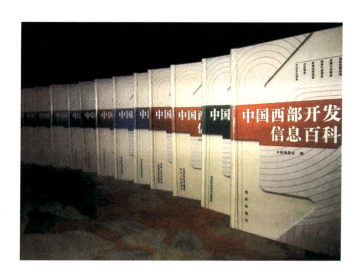

"中国西部开发信息百科"丛书部分书影

中央的方针及具体政策，包括财政、金融、税收、投资、经贸及外商投资等政策，与各地区卷形成相互补充的关系。

各地区卷则详细地介绍了各地区行政区划、地形地貌、人口民族等综合信息、资源信息、产业发展信息、地区发展和发展计划信息、招商引资信息、政策法规信息、企业信息和历史文化信息等。《重庆卷》由重庆出版社出版、《新疆生产建设兵团卷》由中国建筑工业出版社出版、《宁夏卷》由宁夏人民出版社出版。《西藏卷》得到江苏科学技术出版社支援，署西藏人民出版社、江苏科学技术出版社出版；《青海卷》得到上海科学技术出版社支援，署青海人民出版社、上海科学技术出版社出版；《吉林延边卷》则为吉林科学技术出版社与延边人民出版社联合出版。

中国建筑工业出版社、中国计划出版社分担了两个分卷的出版任务。中国地图出版社为整套丛书承担了近百幅地图的制作工作，并无偿提供了全部菲林片；电子工业出版社为整套丛书的封面和装帧设计提供了无偿的支援；辽宁科学技术出版社也提供了财力支援。中国建筑工业出版社还通过共青团中央赠书200套给参加西部开发的大学毕业生。

"中国西部开发信息百科"丛书是中国出版界大协作的产物。参加者有5家综合性出版社、17家科技专业社。他们或自力更生，或相互支援，共同谱写了一曲中央部委和地方社大团结、大协作的颂歌。这次大协作体现了中国出版人对西部大开发的热情支持和崇高的社会责任感。科技社之间强大的凝聚力和团结攻坚的精神令人感动。丛书印数各卷不一，少的1000册，多的2000余册。主要发行对象是各级政府机构（包括各地开发办、对外经贸部门，工程规划、设计部门）、图书馆、海内外投资人士、支援西部的大学毕业生等。在出书后国家图书馆即以电子版形式供读者网上查询。10 年来，商贸部门和投资人士求索此书者时有所闻。随着网络技术的兴起，西部地区各地政府网站和招商引资网站的建立，信息的传播和更新有了更加优越的手段，但丛书的基础信息和分类方法等为各地网站的建立提供了有价值的参考。

刘硕良 | 把最好的东西捧给读者

访谈实录视频

访谈时间：2023 年 5 月 25 日

访谈地点：南宁

　　刘硕良，1932 年出生，1949 年至 1965 年在《广西日报》工作，历任新闻组、农村组、理论组组长，文教部、副刊部主任、编委。1980 年到广西人民出版社文艺编辑室任编辑。1985 年 4 月参与创办漓江出版社，任副总编辑。1993 年调至广西壮族自治区新闻出版局，筹办《出版广角》杂志，1995 年任《出版广角》主编。2001 年 7 月，创办了由云南教育出版社主办的《人与自然》杂志，任主编。2007 年，应广西文史馆聘请，任《广西文史》主编。获第八届韬奋出版奖。2023 年 9 月 16 日在南宁逝世，享年 91 岁。

出版寄语

主持人：您在漓江出版社（副牌阶段）时，就在探索、创新外国文学出版思路。请您谈谈当时的情况。

刘硕良：我在广西人民出版社文艺编辑室及使用漓江出版社副牌期间，在外国文学图书出版领域进行了尝试和探索，出版了《西方爱情诗选》和《海盗船长》等。在使用漓江出版社副牌出书的 5 年中，基本上是我一个人做编辑。当然，我能得到这样一个酝酿、设立、运作出版社的机会，得到这样的施展身手的平台，是我一生的幸运。为了抢占外国文学图书出版的制高点，我瞄准外国文学名著，策划了"外国文学名著丛书"，把外国文学名著纳入丛书出版范畴。为了做到"出版一本，叫响一本"，在推出第一本书《白夜》和第二本书《保尔和薇吉妮》前，进行了精心谋划。《白夜》是中篇小说，虽然很早就出过，但后来没有再版。作者陀思妥耶夫斯基和托尔斯泰一样享誉世界，在中国家喻户晓，小说改编成电影后，也很受欢迎。我们认为这样的中篇小说很适合在漓江出版社率先推出。《保尔和薇吉妮》是法国作家贝纳丹唯美主义的代表作，作品发表后轰动了法国。这两本打头阵的图书出版后一炮打响，第一次的印数分别达到 32.5 万册和 19.3 万册。随着图书的畅销，"外国文学名著丛书"的品牌开始深入人心。我们当时考虑到，外国文学领域品种多，名著也不少，我们要从中挑选一部分能形成自己特色的作品，有自己的设计和构思，无论是选择作家，还是选择作品，都要选有名气、有影响的，而且要容易为中国读者所接受。我们的目的是两个服务：一是服务读者，以扩大读者视野，提高读者的感受能力，丰富读者的精神生活；二是服务中国文学创作，为中国文学创作提供借鉴，促进和推动中国文学创作。编辑出版的本质是选择，选得好，选得精，图书质量就有保证，就为积累、繁荣文化做了贡献，就能进入传统的文化宝库。

"外国文学名著丛书"出版宗旨的确定，使漓江出版社于成立之初，就开宗明义地宣示了自己的出版主张和抱负，使读者知道，这家新出版社有新的构想和目标，有新鲜之风。出版社的书要让读者看得有趣，看得起劲，首先自己要起劲，要有抱负，有理想。出版社的抱负、理想是否能产生实际的效果，既要看编辑选择的水平，也要看出版的时机。漓江出版社一开始就得到读者的青睐，这既表明了漓江出版社的定位符合读者的需求，也得益于全国改革开放、万象更新的大气候。在这个更新过程中，哪怕有一些过失或过时，读者也能原谅，社会潮流也会把它纠正过来。

"获诺贝尔文学奖作家丛书"是漓江出版社倾力打造的重点工程，也是中国外国文学出版的大工程。丛书最早是中国社会科学院外国文学研究所两位青年人的设想。20世纪80年代初，他们目睹了中国的外国文学出版和翻译从停滞封闭到开放发展的巨大变化。受此影响，他们想主持一套"获诺贝尔文学奖作家丛书"，一个作家一本，选最有代表性的。他们看到漓江出版社"身手不凡"，推出了有影响的"外国文学名著丛书"，就和我们联系。漓江出版社当时在几套丛书的销售上旗开得胜，正需要一个更大、更有分量的丛书做主打工程。我便邀请他们来南宁商量，很快我们便快达成了协议。这套书计划分10批出版，每批10种，在选目上实行先易后难，争议少的作品先安排。我们提出了出版的两个目的：一是给国人提供了解西方文化发展的载体。诺贝尔文学奖评选从1901年以来，一直延续至今，产生了很大影响，促进了世界文学的发展。二是诺贝尔好比是世界文学的大花园，各种流派纷呈，艺术特色鲜明，通过出版，为中国文学创作提供参考和借鉴。在编辑出版中，我们通过序言或前言，对作品进行分析研究，为读者提供阅读参考，体现了党对外国文化"以我为主，译为中用，古为今用"的方针。第一批 10 本出版后产生很大反响，其中《爱的荒漠》印了 9 万多册，《特雷庇姑娘》印了 8.6 万册，《饥饿的石头》印了 8.4 万册。

漓江出版社（副牌阶段）在出版"外国文学名著丛书"和"获诺贝尔文学奖作家丛书"的同时，还出版了"漓江译丛""艺苑人物丛书"等有影响的图书，在外国文学理论研究领域也出版了《雨果创作评论集》《普希金创作评论集》等系列图书。这些外国文学系列图书，在业内产生

"获诺贝尔文学奖作家丛书"最先出版的部分品种

了较大影响，为漓江出版社转为实体出版社创造了条件，奠定了框架和格局。

主持人：漓江出版社转为实体社之后，您在加强编辑力量的同时，如何确保"获诺贝尔文学奖作家丛书"的高质量出版？

刘硕良：1985 年，漓江出版社在桂林正式挂牌后，我们首先抓了编辑队伍建设，采取不拘一格选拔人才的思路，在北京大学、复旦大学、南京大学等选拔优秀外语人才的同时，还通过其他途径物色人才，只要是急需的人才，看准了就大胆起用。如青年译者沈乐子虽然没上大学，但他在大学自学考试中英语成绩名列广西第一，翻译了《凡尔纳传》，有很高的英语水平，我们便破格录用。我们还组建了包括英语、德语、法语、日语、俄语五大语种的译文编辑室，确保了漓江出版社外国文学出版的持续发力。

为了保证"获诺贝尔文学奖作家丛书"的高质量出版，我们在编辑工作上下功夫，力争使图书的质量与其名声、影响相接近。丛书体例严谨，请有关专家提出选目、撰写前言、担任翻译。同时收集有关前言、附录、授奖词、瑞典皇家学院的颁奖词、作者答词、小传等，还有其他重要的文学回忆录及访问、谈话等，都收进去作为相关资料，体现作家的地位和影响，使每本书都具有一定的研究参考价值。1991 年，在全国首届外国文学图书奖评出的 96 种优秀图书中，漓江出版社占了 10 种。其中，我们从"获诺贝尔文学奖作家丛书"中选的《爱的荒漠》《我弥留之际》《玉米人》3 本参评书都获了一等奖。获奖总数在全国文艺类出版社中名列第一。2008 年，在中国出版集团、中国图书商报社等承办的

"改革开放 30 年最具影响力的 300 本书"中的 27 种外国文学图书中，漓江出版社出版的图书占了 8 种，接近三分之一。

主持人：漓江出版社是新成立的出版社，为什么能在当时外国文学出版的"两大高峰"——人民文学出版社和上海译文出版社的夹缝中，节节取胜，在短时期内取得业内公认的效益？请介绍你们的出版思路。

刘硕良：漓江出版社面对初创时期的诸多困难，不断开拓进取，形成特色，能逐步地与外国文学出版界的"两大高峰"并驾齐驱，创造了出版界的奇迹。我的体会是，对于一个选题、一个重点项目，主持人的学术水平、背景很重要，协调项目的责任编辑也很重要。作为一个编辑，首先要有担当，不能有人说能干就干，不能干就不干。领导权在领导手上，并不意味着编辑就没有责任了。项目负责人的担子很重，要对译者负责，对出版社负责，对读者负责，对社会负责。从事外国文学出版，要对世界文学的大格局了然于心，必须熟悉三份"地图"：一是世界历史"地图"。文学只是文化的一部分，也是世界的一部分。历史是文化的积累，是国家和民族整体利益的集中体现，历史知识是基础性的知识。我在漓江出版社做外国文学出版能比较快上手，与我从小注意学习历史，注意阅读外国著作有很大的关系。二是世界文学史的"地图"。要懂得文学有什么流派，有什么重要的、标志性作品，有哪些有影响力的作家，如北欧有哪些文学家，有哪些经典作品。你可以不了解某部作品、某个流派，但大致的情况必须要有宏观的把握。有了大的概念，提到某部作品、某位作家时，可以去查。有了这个"地图"，就好比有了个门，去什么地方找、去哪里查，心里就会有个谱。三是熟悉翻译家和出版社的"地图"。外国有哪些有名的作家，在中国哪些人翻译过，哪些翻译家最有名，哪些是热门书，哪些是冷门书，都应该心中有数。

漓江出版社发展的主要经验可概括为四条。一是有方向，有思路，有战略。漓江出版社能在短时间内从广西走向全国，主要原因是一开始就实行差异化发展战略，同中求异，独出心裁。漓江出版社的第一炮是靠外国文学名著打响的。新成立的出版社要突破，必须出版书架上看不到的新面孔，包括新作家、新译者的作品。以前国内介绍现实主义作品多，浪漫主义作品少，我们认为浪漫主义也要区分积极的和消极的，浪漫主义有很强的艺术感染力。如《白夜》和《保尔和薇吉妮》就是浪漫主义的代表作。二是寻找最具亮色的突破口。出版好比打仗，也要选择突破口，集中火力打开局面；突破之后，要及时强化布局，把点、线、面连贯起来，几个系列组合起来，就形成了局面。漓江出版社最大的突破是"获诺贝尔文学奖作家丛书"，丛书出版后石破天惊，红遍四方，除了学生、文学青年爱看，其他行业如财贸、工业、商业的读者也都爱看，打开了新天地。三是重视装帧设计，内容与形式要统一，这样才有特点，有吸引力。为了做到雅俗共赏，既有经典性，又有大众性，编辑在装帧设计中注意吸收中外优秀的美术作品、美的形象作为设计元素，吸收其有益的养分。漓江出版社的书一开始出来时，不仅内容和书名，书的外观形象也能抓住人。读者的感觉是好看、新鲜、不呆板，既喜闻乐见，又不常见。四是尊重和依靠优秀的作者和译者，形成最强、最稳定的核心竞争力。建立以中国社会科学院外国文学研究所和一流高校为基地的翻译家队伍，是漓江出版社重要的成功经验。漓江出版社从一开始就注意作者和译者的选择和组合，形成了规模大、范围广、质量高、力量强，能覆盖很多国家的语种，体裁和研究领域广泛的队伍，做到十八般武艺，门门都有。如"获诺贝尔文学奖作家丛书"的著者和译者达 150 人以上。总的来看，漓江出版社的成就，最重要的是赶上了时代的大潮流、大气候，适逢其时，尽了自己的一分力量。

主持人：1992 年您到了退休年龄后，调到新闻出版局创办《出版广角》，继漓江出版社从地方走向全国后，又创造了地方刊物在全国叫得响的佳绩。请介绍您当时的办刊思路和具体做法。

刘硕良：当时我们对创办刊物面临的情况进行了分析，广西出版界对刊物的需求有限，如果要办一个面向广西的出版工作类刊物，显得多余。当时全国不少地方都办了公开发行或内部出版的同类刊物，有的地方刊物历史悠久，业内的《中国出版》《中国图书评论》《编辑之友》《编辑学刊》等也很有影响力。在这种情况下，广西要办新刊，必须对刊物的方向进行精准定位，形成自己的特色，才能有自己的生存空间，才能实现存在价值。我们给刊物取名《出版广角》，意思要有广阔的视野，打破地域界限，面向全国，走向世界。我们提出的办刊口号的前半句是"与中国出版同步"，指要跟得上全国出版的步伐；后半句是"为中国出版服务"，指不是光为广西出版服务，而是为中国出版服务，这样就摆正了我们的位置。我们当时的目标是争取成为中国的第二刊，第一刊无疑是《中国出版》。

在办刊策略上，《出版广角》要发挥《中国出版》起不到的某些作用。说面向全国很容易，但全国业内读者是否接受，才是问题的关键。办刊必须要有全国的眼光，选择全国的角度，要有能引起全国关注的内容，有引发全国思考的话题，有引起全国重视的信息，才能赢得全国的读者。

在办刊实践中，我们努力提高刊物的信息含量，帮助出版人扩大视野，沟通信息，丰富见识。把从四面八方汇集到的信息进行还原，提供给读者参考，这才是尊重读者。《出版广角》的文章不是枯燥的工作总结、经验介绍，而是活泼生动的，有人物有事例，比较鲜活。我们认为，《出版广角》的分量，应该体现在成为领导的助手，成为出版管理部门用得着、用得上、靠得住的工具。把刊物办成一个好的阵地、好的平台，给出版管理部门和出版单位提供好的服务，让他们把刊物当作自己的平台，这样很多信息就可汇聚到刊物里。

为了扩大刊物影响，我们为名家开设专栏，以此聚焦目光，吸引读者。如为刘杲开设了《刘杲随感录》，为沈仁干开设了《沈仁干说法》，请聂震宁写了《聂震宁断想》，请于青写《长篇短论》，请张泽青写《张泽青看期刊》，请辛广伟写《叙台湾出版史话》，等等。这些名家专栏结合实际谈出版工作中带有理论性的问题，观点鲜明，文风活泼，打开了一个新的窗口，深受读者欢迎。我们还请钟叔河开设了《学其短》专栏，选择历史文献中很有意思和价值的短文章，进行翻译和注释，虽然只有数百字，但十分耐读。不少读者就是从名家专栏中，对《出版广角》产生了兴趣。

《出版广角》还策划了高端系列访谈录，访谈的对象都是省一级新闻出版局局长，这些局长都有长期的地方新闻出版工作管理实践。访谈抓住了地方出版的特色和强项：既有地方出版的情况介绍，又有对热门话题的理性思考；既有工作回顾，又有未来展望，占领了行业高地，引起业界的关注。

《出版广角》重视个案的深度报道，用很长的篇幅，介绍全国最好的出版社、最优秀的出版人、最活跃的出版家的动向和经验。很多在出版界崭露头角的出版领军人物，都成了《出版广角》的常客，发表他们的最新研究成果，介绍他们的出版实践和出版理念，如作家出版社社长张胜友、上海科学技术出版社社长吴智仁、三联书店总经理沈昌文和董秀玉、安徽教育出版社社长黄书元等。新闻出版署老署长宋木文在全国人大教科文卫委员会工作期间写了文章后，主动交给《出版广角》刊登，这既是领导对刊物的关心和重视，也说明了刊物在领导心中的分量。

刊物的版面空间有限，但刊物的活动空间无限。我们把出刊与举办论坛结合起来，抓住世纪之交的特定时期，在北京、合肥、上海、南京、成都、长沙、桂林、南宁等地组织了 8 个出版论坛，邀请业界同人以文赴会。出版论坛由《出版广角》与地方出版单位或行业学会等联合举办，并得到了联办单位的资助。第一个是 1998 年 5 月在桂林举办的广西出版改革与发展理论研讨会，第二个是 1998 年 6 月和广西教育出版社在南宁举办的教育出版战略研讨会，第三个是和广西师范大学出版社在桂林举办的高校出版发展战略研讨会，第四个是 1999 年 11 月分别和河北教育出版社、安徽教育出版社在北京、合肥举办的 21 世纪出版论坛，第五个是 2000 年 3 月和江苏教育出版社在南京举办的 21 世纪出版论坛，第六个是 2000 年 7 月和中国编辑学会青年编辑专业委员会在成都举办的 2000 年出版发展论坛，第七个是和上海科学技术出版社举办的社刊工程研讨会，第八个是和中发协非国有书业工作委员会、广西师范大学出版社、北京大学出版社、河北教育出版社在长沙举办的非国有书店发展研

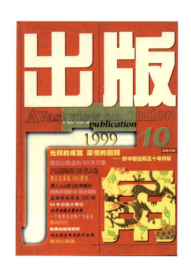

《出版广角》(新中国出版五十年特辑)封面

讨会。论坛既有一般性的话题，也有专业性的话题。参加论坛的，都是全国出版界的风云人物和中青年出版理论研究人员。论坛的举办，团结了全国一大批以中青年为主体的出版界活跃分子，为他们提供了信息交流和思想碰撞的共享空间，打造了刊物的品牌。每期论坛结束后，刊物都安排了论坛专刊。这样既为刊物提供了高质量的专题文章，又扩大了刊物在全国的影响，团结、吸引了作者。

《出版广角》还抓住新中国成立50周年的契机，组织评选"感动共和国的50本书"，提出了候选书目，随刊发放了一批问卷，同时在北京大学、南京大学、浙江大学、广西大学等几十所高校发放了投票。参加投票的，除了业内人士，其他行业的也有不少，全国20多个省市都有人参加投票。在收到的投票中，发现不少读者还在我们的候选书之外推荐了其他图书，加起来有两三百种。我们最后评出了50种，其中既有马克思、恩格斯、列宁的经典著作，也有毛泽东、邓小平等党和国家领导人的重要著作，还有历史、文化、文学、科学等方面的图书。我们把组织评选"感动共和国的 50 本书"的情况和每本书的书评编成一本图书,请江苏教育出版社出版。1999 年 10 月,在长沙举行的全国第十届图书交易博览会期间,时任新闻出版署副署长杨牧之称赞《出版广角》组织了一个很好的活动。

主持人: 2001 年,您接受了云南教育出版社何学惠社长的邀请,去云南创办《人与自然》杂志,您又开启了新的征程。您是如何应对挑战,开辟出一方新天地的?

刘硕良: 2001 年 6 月,我接受云南教育出版社何学惠社长邀请时,很多老朋友都替我捏了一把汗,担心我会遭遇"滑铁卢"。但我却是胸有成竹,信心满满。1999 年,世界园艺博览会在昆明成功举办,对改变人们对自然的观念和态度,起了很大的推动作用。2001 年,生产发展与生态良好、生活富裕,被视为开创文明发展道路的三大标志。世界园艺博览会期间办的内部刊物《人与自然》,就在这样的大背景下,随着世界潮流的激荡,开始引起大家的关注。世界园艺博览会结束后,云南园艺博览局想把内部刊物转为公开刊物,并得到了云南省新闻出版局的大力支持。我被"人与自然"这四个字打动了,觉得刊名涵盖面很广,很有吸引力,而且云南这个地方很适合做"人与自然"这篇大文章。我提出"人与自然"的关键,要在"与"字上做文章,在人与自然的关系中,应以人为主导,体现人热爱自然、学习自然、敬畏自然、保护自然。刊物要在各方面展现自然的伟大、优美、永恒,展现自然的不可抗拒、不可随意改变,要在精神层面对人们观念的改变起到潜移默化的作用。刊物以表现大自然的美丽博大为主题,这样使题材更加丰富,更加优美,生动活泼。在人与自然领域，国外的作者在理念、技术等方面具有较大优势，因此我提出刊物要有开放的、世界性的视野，海外稿件占刊物的比重不低于四分之一。读者定位也比较宽泛，并不局限于某一类人，凡有一定文化积累的读者都是刊物的服务对象，力求做成既有专业水准又深得大众喜爱的刊物。

为了实现两个月出刊的工作目标，我利用自己掌握的资源，找了我熟悉的读者和翻译家，请他们从世界范围内选择题材和资料。我有个朋友唐锡阳在《大自然》杂志做过多年主编，后来出来搞环球绿色行，是有名的环保人士，在漓江出版社出版过《环球绿色行》。那时他刚好在昆明，我就请他留下来写稿子。我还联系上了三峡工程的科学顾问潘家铮，他很快寄来了可刊登头条的文章。海外稿子来得很顺当，我原来做外国文学出版时认识的翻译界、出版界朋友，都成了杂志的"依靠力量"。如《我的野生动物朋友》《寻找濒危野生动物》等选题，就是朋友提供了线索，然后再设法找版权经纪人买下版权。对出版人来说，人脉资源往往比资金更重要。

由于作者的到位，第 1 期《人与自然》如期推出。由于我们的办刊思路顺应大势、切合实际，刊物出版后受到了欢迎，征订数不断增加。2003 年 9 月，在北京国际图书博览会上，《人与自然》杂志和"人与自然文库"隆重亮相。9 月 5 日下午，我们在北京召开了《人与自然》杂志和同名文库座谈会，宋木文、伍杰、聂震宁、张泽青等领导、专家出席。宋木文肯定我"又在云南闯出了新天地"，肯定《人与自然》站稳了脚跟，有了相当的作者群和读者群"。

　　为了提高资源利用率，我们从一开始就明确了书刊联动的思路，利用办刊的有利条件，深度开发资源，把人与自然的主题做得更加深入。2001 年，翻译家胡小跃从《我的非洲之书》中取一组图片在《人与自然》刊出后，令人耳目一新。图书作者小蒂皮的父母是法国著名的自然摄影师，小蒂皮 8 岁就在纳米比亚和野生动物在一起玩耍。在父亲的帮助下，她以她的视角写了《我的非洲之书》。我意识到这本书非常值得引进，马上与该书版权经纪人取得联系，得到了法文版图书和日文版样书后，大家都觉得眼前一亮，但也有人觉得版权经纪人提出的 2 万册起印数太高，不踏实。我再次进行了分析，向何社长拍了胸脯：这本书保证能给云南教育出版社创造新纪录，不仅首印 2 万册有销路，而且至少要销 8 万册。结果不仅证明了我的预判正确，而且大大超出了我们的预期。为了打造畅销书，我们进行了精心运作，根据图书中最吸引人的内容，将书名改为《我的野生动物朋友》，开本采用大 24 开，铜版纸全彩印刷。在市场定位上，我觉得这本书是在人与自然矛盾日益突出，关注人与自然和谐发展日益成为时代主题的大环境下，顺应时代发展和社会进步而推出的大众精品图书。我不但自己设计版式，还拟小标题，把小蒂皮那些生动的话语包装成"蒂皮物语"。到 2003 年，该书的精装本销了 2 万册，平装本销了 17 万册，幼儿版销了 4 万册，还向台湾出售了版权。我们还以这本书为龙头，推出了"人与自然文库"，出版了 10 多种书。

　　主持人：2007 年至 2016 年，您应广西文史馆之邀，主编了 35 期《广西文史》，还完成了《中国地域文化通览·广西卷》《广西地域文化要览》（《中国地域文化通览·广西卷》简编）、《广西现代文化史》等鸿篇巨制，把职业生涯的最后9年献给了广西的文史事业。请谈谈您这段时间的经历和体会。

刘硕良：2007年夏天，广西文史馆馆长文军和副馆长朱嘉新来到我家，希望我能把《广西文史》内刊重新办好。能在垂暮之年，对广西文史事业有所贡献，是我最后的心愿。我没有多加考虑，又投入了新的工作。我接手后，从刊物的形式入手，确定了外观、刊期、基本栏目以及版式等，确定按季出刊。在办刊路线上，我们主要是依靠馆员，调动他们的写稿积极性，要求馆员结合自己的工作，研究什么就写什么。同时也聘请了一些特约撰稿人，使刊物走上了正轨。后来广西参事室成立后，参事室主任兼文史馆馆长冼祖元提出给参事和馆员提供一个园地，要我主编一套书，收录《广西文史》的文章及个人的文章专题。这套书共出版了23册，在出版图书的过程中，团结、培养了作者队伍。

之后又按照中央文史馆的要求和希望，我们先后主编了《中国地域文化通览·广西卷》、《中国地域文化通览·广西卷》简编本及《广西现代文化史》。组建《中国地域文化通览·广西卷》编纂班子时，为了加强编纂力量，我还邀请了社会科学院、南宁师范大学、广西民族学院的专家加盟，组建了高质量的编纂队伍。我觉得，"通览"包含了"集成"的意义，首先要"通"，要贯穿下来，必须要有总的线索。"集成"不是汇集所有的成果，而是要融会已有成果，对广西历史文化要有总体把握和研究，在掌握大量材料的基础上进行整理、概括和提炼。在拟定提纲时，为了更好地借鉴、吸收、反映已有的研究成果，对广西的历史文化形成比较清晰的脉络，我浏览了一两百本有关广西历史文化的图书，对史料进行了比较和考究。由于我们的提纲比较具体，民族特色鲜明，提纲很快获得通过，并得到了中央文史馆的肯定，使广西的编纂进度始终走在前面，不但提纲送审早，交稿也是最早的一批。《中国地域文化通览·广西卷》完成后，中央文史馆希望能编写《中国地域文化通览·广西卷》简编本，便于读者阅读。为了把简编本编得全面、可读、权威，我们对简编本进行了体例、内容上的调整，把《中国地域文化通览·广西卷》的上编省略，充实了绪论，下编在压缩文字的同时，增加了语言、文化等内容，使之既保留了正本的精华，同时又比较紧凑、简明。而且这个简编本在全国最先出版，还被认为是广西最好的历史文化读本，是高质量的普及工程。

完成《中国地域文化通览·广西卷》简编本后，我们又往前走了一步，编纂、出版了《广西现代文化史》。这是我们自我追加的任务，而且其编纂的难度不下于古代部分。《中国地域文化通览·广西卷》反映的是古代部分，《广西现代文化史》反映的是现代部分。古代部分虽然时间跨度大，长达几千年，但毕竟有很多定型的东西。现代部分就不一样了，虽然新鲜的材料不少，但成系统、成规模整理出来的资料并不是很多。当时我们请了10多位历史、文化、艺术等方面的专家。大家的信心很足，情绪也很高涨。原来我们计划的规模是七八十万字，后来内容越写越多，初稿有200万字，最后压缩到150万字，还配了2000多幅图片，总共4卷。《广西现代文化史》出版后，受到了广泛好评。广西政协原副主席、古典文学专家梁超然说，这样的大工程、大手笔、大格局，是当时广西历史文化研究的大事，令人震撼。广西社会科学院原副院长、时任广西历史学会会长黄铮说，这部书从1912年一直写到2015年，将100多年时间中的历史，包括近代、现代、当代，放在一起加以论述，这是同类历史书上绝无仅有的，突破的勇气值得肯定。

　　从 2007 年下半年接手《广西文史》，到 2016 年 4 月，我主编了 35 期杂志、一套丛书和三部著作。这既是对广西的回报，也是我一生的根结。我认为，叶落归根也包括文化、学术方面的"归根"。值得欣慰的是，我最后还是回到了广西这片土地，为广西做了一点事。

江曾培丨文艺出版的鸿爪屐痕

访谈实录视频

访谈时间：2023 年 4 月 12 日
访谈地点：上海

　　江曾培，1933 年出生，曾任上海文艺出版社社长、总编辑、党委书记，上海文艺出版总社社长、党委书记，上海市出版协会主席，中国出版协会常务理事，韬奋基金会理事。业余从事文艺评论和杂文写作，著有 40 余部作品。第一本书《"山乡巨变"变得好》出版于 1958 年。2021 年出版著作《文品与人品——一个总编辑的读人笔记》。2012 年出版的《江曾培文集》，共 7 卷，400 多万字。获第六届韬奋出版奖，入选新中国 60 年百名优秀出版人物。

出版是文化的选择，
是深度文化的传播和积累。

江蓝生

2023.4.12

出版寄语

主持人："文革"结束不久，您在出版社先后创办了《艺术世界》和《小说界》，请谈谈这两种刊物的创办情况。

江曾培：1978 年 1 月 1 日，上海文艺出版社恢复了在"文革"中被撤销的建制，我任戏曲电影编辑室主任。当时书荒严重，艺术园地一片荒芜，不少人特别是年轻人在艺术鉴赏中分不清真善美与假恶丑，亟须加强美的教育，对艺术图书的需求比较急迫。由于图书出版周期较长，难以根据社会需要迅速做出反应，同时，每本书的内容比较单一，也难以照顾艺术鉴赏中的方方面面，于是我萌发了办《艺术世界》杂志的想法。杂志是一种连续性出版物，内容比较杂，可分期刊登多篇不同内容的文章，满足读者多方面的需求。恰好，戏剧编辑室编辑吴承惠、武璀，是我在《新民晚报》工作时的老同事，有较高的艺术素养，与艺术界联系密切，他们也有同样的想法。大家志同道合，一拍即合。当时期刊的报批手续比较简单，获准后即以吴承惠、武璀为主，组成了期刊筹办小组。我们一起议方针、议内容、议版式、议栏目、议作者。

杂志借鉴了《新民晚报》的"广、短、软"的特点：第一，内容要求广泛，涉及各个艺术门类，以"通感"的观点，将它们联系起来，进行相互比较。第二，文章要求短小精悍、生动活泼、有益有趣，拒绝学究式和教科书式的文字。第三，版面要求图文并茂，除文中的附图外，每期另有 8 个彩色版，刊登古今中外各种艺术精品的图像。虽然当时彩印条件不是很好，但是为了吸引读者，我们决定每期用 8 个彩色版。经过半年的积极准备，《艺术世界》诞生了。我在卷首语中提道：刊物意在提高艺术鉴赏力，如马克思所指出的，努力培养我们具有"欣赏音乐的耳朵，感到形式美的眼睛"。第一期印了 20 万册，第二期涨到 30 多万册，逐渐吸引到了一个固定的读者群。1988 年《艺术世界》创刊五十期时，美学家蒋孔阳以一个读者的身份，赞扬《艺术世界》让艺术融入社会生活的每一个角落。

鉴于《艺术世界》的文章受到欢迎，我们发挥出版社书刊互动的优势，出版了一套"艺术世界丛书"。我在编辑过程中，边干边学边写，写了一批有关文艺鉴赏的随笔，从中选了 20 多篇，集为一本小册子，书名为《艺术鉴赏漫笔》。此书于 1981 年由浙江人民出版社出版。这是我"文革"后出版的第一本书。由于当时这类图书很少，加之叙述上的深入浅出，颇受欢迎，次年重版。艺术理论家王朝闻评价说，这是一本对文艺鉴赏"说出什么是好什么是不好的理由的书"。

上海文艺出版社出书重点方向是现当代文学。党的十一届三中全会以后，我国文学创作开始走上复兴之路，中篇小说异军突起，引人注目。为了适应和推进这一形势，各地纷纷创办大型文学期刊。为加强与作者、读者的联系，上海文艺出版社决定也办一份大型文学刊物。1980 年秋，我调任文学编辑室主任，负责刊物的筹建工作。由于我们起步较晚，如何不踏着别人的脚印走路，形成自己的特色，成了办刊需要首先考虑的问题。当时的大型文学期刊都是综合性的，小说、诗歌、散文都发，于是我们独辟蹊径，取名《小说界》，专发小说。专发小说的刊物在当时虽然尚属首创，具有一定的吸引力，但也是一种新的挑战。为了避免专发小说导致的品种单一，我们在单一中寻求多样，提出五个"主"与"兼"：以发表中篇小说为主，兼发长篇小说、中短篇小说、微型小说；以发表当代小说为主，兼发一些优秀的现代、近代、古典小说；以发表我国小说为主，兼发一些外国小说；以发表现实主义小说为主，兼

江曽培部分著作

发其他流派的小说；以发表小说创作为主，兼发一些小说理论。借此，努力推进在小说园地上形成一种百花怒放的局面，努力办成一座"小说百花园"，把小说的多样化做精做深，做到极致。《小说界》的重头戏是中篇小说。我们特别关注思想上和艺术上具有新意的作品，重视英国诗人杨格所讲的"要为文艺王国增添新的版图"的作品。《小说界》创刊后陆续发表的《苦夏》《普通女工》，获得全国第二届优秀中篇小说奖；《市委书记的家事》和《星河》，获得上海市首届文学作品奖；长篇小说《彩虹坪》和短篇小说《狭弄》等，也都闪烁着创新的光芒，给读者带来新的启迪，新的享受。

《小说界》在以主要版面发表当代小说的同时，也精选了一些当时少见的现代、近代名篇，比如，发表了沈从文早年的代表作《边城》，读者纷纷反映"开了眼界"。为了开拓读者的眼界，《小说界》也经常刊登一些国外的优秀中短篇小说，并积极面对"开放""搞活"而带来的各种文艺思潮，有胆有识地介入现代主义思潮的讨论。

由于坚持正确政治方向与鲜明特色的统一，《小说界》这"一畦开拓较迟的新圃"，以其"个性美和幽异香"，赢得了读者的喜爱，影响日益增大，1984 年起由季刊扩展为双月刊。

主持人：出版社办刊有着独特的书刊互动优势，请介绍您在书刊互动方面的创新举措。

江曾培：新时期开始后几年，我们虽出版了不少小说作品，有的质量还是比较高的，但总体上给人的印象不是很深。我由此生发了出版一套丛书的想法，变分散部队为集团军，发挥"集束手榴弹"的作用。为了发挥出版社书刊互动的优势，把《小说界》的影响从期刊读者群扩大到图书读者群，丛书名确定为"小说界文库"（以下简称"文库"），表明丛书的眼界宽广，以整个小说界为目标，搭建当代作家的小说精品力作之"库"，集中反映当代中国小说创作所达到的实绩和水平。

"文库"以长篇小说为重点，囊括了小说的各种样式，分为长篇小说、中短篇小说、年选、专题、微型小说 5 个系列。"文库"先后推出了蒋和森的《风萧萧》、孙健忠的《醉乡》等力作。其中，有一部作品是鲁彦周的《彩虹坪》，内容是反映农村实行生产责任制的改革，被称为"改革题材文学的一道彩虹"。

经过多年的努力，"小说界文库"影响日增，被称为当代最整齐、最富水平的文学创作丛书之一，产生了品牌的影响力。1990年，"小说界文库·长篇小说系列"获"庄重文文学奖"。

主持人：20世纪80年代中后期，图书市场出现的"'五角丛书'热"和"'文艺探索书系'热"，是怎样形成的？

江曾培：1985年6月，上海文艺出版社调整领导班子，孙颙任社长，我任总编辑。彼时实行社长、总编辑分工负责制，我负责图书业务。为了拓宽选题策划思路，我们召开了几次座谈会，广泛听取专家学者意见。在一次文化界知名人士座谈会上，老出版家赵家璧讲到他于20世纪30年代初在良友图书印刷公司主编的"一角丛书"，深受读者欢迎，由此启发了我们编一套普及性丛书的想法。赵老说，他当年编辑"一角丛书"，也是受西方一套"蓝皮小丛书"的启迪，之所以取名"一角丛书"，不仅仅是源于每本书售价一角，也意在它各自触及知识的"一角"。

针对当时的市场需求，借鉴"一角丛书"的经验，我们决定编一套普及性、综合性的文化知识类丛书，名为"五角丛书"。"五角"寓意文学、艺术、生活、体育、娱乐五个方面，拥有五彩缤纷的内容。"五角丛书"以一辑十本的形式次第推出，题材广泛、叙述生动，知识性与实用性并重，开放性与民族性并重，具有鲜明的质优价廉、雅俗共赏的特点。1986年出版后一炮打响，一时引发了排队争购的热潮，媒体称之为"'五角丛书'热"。头5年共出版了12辑120种，发行量达4000万册，每种平均发行33万多册，获得"全国图书金钥匙奖"和"全国优秀青少年读物奖"等多种奖项。

读者在阅读"五角丛书"普及本的过程中，激发了新的需求，希望丛书的内容更加丰富，有收藏价值等。从 1989 年开始，推出的"五角丛书"豪华本，不但内容翔实，图文并茂，而且装帧考究，印刷精美，很受读者欢迎，印数都在 10 万册以上。不少读者将其作为藏书保留，或作为馈赠礼品。"'五角丛书'热"对社会文化热的形成，起到了推动作用。该丛书也成为出版社的品牌。

"文艺探索书系"则是一套具有文化学术创新品质的丛书。其时，在改革开放浪潮的推动下，文艺领域正发生着急剧的变化，从题材内容到表现手段，从文艺观念到研究方法，出现了"全方位的跃动"，在创作和理论方面，都出现了不少探索之作。我们觉得有责任积极支持这股探索之风。"文艺探索书系"于 1986 年开始出版，第一批推出《探索小说集》《探索诗集》《探索戏剧集》等 5 种。其中《探索小说集》收录的莫言、韩少功、王安忆等人的中短篇小说，突破了既定的模式与框架，形成了自己的"色香味"，如王蒙在该书的序中所说，"各具特色，互不相同"。从 1986 年到 1990 年，"文艺探索书系"共出版了 20 多本书，因其内容新、质量高被学界称为具有历史文化价值的出版遗存。

主持人：出版社作为社会文化平台，在推进社会文化事业的发展中具有重要而不可缺少的作用。在发挥社会文化平台力量，整合社会文化资源方面，你们做了哪些工作？

江曾培：二十世纪八九十年代，我社积极介入社会生活，组织了长篇小说、现代故事、古典吉他作品等评奖活动，其中长篇小说评奖作为

江曾培
部分著作

我社的"文学重器"，对吸纳高质量的长篇新作和促进作者在作品质量上用力起了积极的作用。为了进一步提升竞赛活动的影响力，我们于1989年向市委宣传部提出了设立"上海长中篇小说优秀作品大奖"（以下称"评奖"）的建议，该建议很快获得批准。"上海长中篇小说优秀作品大奖"由上海市作协、上海文艺出版社和上海文化发展基金会共同主办，办事机构设在上海文艺出版社。领导小组由市委宣传部和3家主办单位的负责人组成。"评奖"实行初评、终评两级评选制，每两年举行一次。上海作家的作品，以及在上海的出版社、杂志社、报社发表的作品都可参评。获奖的数量则精选精评，确定长篇小说奖不超过5部，中篇小说奖不超过10部，包括纪实文学与报告文学在内。长篇小说一等奖奖金2万元、二等奖1万元、三等奖5000元；中篇小说一等奖奖金1万元、二等奖5000元、三等奖3000元。奖金由上海文化发展基金会提供。

　　由于当时全国的文学作品奖项较少，我们这个"评奖"活动奖额比较诱人，"评奖"消息公布后，引起社会的关注，不少作家表示要拿出优秀作品参赛。1990 年 11 月下旬，我社在上海青浦召开"淀山湖笔会"，主题是提高长篇小说创作质量，为"评奖"活动做准备。出席会议的有王蒙、王小鹰、王安忆、邓刚、叶文玲、叶辛等知名作家。1992 年春，我们举行了首届"评奖"活动，评选范围为 1990 —1991 年的作品，收到推荐作品 40 部（篇），共计 500 余万字。首届"评奖"活动，由于缺乏特别冒尖的作品，长篇、中篇小说一等奖，均为虚席。当时，有同志半开玩笑半怀疑地说，一等奖，特别是长篇大奖，由于奖金有 2 万元，是否只是虚设的一个诱人的幌子。我曾半开玩笑半认真地回答说，恰恰相反，我们非常希望这笔奖金能发出去，可惜这次无人来领。举行第二届"评奖"活动时，情况有了好转，长篇小

1990 年江曾培（二排右七）与参加淀山湖笔会的领导和知名作家合影

说的质量总体有了很大提升，出现了《九月寓言》这样一部独特的、具有民间原色的"大气"之作，大家欣喜地将桂冠给了它的作者张炜。这是一个标志，既表明当代长篇小说创作有了一个标志性的新发展，又表明"评奖"活动有了一个标志性的新进展。第二届评选共有9部作品获奖，其中由上海作家创作的4部，由外地作家创作的5部。该奖项系上海设立的奖，但得奖作者却是外地人多于上海人，这体现了上海的开放性。第三、四届"评奖"活动中，陆续评选出了一些有影响力的优秀作品，如《苍天在上》《醉太平》《人之窝》等，推动长中篇小说创作质量的提高。参评的作品也不断增多，第二届增至53部（篇），近700万字，第三、四届继续呈上升态势。"上海长中篇小说优秀作品大奖"，与"上海文学艺术奖""白玉兰戏剧奖"一起，成为上海三大文艺奖项。

在"上海长中篇小说优秀作品大奖"评选进行之前，我社还组织了具有海内外影响的"上海国际音乐比赛"。1987年3月，我社副牌上海音乐出版社经批准恢复社名与出书资格，这极大地激发了音乐编辑室全体人员的工作热情。当时，在改革开放形势的推动下，大家认为，音乐是"让中国走向世界，让世界了解中国"的有力媒介。经过积极准备，联合上海音乐学院等单位，于1987年11月在上海共同主办了"上海国际音乐比赛——中国风格钢琴作品创作与演奏"（中西杯）。这是一次真正的国际音乐比赛，评委和选手来自四大洲11个国家与地区，收到海内外参赛作品达181部。这又是一次鲜明的中国风格钢琴的比赛，参赛的作品均要求具有中国艺术风格。国际音乐界人士对此表示了极大兴趣。法国的著名作曲大师梅西安在写给评委会主任丁善德的信中说："举办中国风格钢琴作品比赛是个绝妙的主意。我祝贺这一可喜的创举，并预祝这次比赛获得巨大成功！"按照时任市委宣传部副部长龚心瀚的话说，

"这个比赛有三个第一：上海第一次举行的国际音乐比赛，我国第一次举行的国际音乐创作与演奏比赛，世界上第一次举行的以一国艺术风格为规范的国际音乐比赛"。

这次比赛促进了中外音乐交流，扩大了中国民族音乐的影响，推动了音乐学术的研究。比赛期间，东方音乐学会为此举行了大型学术讨论会，200多位中外音乐人士参加。一些来自西方的朋友表示，他们从比赛中领略了中国音乐的独特美感，渴望得到进一步了解的机会，希望多出版一些介绍中国传统音乐的书籍。随后我们加快了"中国民族音乐大系"的编选工作，于1989年出版了戏曲音乐卷、曲艺音乐卷、民族器乐卷、民族管乐卷、古代音乐卷，向新中国成立40周年献礼。此书在海内外音乐界引起了很大反响。

主持人：您作为中国微型小说学会创会会长，是怎样借助出版平台促进微型小说在文体上走向"独立"的？

江曾培：微型小说在我国内地虽是改革开放后出现的，但其古已有之，源远流长。多年来，微型小说只是依附于短篇小说之内，作为它的一个分支而存在，并不具有独立的文体意义。1980年，我们在筹办《小说界》过程中，发觉东南亚国家微型小说作品颇多，几乎成为一种主要文学品种。20世纪70年代起日本也兴起了超短篇小说。微型小说兴起的原因，是它适应了现代快节奏生活中的读者的欣赏需求，同时它有利于反映现实生活。随着我国进入以经济建设为中心的新时期，现代化步伐加快，这一文体展现出广阔的发展前景。在《小说界》编辑方针中，我们首次把微型小说作为一个独立文学品种，与长篇小说、中篇小说、短篇小说并列。继《小说界》之后，有些报刊也陆续刊载起微型小说，或称之为一分钟小说、小小说、精短小说等。虽然微型小说的数量猛增，但由于这是新兴的文学品种，人们对它的认识也存有异议。为此，我对微型小说进行了理论上的探讨，于 1981 年 8 月以"晓江"这个笔名发表了《微型小说初论》，对微型小说的历史渊源、发展规律与审美特征做了初步探讨。这引发了人们对微型小说理论的关注。创作促进了理论的研究，理论研究反过来又推进了创作的发展。到 1984 年，全国经常刊登微型小说的报刊达 400 余家，先后诞生了《中国微型小说选刊》和《小小说选刊》。为了进一步吸引更多的人参与微型小说的创作，并促进创作质量的提高，在上海市委宣传部和上海新闻出版局的支持下，《小说界》于 1985 年、1987 年先后举办了两次全国微型小说大赛，发现了一批优秀的作者和作品。与此同时，《青春》《写作》《北京晚报》等报刊也举办了征文大赛，有的还结合召开了繁荣微型小说的座谈会。

从 1988 年开始，一些在微型小说创作中卓有成绩的作者纷纷推出了自己的微型小说集，微型小说开始形成一批具有一定创作水平的作者队伍。到 80 年代末，微型小说已从短篇小说中分离出来，成了一个独立的文学品种。1989 年 11 月，由《小说界》发起，《小小说选刊》《微型小说选刊》《解放日报》《文学报》《北京晚报》等 8 家热心倡导微型小说的报刊的主编和负责编辑聚会上海，就微型小说的成绩、现状、发展趋势等进行了研讨和交流。1992 年 6 月，民政部批准设立中国微型小说学会，学会挂靠中国作家协会，会址设在上海，我被选为会长。学会的成立，标志着微型小说完全成为一种独立的文学品种，进入了一个新的发展阶段。我国的小说格局，由传统的长篇、中篇、短篇的"三足鼎立"，变为长篇、中篇、短篇和微型的"四大家族"。

为了加强作者队伍的培养，我利用在出版社工作之便，先后主编了

《中外名家微型小说大展》和《世界华文微型小说大成》。其中《世界华文微型小说大成》全书60万字，初版不久后即重版，不少地区举办的微型小说学习班、研讨班都用它做教材。1985年和1989年，我先后随团考察了中国香港地区和新加坡，了解到随着中国的改革开放的推进，华文创作的国内外交流、交融日益增多，微型小说成了海内外华文创作的重要品种，应用华文华语的海外国家和地区出现了加强华文创作的趋势，形成了华文出版世界"整合"的苗头。我从中受到启发，策划了国际性的微型小说大赛。大赛由中国微型小说学会和新加坡作家协会发起，并征得泰国华文作家协会、英国华文作家协会、荷比卢华文作家协会、香港作家联会和中华文学基金会、上海文化发展基金会的同意，在春兰公司的赞助下，于1993年5月1日至1994年4月30日，共同主办了"春兰·世界华文微型小说大赛"。国际笔会上海中心会长柯灵任组委会主任，上海市委宣传部副部长徐俊西、中国作协书记处书记张锲、新加坡作家协会会长黄孟文等任副主任。海内外有28家报刊参赛，一年中，收到近万篇稿件。参赛的作品除来自中国外，还有多个国家的华人、华侨、华裔。此次赛事规模之大、范围之广、时间之长、作品之多、影响之深，在世界华文文坛上实属少见。1994年，参赛的28家报刊从发表的约2000篇作品中，遴选出300篇交大赛评委会评选，经过初评、终评，最后评出二等奖9篇，三等奖14篇，鼓励奖94篇。它集中展现了当时世界华文微型小说创作成果，显示了华文微型小说世界的多姿多彩，为世界微型小说乃至整个华文文学的发展，起了促进作用。获奖的作品由上海文艺出版社结集出版。

在大赛的基础上，我们又策划了世界华文微型小说研讨会。研讨会由新加坡作家协会出面邀请，于1994年12月26日至30日在新加坡国立大学举行，到会的有中国、日本等国家的作家学者近 100 人。30 位与会者在大会上就"世界各国微型小说的发展""微型小说的理论和技巧""微型小说和社会人生""微型小说作家及其作品研究"等专题进行了交流和探讨。这以后，分别在曼谷、吉隆坡、雅加达、斯里巴加湾（旧称文莱市）、上海、香港等地举行了 9 次研讨会。1996 年年底，上海文艺出版社出版了一套"世界华文微型小说名家名作丛编"，包括中国卷、新马泰卷、欧美卷和台港澳地区卷，展现了微型小说的兴起，成为世纪末文坛的一道亮丽的风景线。1999 年 11 月，在新加坡注册的世界华文微型小说研究会成立，黄孟文任会长，我任名誉会长。2001 年，中国微型小说学会与《微型小说选刊》在南昌联合召开了"面向新世纪的微型小说"研讨会，表明微型小说自二十世纪八九十年代脱颖而出，从短篇小说分化出来独立成家后，又有长足的发展，已成为深受读者青睐的一种"朝阳文体"。当时已有 10 多所本科、专科院校，开设了微型小说选修课，选修者颇多。2001 年 12 月 15 日，中国作家协会第六次全国代表大会的工作报告指出，"微型小说的创作，也广受读者的欢迎"。这是微型小说第一次在中国作协工作报告中被正式提及，显示了这一文体进一步得到了文学界的肯定与支持。

2007 年出版的"中国新文学大系"第五辑，收录的是 1976—2000 年间的作品。鉴于这一时期微型小说横空出世，破天荒地将微型小说单独列卷，专门增设了由我主编的微型小说卷。这样，20 世纪 80 年代后兴起的微型小说，终于在文学疆土上生了根。姚朝文在他所著的《华文微篇小说学原理与创作》一书中，称赞我在引进"微型小说"的名称、倡导微型小说的文体、开设微型小说专栏、从事微型小说批评与理论探索、策划微型小说征文大赛等方面的贡献。当然，我能在这方面做些事情，主要是得益于我在出版社工作这个得天独厚的条件。2008 年 12 月，在第七届世界华文微型小说研讨会上，我被世界华文微型小说研究会和中国微型小说学会授予终身成就奖。

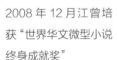

2008 年 12 月江曾培获"世界华文微型小说终身成就奖"

主持人：您在出版社先后提出了"编辑工作三十字诀"，以及上海文艺出版社的风范。为什么要这样提，其内涵是什么？

江曾培：1992 年 6 月，社长孙颙调任上海新闻出版局副局长，我被任命为上海文艺出版社、上海文化出版社、上海音乐出版社社长、总编辑、党委书记。有同行笑称我"一身而九个职务"。我回答说："实际就是一个职务：认真做好出版工作。"为了"认真做好"，我提出了"编辑工作三十字诀"（以下简称"三十字诀"），经过大家讨论认可后，作为统一全社编辑思想的依据，其内容为：多层次，高质量；多样化，主旋律；长命书，重积累；双效益，重方向；讲认真，争一流。

"三十字诀"提出后，其影响逐渐扩散到上海出版界，有些出版社还请我去具体介绍。1999 年，新中国成立 50 周年和上海解放 50 周年。为反映上海出版界在这 50 年中发生的巨大变化，上海市出版工作者协

会与上海市编辑学会编辑出版了《我与上海出版》一书，我应约写文对
"三十字诀"做了全面的解说。

为了进一步加强出版社内部管理，1994年，我们又发动职工对全社
的发展目标、事业精神、出书方针、经营思想与管理方式等问题进行讨
论。经过反复比较鉴别，相互取长补短，最后形成了《上海文艺出版社
企业风范》。这一《风范》后来经出版社职代会讨论通过，成为一个具有
法定意义的内部文本，在统一与集中全社员工思想等方面发挥了作用。
其内容为：

发展目标：坚持一流的质量，创造一流的效益，实行一流的管理，
培养一流的素质，建设一流的出版社。

事业精神：敬业、遵纪、求实、开拓。

出书方针：多层次，高质量；既富有文化品位，又符合市场需求。

管理方式：民主与集中相结合；思想教育、经济手段、行政措施
相结合。

主持人：1997年，您大胆推行出版体制改革，将一个大社"裂变"为文
艺、文化、音乐三个相对独立的社，走上另一条"造大船"的路，取得了显
著的社会效益和经济效益，引起出版界的关注，请具体介绍。

江曾培：1997年以来，在推行出版体制改革中，出版业"造大船"
的做法，都是依靠行政推动的力量，用"聚变"方式，将多个出版社联
合起来组成大型出版集团。我想，"造大船"，是为了做大做强出版业。
根据我社的情况，则可以通过发掘自身的潜力，采取"裂变"的方法，
达到壮大出版社体量和提高出版社体能的目的。我社有两个副牌，即上

海文化出版社和上海音乐出版社，并拥有 8 个期刊、2 个丛刊，还有 1 个广告公司、3 个三产公司、1 家照排厂、3 家联营厂。1996 年书刊销售码洋 2 亿元，销售利润 1700 万元。以集团化要求来衡量，这个规模当然不大，但内在潜力很大。我想，通过"裂变"可将巨大的潜力发挥出来，伴之以一些必要的兼并，把文艺出版这块蛋糕做大，依靠自身的发展，争取逐步形成一个现代化的集团性企业。

经过全社职工讨论，并听取了市委宣传部、市新闻出版局有关同志的意见，确定的体制改革方案是：由一级管理改为二级管理，组成上海文艺出版总社，作为总管理机构。总社为企业法人，设社长，全面负责社里的工作。文艺、文化、音乐三个分社，分设总编辑，在总社领导下，分别负责各社的编辑业务，集中精力多编好书。出版、发行、后勤等工作，由总社有关部门统一办理，按经济原则记账。改革的目标，是既要更好地发挥文艺、文化、音乐三个社作为出书主体的积极性，又要进一步发挥总社集团经营管理的整体规模效应，争取文艺出版和整个出版事业的大发展。同时，为了更好地调动人员的积极性，方案还提出：改革后的上海文艺出版总社为无级别单位，干部原行政级别存档。现有工资，根据出版社经济实力，在国家规定的工资总额范围内自行决定。员工的报酬，除国家规定的职称或职务工资外，其余的根据各人的实际能力与贡献而定，每年调整一次，能高能低。中层干部有岗位工资，但不是终身制，每年也会有所调整，能上能下。

这一改革举措，调动了员工的积极性和创造性，有效地提高了出版生产力，使职工既有动力，也有压力。当年 8 月，此方案得到上海市新闻出版局的批准。1998 年 1 月 31 日，上海《文汇报》以《采用"裂变"

模式，做大出版蛋糕》为题，报道了"上海文艺出版总社实行无级别制与两级管理，提高了市场竞争力，去年销售总额近 2.4 亿元，成为全国同行中的佼佼者"。当年 10 月，在第五届沪港出版年会的报告中，我应邀汇报了我社一年多来体制上"裂变"的成果：各项经济指标和书刊出版水平显著上升。我于 1999 年 6 月离职，我的离职审计报告于年底形成。离职审计报告表明，社会效益方面，1999 年出版的长篇小说《汽车城》，荣获全国"五个一工程"奖。经济效益方面，我社的各项指标均优于行业平均水平。其中：1998 年销售利润率，同年行业平均为 13.15%，我社高出 4.76%；总资产报酬率，行业平均为 11.90%，我社高出 2.3%；资本收益率，行业平均为 64.87%，我社高出 97.87%；资本保值增值率，行业平均为 119.92%，我社高出 5.59%；而资产负债率，则比行业平均低 1.8%。

李景端 | 半生书缘一世情

访谈实录视频

访谈时间：2023 年 4 月 14 日

访谈地点：南京

李景端，1934 年出生，1975 年进入出版界，1979 年创办《译林》杂志，1988 年担任译林出版社首任社长兼总编辑。曾任中国版协外国文学出版研究会副会长兼秘书长、福建师范大学兼职教授、中国翻译协会理事。出版有散文随笔集《波涛上的足迹》《如沐清风——与名家面对面》《风疾偏爱逆风行》《翻译编辑谈翻译》等。

武版人必须牢记文化使命

李景端

2023. 4. 14

主持人：您于 20 世纪 70 年代末创办的《译林》杂志，出刊后就受到市场追捧，成为大中学生的必读刊物。这份刊物是如何创办的？为什么起名"译林"？

李景端：1978 年，时任江苏省出版局局长高斯找到我，要我考虑办一份介绍国外现状的翻译刊物。我觉得，介绍外国社会科学，内容比较敏感，不如介绍外国文学，筹办外国文学期刊。我前半生跟文学和翻译都不沾边，在译界也没有朋友，面对这个艰巨任务，我真是两眼一抹黑——无从着手。但既然领导委以重任，我必须硬着头皮上。为这个刊名，我琢磨了很久。一次，同搞古籍的编辑孙猛聊天，他无意中提到"译林"两个字，我听了一震，脑子里顿时想起林茂叶繁的景象。用"译林"做刊名多好呀！

刊名定下之后，接下来要给刊物定位。当时北京有《世界文学》，上海有《外国文艺》，都是老牌刊物。我觉得，《世界文学》高端严肃，《外国文艺》新奇超前。我们不能重复走他们的老路。我从读者的角度思考，有一个朴素的期盼，就是文学杂志，内容要有新鲜感，故事一定要吸引人，抓住好看耐看这些点，才有生命力。我以"打开'窗口'了解世界"为《译林》的办刊宗旨，面向广大"草根"读者的需求，探索介绍通俗文学尤其是西方当时流行小说的新路。

当时，我对自己办刊条件的先天不足，有自知之明。我是外国文学外行，又是办刊物新手，那时还不懂得提方案、搞论证、先试刊、再定性这一套程序，只想着尽快上马。因为心里没把握，最早的《译林》，只是用书号出版"丛刊"，每季出一本，以此"投石问路"，看看市场反应再做调整。那时影院放映的英国影片《尼罗河上的惨案》很红火，说也

《译林》创刊号
目录第 1 页

　　凑巧，我们得悉上海外国语学院有位英语教师正在翻译这部影片的文学原著。我觉得这是个机会，立即上门约稿，在《译林》创刊号刊出。《译林》当时的市场定位，适应了中国百姓长久渴望了解西方当代文化的需求，以至于一创刊，就大受读者欢迎。创刊号 16 开、240 面，定价才 1 元 2 角，比一般的书还便宜。最早是交给新华书店零售，初版 20 万册几天就脱销，加印 20 万册很快又卖完。书店要求再印 40 万册，考虑纸张供应紧张，只再印 20 万册后就不印了。因为书店不办理长期订阅，店面又买不到，大批读者只好汇款向编辑部邮购。头一两期，邮局送来的邮购汇款单，都用大邮袋装，一次就送来好几袋。邮局职工抱怨说，为了登记这么多汇款单，他们加了好几天班。社里负责邮购的同志也叫苦，仅为《译林》办理登记、取款、入账、包装、寄发等手续就忙不过来，对其他书的邮购，这时都顾不上了。后来得知，许多大学图书馆陈列的

《译林》，因为阅读的人太多，不是被翻毛了看不清字，就是翻烂了造成缺页，有的甚至被人拿走，所以急着要求补购。最有趣的是，"黑市"上《译林》每本要卖2元，还要外加2张香烟票。如今城市里四五十岁的人，尤其是80年代的大学生、中学生，几乎很少有人不知道《译林》。

主持人：听说当时《译林》刊登《尼罗河上的惨案》引发了一阵风波，后来得益于当时的宽松氛围，不但风波平息了，还扩大了杂志的影响。请您给我们做具体介绍。

李景端：《译林》意外走红几个月后，遭遇了一场风波。时任中国社科院外国文学研究所所长冯至先生给中央领导写了一封信，对《译林》创刊号刊登的《尼罗河上的惨案》及另一家出版社出版的《东方快车上的谋杀案》的畅销，提出了质疑，认为这些作品没什么教育意义，谈不上对发展和繁荣社会主义文学、培养社会主义新人有什么好处。中央领导将这封信，加了批语转发给中共江苏省委和浙江省委研究处理。幸好这事是发生在党的十一届三中全会之后，我们党正在拨乱反正，清算各个领域长期留下来的"左"的流毒。江苏省委对待此事十分慎重，时任省委书记批示，《译林》还是应该办下去，但选稿应当坚持党的文艺方针，要办得更好，要认真做到为社会主义四化服务，这方面建议要认真总结改进，还应开展文艺评论工作。遵照省委的指示，我们认真进行了自查，认为《尼罗河上的惨案》既不诲淫，也不诲盗，它揭露了英国上层钩心斗角的实情，具有辅助读者认识英国历史的作用，而且它的电影，已在国内公开放映，所以《译林》创刊号内容并无不当。

1980年5月上旬，中国作协在北京召开全国文学期刊编辑工作会议，陈立人副局长和我两人代表《译林》参加。到会的文艺界人士在发言中都认为，这些外国文学作品的作者是严肃的，书的内容也反映了当前外国社会的现实，把它介绍过来是件好事。会上气氛活跃，我也坦率地谈了看法：如何对待外国通俗文学，这是学术问题，应当提倡讨论、争鸣。今天介绍外国文学的视野，应该比以前有发展，这是繁荣社会主义文艺的需要。

　　参加会议的新华社记者行达一听了我的发言后，认为这方面的实际情况同冯至信上反映的不一样，觉得有必要让更多的领导同志了解。于是他就对我进行了专访，连夜编发了一篇内参专稿，题目是《江苏省〈译林〉编辑部副主任李景端谈当前外国文学出版情况》，刊登在新华社1980年5月8日《国内动态》第1194期上。这篇内参主要是反映我的观点。大意是：第一，有些同志认为当前文学方面已形成了"偏离社会主义"的右倾倾向，显然估计得过于严重；第二，产生这些问题的原因，有些同志认为是出版社为了赚钱，我们觉得不能这样简单下结论，《译林》每印张的定价，比国家规定的标准还低；第三，要注意把方向性同学术性区别开来，应该提倡讨论、争鸣，而不宜用行政办法轻易肯定或否定。

　　时任中共中央宣传部部长王任重同志在会议总结中，特别指出："这些信和江苏省委转发时写的按语，我和中央领导同志都看了。中央领导同志要我说一下，这件事就这样处理，就到此结束。"

　　一场突如其来的风波，就这样"平息"了。会议结束当天，冯至先生特意派车接陈立人和我去他家。冯至先生诚恳地说："由于我的那封信，给你们带来了很大的压力，对此向你们表示歉意。信里有些地方有片面性，有些提法不大妥当。"见老前辈在我们一进门时就做自我批评，我们不禁深感意外。陈立人说，有些情况由于不沟通，难免有些误会，不过这次中央、省委处理这件事的方法非常好，这对我们今后的工作也是一种促进。我这人向来心直口快，有话在心里憋不住。我当时是用很委婉的语气说："您是外国文学研究界老前辈，如果您对《译林》有什么意见，写封信批评我们，甚至把我们叫来，当面训斥一顿，我们都会诚心接受。只是用向中央负责同志写信，并批转给省委处理这种方式，似乎太严重了一点。以后我会按期把《译林》寄给您，您有什么意见，只管直接向我们提。"

大家聊着聊着，气氛缓和多了。冯先生接着说，建议北京、上海、南京三家外国文艺刊物更好地分工：《世界文学》主要介绍名家名作，《外国文艺》主要介绍外国流派，《译林》可以多介绍一些有社会意义的外国通俗文学。他还主张，适当时候可以在江苏召开一次外国通俗文学讨论会。

真是"不打不相识"。在这场"风波"之后，冯至先生同我乃至《译林》之间，却建立了友好的关系。他不但在《译林》上发表文章，还要我牵头联合几家出版社出版他的一套书。冯至先生是著名外国文学研究专家，尽管他的那封信曾给《译林》和我造成很大压力，但他的学术成就，依然很受我们的尊敬。事后有朋友向我开玩笑说："冯至这封信，惊动中央，震动全国，真是给创刊的《译林》，做了一次大广告。"

主持人：作者和译者，都是出版社（杂志社）的"衣食父母"。作为新创办的期刊，《译林》是怎样挖掘、培养译者队伍的？

李景端： 由于多种原因，当时翻译界有不少人对外国通俗文学抱有偏见，以至于在译界"学院派"某些人眼中，《译林》处于被"另眼相看"的状态。杂志社没有可供翻译的版本，翻译稿件多是译者自找的外文版本。所以，没有译者，也就失去了翻译版本的来源。面对这些困难，我深切体会到"巧妇难为无米之炊"的无助。怎么办？为了杂志的生存和发展，必须在无奈之中争取主动之道。

我在调查中了解到，当时京沪大社创办翻译书，眼睛多盯着有名气的翻译家。上海高校有大批有翻译能力的中青年外语教师，却空闲没活干。我觉得这个被"闲置"的富矿，正是《译林》用得上的有效资源。我在上海外国语学院约请到一批中青年教师，推出了一些优惠的扶持措施，以聘请他们为《译林》"签约译者"的形式，建立了杂志社的译者队伍。后来我们又逐步扩展到其他多所高校。这个举措，既解了《译林》的燃眉之急，又培养了一支有活力的译者队伍，同时也扶持、促进了社会翻译人才的成长。像曾担任中国翻译协会副会长的张柏然和许钧教授，上海外国语大学原副校长谭晶华，还有后来成为著名翻译家的杨武能、黄源深、张以群、朱威烈、孙致礼、朱炯强、力冈等，都在与《译林》的合作中得到锻炼和提升，在翻译领域获得瞩目的成就。

为了更好地发现、培养人才，我们把出刊与组织活动结合起来，策划了面向全国翻译爱好者的活动，把期刊的版面向社会延伸。首先与《外国语》杂志合作，组织了全国性的英语翻译译作评奖活动，参赛者达4000余人，在翻译界形成一定影响。之后我们又设立了"戈宝权文学翻译奖"，多次举办"欧美小说创作技巧""外国通俗文学创作"等专题研讨会，发起成立全国性外国文学出版研究会等系列活动。这样既培养了作者队伍，又扩大了期刊影响。

有了译者资源，《译林》的栏目和内容更加丰富和接地气，不但受到众多读者的欢迎，还受到钱锺书、杨绛夫妇等专家的赞誉。钱锺书在信中说，《译林》这一年来不断改进，在我们接触到的青年人里，有很好的口碑。我们听到后，觉得沾了光，同时也内心惭愧。《译林》的特色是把"通俗"的或眼前"畅销"的作品和"经典"或"高级"的、公认较经得起时间考验的作品，有比例地做准确的介绍。要想理解外国当前的社会，通俗流行的作品常常是较好的指南。《译林》在这一方面的努力，有显著的成果，但仍有较长的路要走。

主持人：您在创办《译林》杂志的过程中，还接受了申办译林出版社的任务，请介绍一下当时的情况。

李景端：随着《译林》在翻译出版界声誉的提升，原有的杂志编辑部既出刊又出书的体制，难以适应出版事业的发展。1987 年冬，江苏省出版局领导打算成立译林出版社，并把申请办社的任务交给了我。但这个"任务"不是一般的"艰巨"，当时新闻出版署已明令停止审批新建出版社，其难度不言而喻。在按照申报程序准备相关材料的同时，我也使出浑身解数，想方设法，争取实现建社目标。

我到北京专程拜访了时任中宣部出版局许力以局长。许局长充分肯定了《译林》在推动我国外国文学出版方面所做的贡献。当我请教他建社的可能性时，他沉思了很久说："现在申请建社的报告都压在桌上，一家都没批。"我说："我们跟一般的社不大一样。我们是搞对外文化交流的，符合中央扩大对外开放的精神。"听我这样说，他反问我："你们有什么扩大对外交流的计划？""不限于只搞引进，争取也搞输出。初步设想，一是加强学习外语图书的出版，为辅助对外交流提供语言支撑。二是扩大外文图书的出版，努力把中国作品介绍出去。"说实话，这两点是我一时应急回答的，没想到竟受到了他的重视。他凝视着我说："加强外文出版，这倒确实需要。如果你们在这方面，确实具备优势条件，有充足的特殊理由，那在审批时，也许会加以考虑。"

告别许局长后，我一直在想他最后对我说的话。我仿佛听出了弦外之音，那就是，必须重视强化开发外文图书、加强对外出版这个理由，才有望让上级考虑批准建新社。

于是我重新起草了申请补充报告，强调译林出版社如获批，将着力组织出版外文学习图书、外文工具书和反映中华文化的外文图书，同时列举出《译林》拥有的有利条件。主要是：江苏高校多，外语力量强；《译林》与海外联系密切，初步建有一支包括海外华人在内的境外翻译队伍，并与港台有过合作出版外文书的成功范例；江苏省出版总社决定设专项资金，支持补贴《译林》的对外出版。最后特别说明，南京有个金陵协和神学院，与英美有广泛联系，丁光训主教已表示，该院会全力支持和帮动《译林》开展对外出版工作。

也许是得益于《译林》这些年在出版界积累的信誉与口碑，得益于我国扩大外文图书出版，向世界介绍中国作品的大环境，建立译林出版社的申请，终于在 1988 年 6 月 2 日，获得新闻出版署的批准。

主持人：图书出版要有一定的投入，译林出版社当时经济基础比较差，举步维艰，您作为译林出版社的首任社长，是如何打开局面的？

李景端：1988 年上级任命我为译林出版社社长兼总编辑，头一件事就是同江苏人民出版社分家。这些年，《译林》杂志及出版的一些图书，在市场非常畅销，为江苏人民出版社赚了不少钱。但在当年的体制下，这些都不属于译林。分家的时候，译林只从江苏人民出版社带走了 16 个人。那年正好分配了两套房给译林，要算作译林新买的，所以分家时的账面上，译林社还倒欠江苏人民出版社 20 多万元。

20 世纪 80 年代末，格调低下的翻译小说一度充斥市场，外国纯文学书的销售很不景气。新建的译林出版社，除了《译林》杂志还能盈利外，几乎没有什么可稳定盈利的图书。1989 年年底，译林出版社年终盈利不到 5 万元。

没钱的社长可不好当，出路只有开源节流。我首先调整奖金分配比例，以刺激编辑出好书、多赚钱的积极性。那年头，这样的小改革，多少还起到一些效果，编辑们提出不少创收的建议。如：美编提出，开拓出版外国连环漫画；法文编辑提出，扩大出版法国作品，争取获得法国使领馆的资助；日文编辑提出，接受日本作家自费出版其作品的中文本；就连印刷、发行人员，也提议出版有外国风格的贺年卡及挂历；等等。

上述建议，有些施行后取得明显成效。如《父与子》《尤茜卡》等漫画，以及"生活·爱情·幽默"系列连环漫画，很快为译林社带来了好的效益。为了配合法国大革命纪念活动，我们约请南京作家，赶写了一本反映这场大革命历史的纪实作品，出版后得到法国驻上海领事馆的一笔资助。

1992 年我国加入《世界版权公约》，从此，凡是翻译外国未超过版权保护期的作品，都必须事先购买版权。当时国内不少出版人，对向外买版权还不熟悉，通过正规途径去购买版权的很少。我认为，译林出版社是专业翻译出版社，大量外国现代作品，又都处在版权保护期之内，因此，能否获得作者合法授权，对于译林出版社来讲至关重要。我当时还预感到，随着国家对引进版权管理的加强，今后出版之争，就是版权竞争。谁拥有的合法版权多，谁就拥有竞争的优势。我决定积极争购西方有影响力的图书的版权。不仅已在译林出版过的书，要赶紧补买版权；对看准了的市场潜力书，也要主动抢先去买版权。经过努力，当时英美最流行的畅销书，例如谢尔顿、格里森姆、克莱顿、哈里斯等作家的作品，其版权大部分被译林买下，使译林版外国流行小说系列，成了译林版图书中一个耀眼的品牌。

当时由于翻译图书市场不景气，外国文学出版的经济效益并不是很好。增加收入的出路在哪里？这时我想到，新闻出版署批准成立译林出版社时，规定的出书范围中，就有外语学习图书。译林正是靠翻译起家，具有英语作者资源的优势。眼看做教材教辅出版的，都很红火，我们也应该涉足英语教材这个领域。

有了新思路，大家立即全力以赴。当时的中学英语教材，主要由人民教育出版社出版，想要挤进去争块蛋糕，谈何容易？我们先做了些调查，对人教社英语课本，农村学生多数反映偏深，而沿海城市学生又觉得稍浅。于是，我们的定位就介于这两者之间。我们约请南京师大和苏州大学的英语教师，组成初一英语课本编写组，边撰写，边征询意见，边修改，并组织美工，配合课文画童趣插图。经过努力，样书编出送审后，顺利通过了。

在竞争激烈的教育图书市场，与编写教材相比，推销教材的难度更大。我们组织参与编写的教师，带着样书分赴省内重点市县，向教育主管部门和中学，宣传讲解译林版英语新课本。历经辛苦，最后只说通南通一个市采用我们的课本。初战小告捷，盈利虽不多，但在"试水"中，却获得了编写与推销教材的体验，积累了经验，这是极为珍贵的。在投入编教材的同时，我们还会同教育部门，着力开发初中英语教辅读物。两三年间，全社年利润从几万元增至几百万元。

经过这么多年的努力，译林版英语课本，在教材市场颇具影响，品种越来越多，不仅开发了从小学到高中的系列课本，还参与了职业大专英语教材的竞争。发行范围不仅覆盖了江苏全省，而且扩展到外省多个市县。与此同时，还配套出版多种英语教辅、中英文对照读物，以及延伸做英语培训等，全社的经济实力不断壮大。

主持人：对文艺类出版社来说，通俗读物和高雅读物都是不可缺少的。译林出版社是如何处理通俗读物与高雅读物的关系，打造出版社品牌的？

李景端：我始终牢记把关守土的职责，严把正确出版导向，在选稿中，坚持洋为中用，重在选择，不赶时髦。我常常对编辑说，用稿不能与别人比胆大，而要与别人比胆识。所谓胆识，就是在充分调查研究和掌握信息的基础上，正确判断，果断选材。对于价值高的作品，不受旧观念的约束，赔本也要出；对于不符合我国出版方针的，即使赚大钱也不能出。如《查泰莱夫人的情人》，尽管一早就有译者向我们投稿，但考虑到当时的国情，我决定不予接受，避免了不必要的风波。

译林从办杂志开始，就关注外国通俗文学，对这个领域比较熟悉，这类书卖得也还不错。译林出版社成立以后，我们自然要继续出。由于我们购买外国文学版权下手快，欧美许多流行新小说的版权，多在我们手里。加上我们可以发挥书刊并举的优势，实行刊书连用，即小说先在《译林》杂志登载（这样也等于为出书预做广告），接着再出版小说的单行本。以至于那时市场上流传一种说法："想看外国畅销小说，就去买译林版。"这形成了译林独有的刊社合一优势。

但出版社不能只注重通俗的书，为了争创出版品牌，必须在出版世界经典名著上下功夫。为此，我们出版了"译林世界文学名著丛书"、《新编二十世纪外国文学大词典》、《英国诗史》等多种文学著作，还分国别翻译出版了多国的"文学词典"。其中最有影响的有两套书。

一套是法国著名作家普鲁斯特的七卷本巨著《追忆似水年华》。早在1984年，《译林》杂志法文编辑韩沪麟就提议组织翻译出版这部书。那时有些人对这种现代派意识流的作品，还有些顾虑。我考虑，这毕竟是世界文学名著，至今尚无中译本。译林作为专业翻译出版社，有责任填补这项文学翻译空白。所以，我坚定支持韩沪麟大胆去组稿。历经艰苦努力，这部中译本终于在1991年出版，填补了我国文学翻译史中的重要空白，荣获"全国优秀外国文学图书奖"一等奖以及江苏省政府颁发的文艺奖，还从法国驻上海领事馆得到了奖金。直到今天，译林版的《追忆似水年华》，仍然是我国唯一全套的中译本。

另一套是世界现代文学名著《尤利西斯》。爱尔兰作家詹姆斯·乔伊斯于1922年出版的小说《尤利西斯》，是西方现代派意识流小说开山之作。因其写法怪诞难懂，曾有天书之称。这部小说因"有伤风化"，曾在英美被列为禁书，以致两次上了美国法庭。直到1933年，美国法院认定《尤利西斯》"是一部出于真诚的动机，采用新的文学方法写出的作者对人类的观察"，判决该书"并不淫秽"。从此之后，《尤利西斯》在世界文坛上的影响越来越大，以至于被西方评论家誉为"20世纪最伟大的英语文学著作"。

这样一部世界文学名著，在问世70多年之后却没有中文全译本。为了填补中国文学翻译史上这项重大的空白，我找过英语界一批专家，他们都婉言谢绝翻译。叶君健先生还风趣地对我说："中国只有钱锺书能译《尤利西斯》，因为汉字不够用，钱先生能边译边造词。"我也约请过钱锺书先生，他谦虚地表示："八十衰翁，再来自寻烦恼讨苦吃，那就仿佛别开生面地自杀了。"

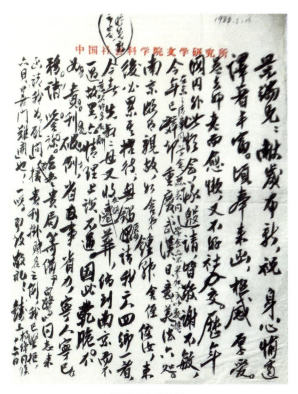

钱锺书来信手迹

后来我得悉萧乾先生 20 世纪 30 年代在英国研究过意识流文学，他的夫人文洁若毕业于清华大学英文系，既懂英文又懂日文，曾翻译出版过不少英国和日本的作品。我就以他们夫妇为组稿目标，多次上门游说翻译《尤利西斯》的必要性。起初萧乾一口回绝，说他比钱锺书还大一岁，更是八十老衰翁了。但我不死心，于是想来个迂回战，先说服文洁若。这位对翻译出版事业有着极深感情的老大姐，终于被我的执着感动了，答应设法把萧老"拖下水"。她在合同交稿日期上面故意延长，消除萧乾压力，再用"消字灵"改正与我签约。这种善意的"小动作"，为译坛留下了一段佳话。由于这部名著的内容、表现形式、涉及的年代背景等，都有一定的复杂性，有"天书"之称，一般读者不太容易接受。为了扩大影响，我把《尤利西斯》的出版分为出版前、上市时和出版后 3 个节点，策划了相应的宣传营销活动。出版前，通过"制造"悬念，吸引读者对"天书"的关注；上市时，利用萧乾的名人效应，组织萧乾夫妇到书店签售，同时配套出版了《尤利西斯导读》；之后在北京举办了"乔伊斯与《尤利西斯》研讨会"，爱尔兰驻华大使多兰女士和来自多国的"尤学"学者，以及我国中宣部、新闻出版署、中国作协、中国社科院外文所等相关负责同志和在京众多文学界专家，都到了会。许多外国媒体也纷纷报道，认为这是"中国坚持对外开放的一个标志"。

1994 年 5 月，译林版《尤利西斯》上卷正式出版后，立即受到社会极大关注。初版 4 万册很快销完，又加印 4 万册。次年 4 月，该中译本荣获第二届"国家图书奖"提名奖、"全国优秀外国文学图书奖"一等奖。该书现已成为译林社名利双收的一本名著。

主持人：您在译林出版社退休后，又返聘在译林出版社工作了 10 年，参与了很多出版界的活动。请问您是如何继续发挥余热的？

李景端：我于 1996 年卸任退休，又返聘 10 年，到 2006 年才没去上班。回顾我的后半生都跟书结缘，但除了编书之外，出于对出版事业的钟情，我还做了几桩值得一说的实事。

一是退休后我作为中国版协外国文学出版研究会秘书长，每年都在全国多地分别举办年会或研讨会，同时策划、组织了 7 届以新闻出版总署名义举办的全国优秀外国文学图书奖评奖活动，从中发现了很多优秀的译作、敬业的译者和辛勤的编辑。

二是发表近 200 篇随笔和评论，针砭出版和文化界的某些现象。如2005 年 2 月至 8 月，我与《中华读书报》编辑庄建女士合作，在该报开设了《人物谱》和《流派走廊》专栏。我负责选人物、定流派、组稿等工作，分别介绍了董乐山、施咸荣等 10 位"开放翻译家"和意识流、黑色幽默等 10 种外国文学流派，为我国当代外国文学翻译出版史增添了有价值的史料。

三是吁请重视传承出版前辈的编辑事迹。我上书柳斌杰署长，建议组织编写出版"优秀出版家列传"，每人写一本，主要选业绩突出全面的，写一个人，又可带出一个出版社的成功特色。该建议促成了 2012 年由柳斌杰任主编、人民出版社出版的"中国出版家"丛书的启动，第一批入选 50 位出版前辈，目前已出版 30 多种。

四是为保住《出版史料》期刊奔走呼吁。2012 年秋，开明出版社将《出版史料》期刊改为丛刊。我深感震惊和遗憾，于 10 月 19 日在《文汇读书周报》发表《为〈出版史料〉"半停刊"叹息》一文，引起出版界的关注。在宋木文、刘杲等一批老出版人的支持下，我通过写信、电邮、电话、短信等方式，先后找过 14 位相关的领导或经办人申诉和陈情，经过近一年的奔走呼吁，经过众多出版人的不懈努力，终于使该刊得以继续出刊，保住了这份出版史学术期刊。

陈为江 | 北京国际图书博览会见证我国对外文化交流

访谈实录视频

访谈时间：2023 年 7 月 19 日
访谈地点：北京

陈为江，1934 年出生，长期从事机械设计和一机部援外产品管理工作，1977 年调至国家科委，曾任副处长、处长、新技术与总工程师等职。1986 年兼任国家科委委员。1984 年任中国图书进出口总公司总经理，1996 年任中国图书进出口总公司董事长。曾任中国出版工作者协会常务副理事长、中国书刊发行业协会副会长，入选新中国 60 年百名优秀出版人物。

出版事业是我
人生道路上最
重要的里程

陈昌智

主持人：您到中图公司任职后不久，为什么就想到要举办北京国际图书博览会？那时在中国举办国际展会最大的困难是什么？博览会是如何发展壮大的？

陈为江：我长期在国家科委和第一机械工业部（简称一机部）机关工作，对发展科学技术的重要性有比较深刻的体会。"文革"时期，中国与世界上发达国家的联系基本隔绝，出版物进口也处于停顿状态，所以根本不了解世界发展情况。1978年我在国家科委参与制定了我国科技发展的长远规划，明确了各个领域的重点发展目标，体会到每一个科技项目的制定，必须要了解该领域的国外发展情况、技术流程和发展方向，因此进口国外出版物成了实施科研项目必不可少的前提条件。20世纪80年代，互联网还没有普及，中图公司主要是收集世界各国出版社的有关科技类的图书、期刊目录，经懂外语的专业人员汇编成外国图书和期刊目录，品种数以万计，供全国科研单位、高等院校和图书馆选购。此外，中图公司为了方便用户选购国外图书，每年组织十几次小型外国专业图书展销会，一般以外国一个出版社或几个出版社联合展销，以实物形式让全国各地图书采编人员选购。由于展出书刊品种单一、规模太小，展销频繁，外地用户多次往返，实在应接不暇。

1985年，我与中图公司领导班子反复研究论证，决定自1986年起，中图公司每两年主办一次大规模、高层次、对标国际标准的北京国际图书博览会（BIBF），吸引更多国外出版公司前来参展，方便国内用户集中采购外国出版物。我们的想法得到了国家科委和外交部的支持后，我们于1985年4月19日向国务院提交了《关于举办1986年北京国际图书博览会的请示》。国务院批准后，作为主办和承办单位的中图公司立即着手 BIBF 的各项筹备工作。

当时面临不少困难。20 世纪 80 年代，在北京很少举办大型国际展会，展馆较大的只有北京展览馆，涉外宾馆只有北京饭店、民族饭店等少数几家，外宾来华签证都要由各部委发函报请外交部办理，外宾和国内参展人员回程机票和火车票很难买到，已进关的出版物展出后如何免税退回也没有相应规定。此外，展览用的展板，国内也找不到生产单位。

为了争取有关部门的支持，1985 年 12 月，中图公司通过国家科委，向国务院呈送了关于 BIBF 组委会成员的请示，拟请李鹏副总理任名誉主任，国家科委一位领导任主任，文化部、北京市人民政府、国家出版局和中图公司各出一位主要领导任副主任，并请外交部、财政部、海关总署、北京市民航局、北京市铁路局等各派一位负责人参加组委会的工作。此方案获得万里副总理批准同意。确定首届 BIBF 组委会由李鹏副总理任名誉主任，国家科委副主任吴明瑜为主任，文化部副部长刘德有、北京市副市长陈昊苏、国家出版局副局长刘杲和中图公司陈为江为副主任。全国人大科教文卫委员会、国家科委、国家教委、文化部、中国科协和中国国际贸促会为赞助单位。

由于组委会成员由相关政府部门组成，上述的问题迎刃而解。外宾签证由外交部向各国使馆通知，凭中图公司发出的邀请函即可办理来华签证，展出的展板由中图公司购买法兰克福书展的旧展板。为了筹备 BIBF，中图公司建立了强有力的领导班子。为了落实招商，我专程组团赴美招展，并筹建中图国外分公司，在一年内马不停蹄地对英国、德国、荷兰、日本进行了考察，广泛宣传，积极动员国外出版社前来参展，取得了很好的效果。国际展会任务繁多，经过中图公司团队的不懈努力，对外招商、图书展品采购、编印目录、展场设计、展台制作、展品集中运输、海关监管、展书订货销售、发放签证邀请、来宾接待，以及国内各出版社、图书馆、外文书店参展等多项工作逐一得以落实。

1986 年 9 月，首届北京国际图书博览会在北京展览馆顺利开幕。30多个国家的著名出版公司和出版集团前来参展，来华外宾规格都很高，美国、英国、德国、荷兰、日本等国的大出版社领导率团参展。党中央和国务院对 BIBF 十分重视，李鹏副总理，全国人大常委会副委员长周谷城、严济慈，国务委员宋健，全国政协副主席王光英和各有关部门领导出席了开幕式。李鹏副总理等主要领导还在人民大会堂分别会见了各国主要来宾，并亲自主持了 1000 多人参加的盛大宴会。这是国际出版界在北京的史无前例的一次盛会，取得了圆满成功。主要新闻媒体对首届BIBF 进行了重点报道，中国集邮总公司发行了"北京国际图书博览会纪念邮资封"。BIBF 的成功举办被列为 1986 年中国出版界十大事件之首。

1986 年之前，国内出版社与国外的交流很少。由于我国尚未颁布《著作权法》，中外版权贸易更是少之又少。在这种情况下，首届 BIBF以国际著名出版公司为主参展商，设了 266 个展台，而国内出版社只有66 个展台。国内的参展者主要是全国科研教育单位图书馆采编人员和各省市外文书店，活动以订购进口图书为主，交易额约 300 万美元，还有一批后备订单。当时众多国内出版社主要是派人前来参观学习。在国内外图书同台展出，出版社参展人员看到了差距，促进了图书质量的提高。

随着博览会举办次数的增多和影响的扩大，国内出版社的参展摊位逐届增多，图书质量和装帧水平也有了很大提高，中外出版界的交流不断加强。为了进一步做大 BIBF，经过调研、论证，我们提出调整 BIBF

组织的领导结构，请出版行业主管部门作为博览会的主要主办单位，以提高 BIBF 办展规格。1996 年，经请示国家科委同意和有关部门批准，BIBF 从原由中图公司主办，改由国务院新闻办、新闻出版署、国家科委、文化部和北京市人民政府等多个部门联合主办，中图公司为承办单位。博览会组委会主任改由新闻出版署署长于友先担任。这一升格与变动，使 BIBF 从企业行为提升到中国政府组织的开展中外出版交流和合作的层面，成为促进中外出版交流和合作的重要平台，为 BIBF 搭起了一座沟通东西方文化的"金桥"。在新闻出版署等部门强有力的领导下，中央各部委各单位所属的出版社积极参与，各省市新闻出版局统一组织当地出版单位参展。BIBF 国内的参展规模迅速扩大，由首届的 66 个展台增长到 1996 年第六届 296 个、2000 年第八届 618 个展台，超过了国外出版公司的参展规模，展览总面积达 2.6 万平方米。与此同时，国内参展单位十分重视本版图书的印装水平和内容质量，展台的布置也越来越有各自的特色。BIBF 成为展示中国出版成就的著名品牌，也成为加强中外国际出版交流的重要场所。1990 年中国颁布了《著作权法》后，出版物的版权保护在国内开始受到重视，中外版权贸易取得了迅速发展。自 1998 年第七届 BIBF 开始，版权贸易十分活跃，交易数量大幅增加。从首届的 98 项增长到 2000 年的 8000 项，版权贸易一跃成为中外出版界在博览会的主要业务，使 BIBF 从以进口图书为主演变为进出口图书和版权贸易并重。在国家版权局副局长沈仁干的大力支持下，1997 年中图公司在展前举办国内出版社的版权贸易培训班，沈仁干副局长到会做报告。从此，展会期间的培训和专业交流也成为固定项目，BIBF 的活动越来越丰富。

得益于国家改革开放的大势，北京国际图书博览会越办越好，现已成为在全世界排名第二的国际图书博览会。

主持人：中图公司长期以来以书刊进出口为主业，为何要组建出版公司？中图公司发展出版业有什么优势？

陈为江：改革开放的大潮，为中图公司发挥优势，做专做强做大，创造了难得的外部环境。长期以来，发达国家的出版物大部分是英语、法语、德语和日语的原版出版物，订购对象都是科研单位、高等院校及图书馆，由于价格昂贵，订购量甚少。中图公司当时主要从事少量翻译出版和内部刊物出版。如何适应形势的需要，组建新的出版公司，开发新业务增长点，成了中图公司发展的突破口。

1986年，经国家科委和国家出版局批准，中图公司成立了世界图书出版公司，主要业务是购买海外版权，重印和翻译出版科技、经济、管理图书和各种工具书。公司总部在北京，在上海、广州、西安分别设立编辑室。1991年，经国家科委同意、新闻出版署批准，世界图书出版公司在北京、上海、西安、广州四地设立了分公司开展出版业务，成为当时国内率先开展跨地域经营的出版单位。

为了加快发展步伐，世界图书出版公司在上海、广州、西安等地引进担任过社长的优秀出版人才任分公司经理，同时招聘了一批高学历的编辑，为世界图书出版公司的发展增添了新的活力。世界图书出版公司的管理模式也因地制宜，各分公司的行政管理由中图各分公司领导，业务由世界图书出版公司总部统一管理。对外交往，世界图书出版公司以整体进行业务洽谈；对内，各分公司按专业分工运作。这个变通的模式

1986 年陈为江
（中间）与中图公
司英国分公司同
事合影

给世界图书出版公司的发展创造了良好的条件。由于背靠中图公司，世界图书出版公司可以充分利用中图公司与国外出版社建立良好的合作关系，所需外汇还可从中图公司外汇额度中列支，购买国外版权比较方便，促进了出版业务的迅速发展。世界图书出版公司在中图公司老朋友格鲁斯曼（Grossmann）先生的帮助下，获得德国施普林格出版公司经典教材"数学研究生丛书"的授权；英国朗文出版公司的《新概念英语》在国际上十分畅销，是经世图公司引进国内的第一套外语教材图书；在著名科学家钱学森院士的大力支持和帮助下，世界图书出版公司购买了英国麦克米伦公司出版的《自然》（*Nature*）杂志的版权，这是国际公认的权威学术刊物。1996 年，世界图书出版公司成立 10 周年时，共签订了 2500 多种书刊的版权贸易协议，已成为国内购买外国版权品种最多的出版社。2000 年，世界图书公司年出版码洋达 2 亿元，利润 2000多万元，作为中图公司业务重要增长点，成为中图公司的重要支柱之一，在国际出版界也有一定知名度。

主持人：为什么中图公司要组建国内外分公司？这对中图公司发展起到了什么作用？

陈为江：中图公司的主要职责是进口外国出版物，与全世界数以百计的出版社或代理机构进行贸易往来。以前都是通过信件联系业务，出版物则由国际邮局寄送。这种方式给双方的沟通带来不便，不仅邮费很贵，而且时效性很差，丢失和破损情况严重。针对这种情况，中图公司决定在订购出版物较多的国家建立分公司，在已有美国分公司的基础上，组建英国、德国和日本分公司。经国家科委和财政部批准，中图公司申请到 100 万美元的外汇额度，派出英文、德文水平较高的两位科长分别前往英国和德国筹建分公司。在英国培格曼出版公司和德国施普林格出版公司的大力支持下，中图公司在英国伦敦选购了一幢独立二层办公楼和一幢住宅，在德国法兰克福购买了一幢商住两用的独栋别墅。1986 年，两地前后完成注册，相继落成开业。1988 年，在日本海外新闻普及株式会社（OCS）、日本东贩株式会社的大力支持下，由 OCS 提供办公用房，中图公司日本分公司开业。中国驻日大使馆对此十分重视，时任驻日公使唐家璇先生和使馆多位领导出席了活动。中图美国分公司 1981 年就已成立，后把原来与其他公司合用的 2000 多平方米的办公大楼整体买了下来，改善了办公环境，壮大了业务力量。1994 年，中图公司在莫斯科建立了分支机构。这些驻外分公司，成为加强中图公司和外商联系的纽带。

过去中图公司从国外进口书刊等产品，除美国分公司外，都通过海运运输，时效性极差，进口的书刊经常要过两三个月才能看到。更麻烦的是，当时进口书刊是由外国出版社和书商分别发货，邮寄的书刊容易丢失，到货完整率很低。这样的服务和效率，难以适应国内用户对海外资料的需求。中图海外分公司成立后，中图的进口业务流程得到了优化，订货可以通过分公司在当地下订单，这样更容易争取到优惠价格，可订品种也大幅增加。分公司把书刊集中后统一发回国内，也解决了丢货问题。与此同时，中图公司争取到民航总局的大力支持，中国国际航空公司对中图公司货物的空运费予以特别优惠。例如从纽约到北京每千克货物只收 0.72 美元，而当时通过邮局发货每千克要付 4 美元，从英国、德国、日本等地到京的空运费也大幅度降低。采用航空运输后，大大加快了发货、到货的速度，日本的书刊当天就可到达，欧美国家的书刊在一周内也可运到。海外分支机构网络的建成，极大地加快了到货速度，提高了订到率和到货率，降低了成本，使公司在竞争中取得了明显的优势。

在建设海外分支机构网络的同时，中图公司加快了在国内的布局。当时上海的科研单位和高等院校数量多、实力强，进口书刊需求量大，上海的合资企业发展迅速，外国来华人员众多，进口业务潜力巨大，中图公司首选上海组建国内分公司。1985 年，中图上海公司率先开业后，业务飞速发展。到 1998 年，上海分公司的年销售额超过 3 亿元，利润 4000 万元。中图广州公司的前身是中图总公司进口美国书刊的一个发行部，负责在收到海运集装箱后转发全国用户。1985 年广州分公司成立，主要从事港台书刊的发行业务。广州分公司也快速发展，很快又成立了深圳经营部和珠海经营部。1988 年，中图西安分公司成立。西安位于中国中西部，原版外国书刊进口业务的发展比较缓慢，于是西安分公司开展多种经营，主要从事外国书刊的地区发行、书刊出版和印刷业务。到 1998 年，西安分公司年利润也达到 2000 多万元。1993 年，中图深圳分公司由广州分公司的深圳经营部改组成立，直属中图总公司领导。1995 年，中图大连分公司成立，为东北地区提供发行服务。至此，中图公司完成了在中国主要地区的布局，在国内 44 个大中城市建立起脱离邮局的直销发行网络，与海外组建的能覆盖 109 个国家和地区的书刊进口体系对接，形成完整的出版物

陈为江（一排右五）与中图公司广州分公司同事合影

进口与发行系统，在全国拥有 1 万多家终端用户，年进口书报刊、音像制品 10 万余种，为全国各省市外文书店和科研、教育机构及广大读者提供优质服务。

主持人：中图公司在业务创新开拓方面有哪些举措？

陈为江：第一，抓住机遇，开展了音像制品进口业务。1985 年中国文化领域开始对外开放，经广电部提议并报国务院批准，授权中图公司独家批量进口海外音像制品在国内公开销售。最初进口的是古典音像制品，如卡拉扬指挥的交响乐、维也纳新年音乐会等，一经推出就受到热烈欢迎，销售量增长很快。随后又获批将优秀的流行音乐制品引入中国大陆，如《万水千山总是情》《狼》《大约在冬季》等脍炙人口的流行音乐作品，一时间在全国掀起了流行歌曲的热潮。产品形式也从磁带逐渐发展到 CD、LD、VCD、DVD，对提高中国音乐的创作水平和广大民众的欣赏水平，起到了积极的推动作用。中图公司高峰时原版进口音像制品的年销售额近亿元。

为了促进音乐音像制品贸易和版权贸易，经上级批准，中图公司从 1985 年起开始举办两年一届的外国音乐音像制品展销会。这个展销会后来逐步扩展内容，发展为国际音像博览会。第一届展销会就引来了国际著名的宝丽金、华纳、百代、BMG 和众多的香港出版公司参展，展品形式从音乐制品到电子出版物、多媒体产品和游戏光盘，极大地丰富了广大民众的文化生活。到 1997 年第七届展会时，经中图公司建议，北京国际音像博览会改由新闻出版署、广电部、文化部、北京市人民政府和国家科委联合主办，由中图公司承办。

第二，为来华外籍人员提供服务。这项服务是随着海外来华居住和工作人员逐年增多而开辟的。外资单位、合资单位和涉外宾馆增多后，来华人员对日本、欧美的书报刊需求量很大。中图公司抓住这一需求，组建专门队伍开展这项业务，在国内各大宾馆设立代售点，向来华外宾收订和零售海外文化制品。国务院新闻办公室对这项工作十分重视，要求亚洲地区报刊要当天能看到，欧美地区报刊要次日能看到，其间，还要完成政审，时效性要求很强。得益于中图公司长期以来在进口书报刊、音像制品业务上积累的诚信，海关总署授予中图公司"信得过"企业称号，给予快速通关的方便，大大节省了时间。国际方面，特别是日本 OCS 公司，对中图提供大力支持。中图建立起从海外出版社到用户的"一条龙"快速接力服务体系。这项业务发展很快，最高时年销售额达亿元。

第三，书刊出口。这是中图公司起步较晚的一项业务。为了迎头赶上，中图公司动员各分公司发展书刊出口业务，还从同行中引进了一批骨干人才，参加美国图书馆的各种年会，加强对欧洲和日本的出口，扩大中图公司中文书刊出口在海外市场的份额。当代书画艺术品出口是一项创新业务。中图公司邀请到著名中国画家董寿平、周思聪、白雪石、张仃、俞致贞等大师作为顾问，选择作品、鉴别真伪。我与东贩株式会社社长上泷博正商定了中国绘画作品向日本出口的计划，在东京举办的展销会影响很大，取得了成功。

第四，积极开展中外文化交流。由于中图公司成功举办了北京国际图书博览会，在海外又有众多分公司，与国外出版界联系广泛，因此新闻出版署把一些重要的海外展览和国际书展参展活动委托给中图公司承办。1993 年，经文化部和新闻出版署批准，由我担任团长、上海市新闻

1996 年在开罗国际书展，陈为江（右四）与中国驻埃及大使（左四）合影

出版局局长徐福生担任副团长的中国代表团 110 多人，在荷兰鹿特丹举办了中国文化节。这是当时中国在国外举办的规模最大的书展。

1994 年，中国以主宾国身份参加日内瓦国际书展，新闻出版署副署长谢宏任名誉团长，我任团长，新闻出版署外事司司长杨德炎任副团长，率领 80 多人的代表团参展。中国馆面积有 400 平方米，设在展区中央，展馆设计既具有中国特色，又美观大方，是整个国际书展的亮点。这是中国图书首次在国际书展上大规模亮相。日内瓦市市长亲自设宴招待中国代表团，各国出版商和瑞士各界人士踊跃前来参观和购买中国图书等文化产品。

中图公司组织的两项海外重大活动相继成功，获得了上级单位和国内出版社的认可。从 1995 年起，新闻出版署把伦敦国际书展、日内瓦书展、美国 BEA 国际书展、匈牙利国际书展、开罗国际书展、法国戛纳电子展、美国 E3 电子展等众多展览的参展组织工作交由中图公司承办。

刘笃义丨青岛出版社改革发展回顾

访谈实录视频

访谈时间：2023 年 7 月 27 日
访谈地点：青岛

　　刘笃义，1934 年出生，1960 年进入《大众日报》当记者。1984 年 8 月，任山东省出版总社青岛分社社长、青岛市新闻出版局出版办公室主任。1987 年 6 月至 1994 年 7 月担任青岛出版社社长、党委书记，青岛市新闻出版局局长。1992 年年底，被国家人事部、新闻出版署授予"全国新闻出版系统先进工作者"称号。

一朵小花
一枝红蕾
终成大树

岑写蒙
二〇二二·三

主持人：您任山东出版总社青岛分社社长期间，分社主办了《小葵花》和《红蕾》两份刊物，您是怎样克服资金缺乏等困难，发挥社办期刊的书刊互动优势，创新开发思路，创造显著的社会效益和经济效益，为青岛出版社的发展打下坚实基础的？

刘笃义：1984 年的 7 月份，我调到青岛市出版办公室工作，同时还担任了山东省出版总社青岛分社社长，这是青岛出版社的前身。分社办了《小葵花》和《红蕾》两份刊物。当时办刊面临着没有固定的办公地点和资金缺乏的困难，每年只有 3 万元，由山东少儿出版社和青岛市财政局各给一半。没有盖办公室，就借了新华书店的四间房子做办公地点。山东省出版总社在政策上给予扶持，并允许我们自己编书。

1984 年夏天，我参加了山东省小学语文研究会召开的会议。会上有人提出，教学大纲上要求有看图说话，而当时没有这门教材，希望青岛分社《小葵花》和《红蕾》两个刊物的编辑部门帮助编写看图说话的教材。需求就是机遇。我当时眼前一亮，预感到这个需求，能给期刊带来宝贵的发展机遇。经过研究，我要求两个刊物的编辑部门抓住契机，增加相关内容；同时决定发挥社办期刊书刊并举的独有优势，编写出版看图说话、看图写作的教材。编写教材必须要具备作者队伍、编辑力量、前期资金投入等条件，而这两个刊物当时却缺乏这些条件。面对这种情况，我们调整、充实了编辑力量，增配了熟悉教材的文字和美术编辑，文字编辑负责组织作者创作故事，美术编辑根据故事内容请美术工作者创作图画。我们针对小学低年级和高年级的不同情况，分别出版了适应低年级的《看图说话》和适应高年级的《看图作文》。1985 年，我们完成了教材编写工作。由于当时两个刊物部门没有图书出版资质，我便通

《红蕾》杂志
部分封面

过山东出版总社的领导，与山东教育出版社谈妥了合作出版教材的事宜。

为了开拓图书市场，我们借助参加在烟台召开的小学语文教研会的机会，请与会的老师们给出版教材提意见、出主意，帮助开展教材征订。由于我们编写的教材结合了小学的教学实际，适应了小学教学的需求，与会者都愿意帮助宣传、征订，第一学期就征订了 30 万份，打响了教材出版的第一炮。

我们同时还利用青岛市的校友会，在青岛市各小学开展征订。为了扩大教材的影响，我们发挥两个刊物书刊互动的优势，分别在两个刊物开设了《看图说话》和《看图作文》征文专栏，鼓励教师推荐小学生的优秀图画及作文，为刊物提供稿源。在书刊互动中，既扩大了教材的影响，又丰富了刊物的内容，使刊物内容更加贴近读者，贴近教学实践。随着参加刊物征文活动的学校和学生增多，教材的征订量也不断扩大。1985 年，两本教材的发行量达数百万册。在小学教材市场挖掘到的"第一桶金"，为后来做大事打下了基础。

为了巩固和培育市场，我们在提升刊物质量上下功夫，发挥校友会的人才优势，聘请校友会的专家组成《小葵花》编委会，请编委根据教学大纲提出编辑思路和选题。编辑就按照相关思路组织老师、作家编写类似看图说话的图文书。

山东省电视台的记者对我们的图书产生了兴趣，提出与两家刊物联合举办全省小学生图画和作文比赛，在省电视台儿童节目播出。这个活动很受家长欢迎。节目播出后，家长们看一遍还觉得不过瘾，要求再重播一遍。

我们从中受到启发，便和山东省小学语文研究会合作，发挥小学语文研究会与小学联系面广的社交优势，组织全省小学的学生开展图画和作文竞赛活动，聘请省小学语文研究会的专家组成竞赛评委会，并组织竞赛活动的优胜者参加在青岛举办的夏令营活动。我们把竞赛内容做成答题卡片，装在塑料袋里，既便于携带，也方便学生答题。答题答得好的学生，就有机会得奖。我们还给竞赛优胜者颁发奖品，奖励书包等文具，这样既培养了学生画画、写作文的兴趣，也提高了学生看图说话和看图写作的能力，又扩大了刊物的影响。

到了夏天，每个地市的教育部门都组织了竞赛，从中选出优胜者，参加全省的竞赛，从而扩大了教材的影响。有一个县的学生在看图说话竞赛中获了奖，得到了县委领导的高度重视，从青岛回到县城时，县委书记派车去车站迎接，不但获奖的学生受宠若惊，教育部门和学校的师生也从中受到鼓舞。在全省范围内开展竞赛活动，不仅促进了教材的推广和发行，还提升了青岛出版社的社会影响。

随着教材发行量的扩大，期刊的收入逐年递增，第一年就有100多万元。到1994年，收入达到1800多万元。

主持人：万事开头难。青岛出版社作为成立时间较早的计划单列市出版社，成立当年就出版图书90种，发行1256万册，全年完成出版码洋1700

万元，有了良好的起步。请您谈谈当时是怎么白手起家开拓业务的？其间您

遇到了哪些困难？如何解决的？

　　刘笃义：当时的困难确实不少。1986年年底，我们分社党委召开扩

大会议，确定了三项目标：一是盖办公楼，二是扩充流动资金，三是申

办青岛出版社。办公楼和宿舍楼盖起来后，不但解决了办公问题，职工

的住房条件也得到了改善，为争取办出版社创造了条件。

　　申办出版社并不是一帆风顺的，这期间也遇到不少波折。

　　首先是争取青岛市委、市政府的支持。当时我向青岛市领导汇报了

办出版社的思路：出版社自行解决出版社的开办经费，不向财政要钱；

以后出版社如果盈利了，也不向财政交钱。这一思路得到了领导的认可。

1987年，正在建设中
的青岛出版大厦（左
一为刘笃义）

其次是向中宣部和国家出版局申报。虽然青岛被列为计划单列市，且青岛市的大学和博物馆等文化单位，为我们申办出版社创造了有利条件，但也要通过努力，使上级部门了解我们的决心和初心。为了给出版社今后的发展预留空间，我们申请开办综合性出版社。1987年1月，我们收到了国家出版局关于成立青岛出版社的批复，少儿类图书被列入出书范围。

再次是资金困难。青岛出版社建社初期，底子比较薄。出版社出版图书，必须要有一定的投入，如购买纸张等。当初为了购买纸张，我们拿出了仅有的5万块钱，再向财政借了8万块钱，总算凑齐了买纸张的钱。出版的图书取得收益后，我们便还钱给财政局。财政局的经办人员很惊讶。我们的会计则说，好借好还，再借不难。有了信誉，以后再向财政借钱就不难了，出版社流动资金的问题也迎刃而解。

最后是人才问题。出版是知识产业，专业人才是出版社的核心资源，专业人才的素质如何，决定了图书的质量和效益。我们派人到各个大学里考察，"招兵买马"，选拔了一批优秀大学毕业生。

主持人：青岛出版社继1992年获得美术图书出版资质后，后来又获得了教材出版资质，当年是怎么争取到教材出版资质的？您是怎么考虑的？

刘笃义：当时我有个指导思想：有条件的，我们要争取；一时不具备条件的，我们也要努力去争取。对一个出版社来说，能否出版教材，关系到出版社的发展后劲。当时教育部规定，提倡中小学教材"一纲多本"，由多家出版社来组织编写，开展竞争。教育部确定可以搞教材竞标的就包括"五四制"教材。听说北师大出版社承担了"五四制"教材的编辑出版任务，我们及时与北师大出版社取得联系，要求参与"五四制"教材的编写工作，在参与编写的过程中熟悉教材的编辑出版，在参与过程中培养教材编辑人才。

后来，我们及时得知教育部在技术教材编写中，要吸收国外的先进课本，我们敏锐地意识到这是一个难得的机遇，"闻风而动"，立即成立了外国教材研究所，研究编写外国技术方面的教材，抢占了这个"制高点"。

主持人：从 1988 年到 1992 年，青岛出版社进入了可塑发展期，连续 4 届获得中国图书奖。那个时期您给出版社制定了什么样的发展目标？如何确保目标的实现？

刘笃义：多出好书，是出版社最重要的任务。出版社出好书还是出劣质书，起的作用不一样。我们那时候每年有一定的固定收入，经济状况大大改善。1988 年，社会上出现了一些劣质书。我们认为，出版社应该旗帜鲜明地出版好书，用好书占领市场，更好地发挥图书出版的舆论导向作用。为此我们设立青岛出版社优秀图书出版基金，每年投入 50 万元资金，只要是好书，赔钱的也出版。我们聘请了青岛大学、山东省文联等大中专院校、科研学术单位的专家及政府相关部门的领导担任青岛出版社优秀图书出版基金的评委。评委会每年开一次会，对需要资助的图书选题进行评审，确保资助图书的质量。

主持人：您当时作为出版社社长，有没有出台内部激励机制，调动员工的积极性和创造性？这方面都有哪些措施？

刘笃义：1991 年，我就感觉到没有激励机制不行，有的人干得很多，拿得不多，这样积极性调动不起来。我就起草了一个编辑工作双效目标管理方案，对编辑实行定量化的目标管理，对不同职称的编辑，提出不同的绩效要求，把编辑的绩效与收入挂钩。该方案把编辑的工作量与图书质量结合起来，要求既包括了编辑书稿的字数，也包括了对图书的质量要求。同时还针对行政人员的工作特点，制定了行政人员的目标管理方案。该管理方案试行了一段时间，取得了一些效果。

主持人：您担任社长时很重视人才队伍建设，引进了很多人才。这些引进的人才绝大部分成了出版社的骨干力量，您当年是怎么考虑的？怎么开展工作的？

刘笃义：我比较重视人才，喜欢有本事的人，很愿意吸收这样的人才到我们出版社。那个时候招收人才不容易，招大学生，也并非易事，有时要求爹爹告奶奶。还是青岛分社的时候，我去山东大学选人，大学不太肯给，最后我们招到吴清波，他在文学方面有很深的功底，是个难得的人才。后来成立了青岛出版社，我们委派副书记乔商训带队，到济南几家有名气的大学，去挑选大学本科生。我们是综合性出版社，需要多方面的人才，包括哲学、经济学、历史、党史、医学、外国文学、外语等专业人才。以物理为例，学天体物理、理论物理的人才都得有，才能编辑出版这方面的图书。

主持人：青岛出版社在您任上，连续4年获中国图书奖，《人民日报》于1996年在头版刊发《青岛出版社向社会奉献好书——十年没卖过一个书号　没出过一本劣质书》，这是《人民日报》继宣传金盾出版社后，再次在头版刊登出版社相关的报道。获得全国性的图书奖，既是出版社的荣誉，也是出版社出版好书的体现，成绩来之不易。请您具体谈谈您的感受。

刘笃义：《人民日报》头版刊登的报道，称赞青岛出版社10年没有卖过一个书号，坚持向社会奉献好书。我觉得这是青岛出版社坚持把社会效益放在首位，在确保社会效益的前提下，实现社会效益与经济效益统一的结果。在图书质量管理方面，我们有着严格而明确的要求。这些要求成了广大编辑的自觉行为，把确保正确社会舆论导向的要求落到了实处，体现了青岛出版人的社会责任担当。

对与港台出版商合作出版的图书，我们格外认真，严加把关，始终保持了应有的政治敏锐。有一次，一名台湾出版商要与我社合作出版我社的一本儿童图画书，准备在台湾印刷、销售。我们在签合作出版协议时，明确提出，因为牵涉到两岸的问题，这本书在付印之前必须要找我签字。我签字认可了，才能在台湾印刷、销售。台湾出版商遵守我们的意见，在这本书付印前，把大样寄给了我。我在审稿时发现了大问题，该书在给中国地图着色时，台湾的颜色与大陆的不一样，容易给人造成台湾好像不是中国领土的印象。我们就打电话给台湾出版商，要求他立即改正，不改过来不能印刷，避免了一次严重的政治差错。出版无小事，特别是涉及这类敏感问题的图书，稍不小心就会出问题，而且这些问题并非小问题。

图书是内容产品，导向事关重大，来不得半点疏忽。我作为一社之长，深知责任重大。我分工负责政治方面的审稿，当时一般都睡不好觉，总担心哪个地方会出问题，努力做到小心再小心，细心再细心。要在内容导向上把关，必须把书看完，而且是认真看完，看得越认真，越能发现问题，特别是政治导向方面的问题，如果你发现不了、不早发现，等书出版以后，人家发现了，你就犯了大错。

主持人：您提出青岛出版社的五种精神：顽强拼搏精神、团结战斗精神、艰苦创业精神、改革开放精神、开拓创新精神，提出的背景是什么？为什么提出这五种精神？

　　刘笃义：这是在青岛出版社成立五周年时提出来的。我觉得一个人就得有一种精神。这种精神是一种遵循、一种追求，也是一种成绩，人要戒备自己、管住自己，用什么来管？就是用精神来管。

　　在这些精神的指导下，1988 年，我们出版社出版了柯岩主编的"古今中外文学名篇拔萃"，由柯岩精选青年读物和儿童读物的经典文章组成，共 16 册，几百万字，在当时很受欢迎，现在还在重印。这套书就是针对当时一度在图书市场泛滥的坏书来编的。柯岩在序言中阐述了为什么我们要出版这套书，就是针对社会上"黄赌毒"的非法出版物，用好书来抵制坏书，消除坏书的不良影响。

　　主持人：您对自己一手创办的青岛出版社现在的发展满不满意？作为第一任的社长，您对他们有没有什么祝福和寄语？

　　刘笃义：一朵小花，一枝红蕾，终成大树。

王为珍 | 创建"泰山科技专著出版基金会"始末

访谈实录视频

访谈时间：2023 年 4 月 20 日
访谈地点：济南

　　王为珍，1939 年出生，1978 年 12 月进入山东科学技术出版社，1982 年 2 月任山东科学技术出版社科普编辑室副主任，1984 年 4 月任山东科学技术出版社副社长，1986 年 10 月任山东科学技术出版社社长、总编辑，1993 年 3 月任山东省出版总社副总编辑兼山东科学技术出版社社长。1995 年获第四届韬奋出版奖，1998 年被人事部、新闻出版署授予"全国新闻出版系统先进工作者"称号，并享受国务院特殊津贴。策划编辑的《中国农业现代化建设理论道路与模式》获第三届国家图书奖。2024 年 8 月 2 日在济南逝世，享年 85 岁。

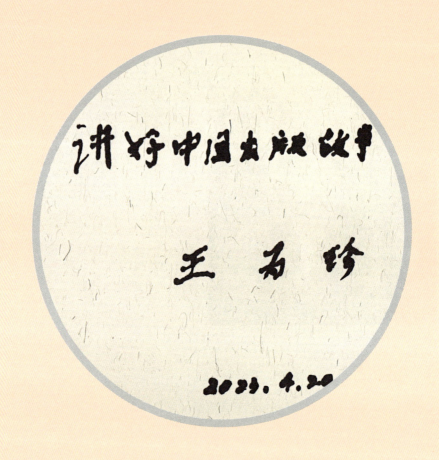

讲好中国出版故事

王为珍

2023. 4. 20

出版寄语

主持人：科技专著出版难，一直是困扰出版社的难题。"泰山科技专著出版基金会"当时在全国产生了很大的影响力，拓宽了出版社的思路。作为地方科学技术出版社的社长，您是如何找到这个解决问题的路径的？

王为珍：这还要从我 1987 年去英国考察讲起。1987 年，新闻出版署派我参加中国科技赴英考察团。到英国考察，主要任务是参加《邓小平文选》英文版首发仪式，其次是考察英国出版。

在考察期间的一个座谈会上，一位外商谈到一个出版选题问题。那时候，出版社不愿出版"化学手册"，因为化学命名的变动很快，图书还在编辑之中，化学命名又有新的变化。这位外商找到世界知名的化学家，写了一本"化学手册"，而且搞成活页式的，每当有修订的内容，就插在里头替换就行了。由于内容能及时得到更新，这本书就成为世界上化学手册的"垄断书"，每年都有读者购买，而且读者的层次相当稳定，销量也很可观。

王为珍（左）
与外商交谈

从外商的介绍中，我得到了很多启发。我想：我们能不能找中国一流的科学家来写书，出版一本能"垄断"市场，占领同类书"制高点"的图书，让大家都来买我们的书。由此想到，国内出版也面临"学术专著出版难"的问题，原因是学术专著的印数少，印刷成本高，出版社难以承受出版学术专著带来的亏损，影响了出版学术专著的积极性。

我认为，作为科技出版社，责任就是为发展科技的工作大局服务，通过科技学术专著的出版，促进科技成果的转化，促进科学技术的发展，推动国民经济的发展，为科教兴国做贡献，这是出版人义不容辞的神圣职责。科技学术专著是科技成果的载体，科技专著能不能及时出版、能不能出好，不仅仅是出版社的出版业务，而且直接影响到科技成果的转化、应用，影响到科学技术第一生产力的发展。对科技出版社来说，出版科技专著，不是要不要出的问题，而是如何想方设法出版好的问题。在思考中，我逐渐形成了通过设立"泰山科技专著出版基金会"缓解科技专著出版难的思路。我随即向有关领导进行了汇报，得到了中宣部、新闻出版署、山东省委省政府、山东省出版总社的大力支持。我开始筹集、运作"泰山科技专著出版基金会"。

主持人： 科技专著出版难是怎样形成的，请您具体说说。

王为珍： 由于科技专著专业性强，读者面窄，印数少（一般印数只有 1000 册至 2000 册），出版成本高，出版社出版得越多，亏损越大，出版社难以承受。科技专著出版难的问题，一直困扰着出版社。科技专著出版难，也对作者产生了负面影响。有的作者一生的研究成果不能出版，不但影响了作者搞科研的积极性，同时也在一定程度上阻碍了科技成果

王为珍（右二）向
领导汇报、介绍
"泰山科技专著出
版基金会"的情况

转化成为生产力，影响了科学技术的发展。多出科技专著书，出好科技专著书，促进科学技术成果的转化和发展，是科技出版社的使命，更是科技出版人的责任和担当。出版改革和发展的过程，也是破解出版难题的过程。科技专著出版难，难在出版人的思想没有解放，难在出版人的思路没有开拓。设立面向科技专著的出版基金，以此寻求社会各方面的支持，科技专著出版难的问题也就迎刃而解了。

主持人：为什么要以"泰山"为科技专著出版基金命名？设立"泰山科技专著出版基金会"的关键是筹集资金，请问当时您是如何解决这个问题的？

王为珍：在为"科技专著出版基金"命名时，我征求了时任中宣部出版局伍杰局长和新闻出版署梁衡副署长的意见。他们认为山东的泰山驰名中外，无人不知，人们看到泰山，就会联想到山东，联想到山东科学技术出版社，有助于打造山东科学技术出版社的科技专著品牌。于是我们决定起名叫"泰山科技专著出版基金会"。

出版泰山科技专著每年至少要拿出 50 万元，这些资金首先要出版社自身解决。我们本着出好学术专著的态度，抓好双效书的出版，提高经济效益，努力实现社会效益和经济效益的统一。我们在制订选题计划时广泛进行社会调查，到书店站柜台广泛征求读者意见，了解出版的发展动态以及最新的科学技术发展动态。同时，我们眼睛向外，拓展资金筹集思路，广开资金筹集渠道，争取社会多方面的资金支持。我们荣幸地得到山东省出版总社、省财政厅、省科委和相关企业的支持。时任山东省出版总社社长杜秀明说："你山东科学技术出版社筹集 50 万，我们总社出 50 万；如不够，再出 100 万。"时任山东省省长赵志浩也给予了关心和支持，他看了我呈送的关于设立"泰山科技专著出版基金会"的报告后，称赞这是一项"创举"，并表示省财政应该给予支持。省财政为此拨了 250 万元专项资金，分 5 年拨付到位。"泰山科技专著出版基金会"的设立，得到了到中宣部，新闻出版署，山东省委、省政府，以及山东省出版总社领导的关心。山东科学技术出版社的全体同志也付出了艰辛的劳动，使我感到欣慰。

主持人：设立"泰山科技专著出版基金会"是一项开创性的工作，其间，你们一定遇到不少困难和挑战，请您具体说说。

王为珍：设立科技出版基金是涉及方方面面的出版系统工程，任务非常艰巨。它的设立凝结了山东科学技术出版社同志的智慧和心血，凝聚了社会方方面面的关心和支持。设立科技专著出版基金，也是一项极具挑战性的工作。

第一是思想压力大，因为设立科技专著出版基金不能关起门来做，我们要向全国宣布，每年要拿出钱来出版科技专著。全国那么多双眼睛都在看着我们，如果我们出的学术专著质量不高，作用不大，不仅影响到山东科学技术出版社的声誉，而且也不好向关心、支持出版工作的省委、省政府交代。对山东科学技术出版社来说，确实是一个前所未有的挑战，只能做好，做出色，绝不能搞砸，所以思想上压力很大。

第二个困难，是时间紧迫，任务艰巨。从确定筹办"泰山科技专著出版基金会"，到召开新闻发布会，总共才一个月的时间。这期间的工作千头万绪，如聘请专家、选择会场等。尤其是聘请专家，如何在短时间内物色、聘请到全国一流的专家担任科技专著的评委，直接关系到科技专著出版基金的设立和运作。

出版高质量的科技专著，是设立"泰山科技专著出版基金会"成功的关键。为了确保科技专著的含金量，我们必须找到中国乃至世界一流的科学家做评委，请他们对科技专著书稿的质量做出权威评判，这样才能得到大家的认可。为此我征求了新闻出版署图书司邓慧芳处长的意见。邓处长多次组织全国优秀图书评选，与国内知名专家比较熟悉。经过反复讨论，最后我们决定聘请数学家杨乐、农学家卢良恕、理论物理学家何祚庥、中医学家蔡景峰等9名专家担任评委。但这些专家并不是想请就能请到的，专家的知名度越高，聘请的难度也越大。当时国家对这些知名科学家实行一定的保护性措施，对科学家接受社会的聘请，有着严格的规定。要找他们当评委，必须得经过有关部门批准。在新闻出版署有关领导的关心、支持下，经过多方面的努力，我们终于如愿以偿地请到了这些专家。

第三，编辑出版工作量大大增加。山东科学技术出版社编辑除了完成原有的书稿编辑任务外，还要承担繁重的"泰山科技专著出版基金会"的筹稿工作。"泰山科技专著出版基金会"设立的第一年，在向全国征集书稿的过程中，收到了376部书稿、样稿、选题提纲，来稿涵盖多个学科。为了确保书稿质量，出版社制定了质量把关、评估的编辑工作流程。首先，由出版社对收到的书稿逐本进行审读，形成出版社的审读意见后，再送给评委们进行评审。这对出版社的编辑也是一种挑战。出版社负责审稿的编辑不但要具备多学科的科学基础知识，而且还要了解相关科学技术的发展情况。出版社编辑对书稿质量的审读把关，直接影响到评委参与评审的积极性，如果出版社拿出的书稿选题不像样，质量一般甚至低下，也不好向评委交代，而且也很难留住评委。

为此，我们集中编辑力量，花了一个月时间，对376个选题提纲进行了层层筛选，最后遴选了25个选题送交评委进行评选。那段时间，我们基本上是彻夜不眠，既要看书稿的文字质量，又要看书稿能不能达到国际和国内的一流水平。所以说，"泰山科技专著出版基金会"的成立，是山东科学技术出版社同志集体智慧的结晶，是大家共同的劳动成果。

主持人：听说当时因交通不便，你们为了节省时间，在吃住行方面吃了不少苦，体现了老出版人以事业为重的艰苦奋斗精神。请您回顾一下。

王为珍：当时因条件所限，交通很不方便。从北京到济南没有高速公路，都是窄窄的水泥路，单向行程需要 8 个小时。由于时间紧、任务重，我们往往是早上去北京，晚上回济南。为了节省时间，我们决定不在途中的饭店吃饭，买了很多罐装八宝粥放在车上，饿了就以八宝粥充饥。

在北京联系、落实专家评委期间，为了便于与新闻出版署图书司的同志联系、商讨，提高工作效率，我们住在铁道出版社的简易招待所，因为这里离新闻出版署比较近。说来可能有人不相信，这个简易招待所居然是铁皮做成的，当时正是炎热的夏季，外面高达 38℃，房间里甚至超过 39℃。房间里只有一张桌子、一些茶具和一个暖水瓶，连窗户的窗帘都没有。晚上睡觉的时候，我只得把脱下来的外衣挂在窗户上，作为"窗帘"。招待所虽然比较简陋，但我们却感到很温暖，我们得到了铁道出版社社长屠荣举无微不至的关心。我们在外面办事，经常是早出晚归，每当我们回去晚了，屠社长就在招待所食堂等我们。看着我们吃上了饭，他才放心离开。在北京期间，我们整天东奔西走，总感到时间不够用，吃饭也只能"因陋就简"，经常在小面馆里吃几块钱的清汤面。当时并不是科技社没有钱，而是没有花钱的时间。为了争分夺秒，我们硬是把到饭店吃饭的时间也节省了。我作为一社之长，既是"指挥员"，也是"战斗员"，与员工同甘共苦。在基金筹备期间，我二哥因患尿毒症住院，但我却没时间去探望。我马不停蹄，几乎把北京的主要街道都"踏平"了，但却没来得及给二哥买些食品。举行"泰山科技专著出版基金会"新闻发布会这一天，我二哥不幸去世。而我当时却因重任在肩，难以脱身，没能见上最后一面，"欠"下了我此生无法偿还的亲情"债"。但我们的付出应该说非常值得，我们为此赢得了不少宝贵的时间，使"泰山科技专著出版基金会"新闻发布会顺利推进，如期举行。

主持人：设立"泰山科技专著出版基金会"，当时在社会上产生了怎样的反响？请您具体介绍。

王为珍：科技专著的出版，关系到科技研究成果的转化和应用，影响到科技生产力的发展，历来受到党和国家的高度重视。1988年6月14日，山东科学技术出版社在北京举行新闻发布会，宣告我国第一家学术专著出版基金会——"泰山科技专著出版基金会"正式成立。会后第二天，中央电视台及各大报纸纷纷进行了报道。与会者对"泰山科技专著出版基金会"给予高度评价，称赞山东科学技术出版社的创举开了风气之先，可载入中国出版发展史册。时任中宣部副部长龚心瀚在"泰山科技专著出版基金会"设立10周年座谈会上说，"泰山科技专著出版基金会"的设立，是出版工作者积极贯彻"科教兴国"的战略，以"振兴科技、发展科技"为己任，想国家所想，急科技工作者所急，为国家建设多做贡献的最好体现。在他们的倡导带动下，全国出版界、科技界10年

《光明日报》报道"泰山科技专著出版基金会"新闻发布会

间又先后设立了近 30 项科技出版基金，筹集了一大笔款项，有效地缓解了科技专著出版难的问题，促进了科学理论研究和科技成果转化，有力地推动了我国科学技术事业乃至经济建设的发展。这一义举，功德无量，必将在中国出版史和科技发展史上留下重要的记载。

"泰山科技专著出版基金会"公布以后，在全国产生了很大的反响。像雪片一样的信不断飞往山东科学技术出版社，当时每天收到 100 多封信。有的作者甚至眼含着热泪，为此赋诗。他们说，基金的创立唤起了他们搞科研的积极性。1988 年全年共收到 2100 封信，涉及 26 个省、自治区、直辖市，来信者最大的 84 岁，最小的 26 岁。有的作者说，自己搞了很多年的科研成果，跑了很多出版社，都没有得到出版，甚至想把这些书稿烧掉了。但是在这时候，山东科学技术出版社拿出钱来出版学术专著，称赞山东科学技术出版社担负起了积累、传播科学技术成果的职责。

四川有个作者搞了一辈子井盐工具研究，写了一部书稿。由于这样的书只有搞井盐的人才会看，读者面非常窄，在出版社受到冷遇。看到山东科学技术出版社设立"泰山科技专著出版基金会"的消息后，作者怕邮寄会弄丢书稿，在妻子的陪同下，抱病坐飞机把书稿送到了山东科学技术出版社。当时我把他安排到山东科学技术出版社的招待所住宿，第二天早晨，我去看望他的时候，看到作者用卫生纸堵住流血的鼻子，趴在床上修改书稿；妻子把板凳放倒坐在上面，念书稿给她的丈夫听。这样的修改场景，令人动容。目睹此情此景，我既感动，又有些难过。我想，为什么这样的成果我们不能出版呢？这应是我们出版工作者的责任，这不是钱的问题，是出版社是否承担起应有责任和担当的问题。这本书出版以后，获得了"中国图书奖"。作者如愿以偿，毕生的研究心血终于没有白费。

主持人：山东科学技术出版社在设立、运作"泰山科技专著出版基金会"的过程中，既解决了科技专著出版难的问题，同时也团结、吸引了一批优秀作者，扩大了出版社的作者队伍。请您谈谈这方面的情况。

王为珍："泰山科技专著出版基金会"作者是全国乃至世界一流科学家，如李政道、吴阶平、卢良恕、何祚麻、宋健等知名科学家都在我社出过书。如吴阶平主编的《泌尿外科》、卢良恕主编的《中国农业现代化建设理论道路与模式》等，这些图书都得到了国家图书奖，使山东科学技术出版社的图书质量有了显著的提升，扩大了山东科学技术出版社的影响。

据 1998 年的统计，"泰山科技专著出版基金会"设立 10 年，资助出版的图书八成以上获得国家图书奖、国家科技进步奖、中国图书奖等各种奖项，在提高民族素质，促进科教兴国中发挥了积极作用。10 年中，有 2000 余名作者向山东科学技术出版社寄函投稿，提供选题提纲、书稿 1000 多部，经评审委员会评审，130 个选题列选。我在任期间出版了 100 部科技专著，其中有 71 种图书获得国家各种奖励 135 项。自"泰山科技专著出版基金会"设立以来，山东科学技术出版社每一年都获得国家级图书奖，其中连续 10 年获得中国图书奖。1999 年，山东科学技术出版社有 4 种图书获得国家图书奖，其中两个正式奖、两个提名奖，获奖数量在全国出版社名列第一。

2019 年，中国出版协会科技出版工作委员会和中国科技馆组织了有全国知名科学家、著名出版家参加的座谈会，评选新中国成立 70 年以来，科技出版界的十件大事。经投票选举，山东科学技术出版社设立"泰山科技专著出版基金会"被选为十大事件之一。

主持人："泰山科技专著出版基金会"的设立，为解决学术著作出版难的问题，提供了新思路，对缓解学术著作出版难，也起到了一定的导向性作用。请您做些介绍。

王为珍："泰山科技专著出版基金会"设立以后，在出版界产生了较大反响，全国有 25 个出版社设立了学术著作出版基金。除了科技出版社，不少教育出版社等也设立了学术著作出版基金。据不完全统计，当时，这些出版社筹集的学术著作出版基金的金额超过了 4000 万元，使学术著作出版难的情况，得到了一定的缓解。

主持人：在图书质量管理中，书稿质量是基础，编辑加工质量是关键。"泰山科技专著出版基金会"设立后，在作者的书稿增加的同时，作者的层次和书稿的质量都有新的提高，山东科学技术出版社编辑的工作量增加了，对编辑工作的要求也更高了。针对这种情况，请问您在加强编辑力量、提高编辑队伍素质，以及确保图书的质量和效益方面，采取了哪些措施？

王为珍："泰山科技专著出版基金会"设立后，我们以此为契机，建章立制，制定了"泰山科技专著出版基金会"的投稿流程和编辑加工流程，要求编辑严格执行三审制，工厂在书稿付印前如发现有错别字应给予奖励。同时鼓励编辑努力学习科学技术知识，积极参加相关学术研讨会，与专家、学者交朋友，了解、掌握本专业现代科技发展水平。出版社也定期召开选题论证会，通报当前的图书细分市场情况和科技发展出版动向。我们还要求编辑在向作者特别是知名作者组稿时，要提前做好"功课"，提出自己的选题构想和策划思路。交谈选题时，首先提出自己的选题设想，在与作者的编创互动中，更好地发挥编辑的主导、引领作用，掌握组稿的主动权。出版社还建立了出版好书的奖励机制，在职称评聘等方面向出好书的编辑倾斜，调动了员工的积极性和创造性，促进了人才队伍的成长。我离开科技出版社时，全社员工不足 100 名，其中获各类高级职称的有 40 名。

为了确保泰山科技学术专著的质量和效益，我们严把选题关，每次选题论证会都邀请新华书店和省科委、科协的领导、专家到会，从市场的角度，对选题进行多方面的论证，对图书选题进行盈亏预测，做到盈亏早知道，赔挣有理；同时还聘请上海科技书店、哈尔滨新华书店经理做山东科学技术出版社的顾问，及时提供选题信息，帮助宣传、推广山东科学技术出版社的图书。我们以山东科学技术出版社的名义召开图书订货会，邀请有关新华书店参加，使社店之间增进了解，解决"隔山买牛"的问题，增加了图书发行量。我经常到基层书店站柜台，实地了解读者需要。一次，我看到我社和其他出版社的同类书陈列在一起，读者却不买我们社的书，我便问为什么。读者说其他出版社的书内容开门见山，看得懂，用得上。我抓住这个事例，在科技出版社的编辑大会上提出，科普读物一定要把读者本位和市场导向结合起来，一切为读者着想，以读者的选择和认可，作为对编辑业绩的衡量标准。

谢明清 | 见证我国音像电子出版业发展历程

访谈实录视频

访谈时间：2023 年 8 月 17 日
访谈地点：北京

　　谢明清，1939 年出生，1964 年毕业于四川大学中文系。历任中国作协《文艺报》编辑，人民文学出版社编审、副总编辑、副社长，《文学故事报》主编，新闻出版署音像与电子出版管理司司长，中国音像协会常务副会长兼秘书长，中国出版工作者协会副主席兼秘书长、常务副主席。1984 年加入中国作家协会。主持编辑了《短篇小说选》《中篇小说选》，参与编辑《钟鼓楼》《活动变人形》《骑兵之歌》《格桑梅朵》等 14 部长篇小说。编辑的图书分获茅盾文学奖、人民文学奖、全国少数民族文学创作奖等。

生命生人丁兴
旺 未来可期！

谢旭涛

2023.8.17

主持人：我国的音像出版业经过了哪几个发展阶段？在各阶段，在抓管理促繁荣方面，管理部门有些什么思路和举措？请您做具体介绍。

谢明清：我国音像出版业的发展历程可分三个阶段。第一阶段，即1949年至1979年，此为开创期。1949年5月上海解放后，接管了大中华唱片厂，建立了中国唱片社，出版了《解放区的天》《没有共产党就没有新中国》《咱们工人有力量》等唱片。新中国成立后，中国唱片社先后在北京、上海、广州建立分社，并在北京组建了我国第一家音像出版社——中国唱片总公司。第二阶段，即1979年至1990年，此为发展期。1979年1月，广东太平洋影音公司成立，成为我国第二家音像出版单位。随后，在改革开放的大背景下，广电、文化等系统又相继成立多家音像公司，但因发展过快，管理相对滞后，急需进行治理。第三阶段，即1991年2月以后，当时中办、国办下发《关于压缩整顿音像单位的通知》（以下简称《通知》）。经过治理整顿，我国音像出版业逐步进入健康有序发展期。

20世纪80年代，音像出版业发展迅猛，也带来了一些发展中的问题。为此，中央于1988年12月下发"三定方案"，明确新闻出版署归口管理音像出版工作。因相关部门有不同意见，后经协调，又形成新闻、广电、文化三家分管的格局。但管理体制改革不顺，政出多门，令不行，禁不止，"音像出版领域存在的问题也非常突出，不容忽视"。

就在这时节，我被调到新闻出版署音像司工作，负责筹备召开全国压缩整顿音像单位工作会议，落实两办《通知》要求。《通知》强调："此次压缩工作，对那些指导思想不端正，犯有严重错误和违反管理规定情节突出的音像出版单位，要予以撤销。对不具备条件的单位，特别是不具备条件的文艺类音像出版社，要责令其停办。同时，要从宏观管理考虑，对现有音像出版单位的结构和布局作较大调整。"

为了完成中央交办的任务，新闻出版署高度重视，署长亲自抓，积极筹备。1991 年 4 月 20 日至 4 月 23 日，中宣部和新闻出版署在京召开全国压缩整顿音像单位工作会议。宋木文署长主持会议。时任中宣部领导在会上做了讲话。会议结束时，宋木文同志做了题为《压缩整顿和繁荣音像》的总结报告。压缩整顿工作会之后，按照《通知》要求，各地对所管辖地区的音像单位进行了思想、组织和秩序整顿，治理工作取得初步成果，达到预期目的。当时，撤销、停办、合并音像出版社 25 家，取消了 16 家图书出版社的音像部；经重新登记和新建立的音像出版社 201 家，图书出版社音像部 89 家，全国总计音像出版单位 290 家。

主持人：治理整顿工作的目的，是多出优秀出版作品，繁荣音像市场，满足人民群众日益增长的精神文化需求。请您介绍这方面的成果。

谢明清："卡拉 OK" 方面相关工作是一个很好的例子。"卡拉 OK" 这种娱乐设备当时深受广大群众特别是青年人的欢迎，在我国发展很快。但是，由于我们的音像出版工作没有跟上，"卡拉 OK" 歌曲出现了很多问题。为了改变上述状况，1991 年，中宣部联合新闻出版署等有关部门，精心策划，通力合作，组织编辑了一套《中华大家唱（卡拉 OK）曲库》（以下简称《曲库》），这是我国音像出版史上一项重大出版工程。这套《曲库》，以我国的优秀传统歌曲、艺术歌曲为主，以录像带为主，同时出版录音带、激光视盘、歌曲曲谱，总计 1000 首，上半年和

下半年各出版歌曲 500 首。1991 年 5 月 15 日，中宣部、新闻出版署、广电部、文化部、国家教委、全国总工会、共青团中央、中国音乐家协会联合发出关于做好《曲库》宣传、发行工作和组织好演唱《曲库》歌曲活动的通知。《曲库》受到社会各界的热烈欢迎，一时间，在全国各地形成了"中华大家唱，大家唱中华"的热潮。

　　1992 年 9 月 4 日，中宣部、新闻出版署联合在北京召开《中华大家唱（卡拉 OK）曲库》出版发行工作总结表彰会。中宣部领导到会为获奖单位和个人颁发荣誉证书，并在讲话中肯定，《曲库》的出版发行，是文化艺术出版中的创造，是世界之最。

《中华大家唱（卡拉 OK）曲库》

　　主持人：1995 年 10 月，国务院颁布了《音像制品管理条例》，标志着我国音像出版业进入规范化、法制化管理。请问当时你们做了哪些工作？

谢明清： 在《音像制品管理条例》的贯彻实施中，我们在"抓繁荣"方面，主要做了以下工作。

一是抓规划。1995 年 12 月，新闻出版署召开了全国音像出版工作会议。这是新闻出版署归口管理音像工作以来，召开的第一次全国音像出版工作会议。这次会议的主题是贯彻落实新闻出版署《关于制定"九五"重点音像制品出版规划的通知》和《关于禁止"买卖版号"的通知》精神，一手抓繁荣，一手抓管理，促进我国音像出版事业健康有序发展。

"九五"音像出版规划是我国音像出版事业的第一个五年规划，其意义非同一般。大家都很重视，制定工作按时完成，206 家音像出版单位的 579 项选题被列入规划，内容包括社科、教育、科技、文化等类别。

二是抓精品。为贯彻中央"以优秀的作品鼓舞人"的要求，新闻出版署于 1997 年 7 月召开了"多出优秀音像制品座谈会"。会议要求多出优秀作品的要务，是认真抓好落实"九五"出版规划中的作品，特别是规划中的重点项目，并以庆祝新中国成立 50 周年为契机，精心组织出版一批重大献礼工程，开创多出优秀作品、繁荣音像市场的新局面。

《新中国舞台影视艺术精品选》系列光盘作为一项重点工程，是中宣部、文化部、新闻出版署、广电总局、中国文联、中国作协六部门，在新中国成立 50 周年之际，组织编选出版的一套系列光盘，共计包括电影、电视剧、戏剧、音乐、曲艺等 500 部作品、1153 张光盘，由 35 家音像出版社联合出版，多家光盘厂也做出各自的努力。

1999 年 8 月 26 日，《新中国舞台影视艺术精品选》系列光盘出版座谈会在人民大会堂举行。中宣部有关领导出席座谈会，并对《新中国舞台影视艺术精品选》系列光盘的出版发行给予肯定，认为这一系列光盘，对进一步繁荣社会主义文艺，满足人民群众日益增长的文化需求，推动社会主义精神文明建设，具有重要的意义。会上向英模集体和个人代表赠送了这套光盘。

三是抓评优。1999年6月，新闻出版署分别颁发了评选首届国家音像制品奖的通知和评选首届国家电子出版物奖的通知。经评定的获奖作品，如音像方面的《新中国舞台影视艺术精品选》系列光盘、《新中国大阅兵》、《二十世纪中华歌坛名人百集》（珍藏版）等54种作品，电子出版物方面的《辉煌五十年》、《中国学术期刊》（光盘版）、《当代中国丛书》（电子版）等34种作品，都集中反映了20世纪90年代我国音像电子出版物的整体水平。

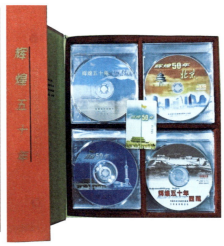

《辉煌五十年》

四是抓交流。新闻出版署与有关部门先后多次举办"北京国际音乐音像博览会"和"北京电子出版物展览会",展示我国音像电子出版业的成果。同时,支持和指导行业协会组织业界"走出去,请进来",与海外同行进行交流与合作,推荐优秀作品参加国际交流活动,这一工作取得了可喜成果,产生了积极影响。

主持人: 我国电子出版业经历了哪些发展阶段?新闻出版署《电子出版物管理规定》的颁布,对促进电子出版业的繁荣发展起了哪些作用?请您具体介绍。

谢明清: 说起电子出版物,想起 1995 年 11 月 13 日《人民日报》曾发表过整版文章,其通栏标题是《新型的传播媒体,现代化的文化景观》。其"编者按"是这样描述电子出版物的:它正在向我们走来。它的面孔新鲜而又显出深奥,脚步轻盈迅捷地走进我们的生活……挤进成人的工作间,挤进青少年的学习、娱乐空间,高技术给予它神奇,专家给予它博学,出版家搭载了希望,商人们编入了心计,不法之徒也加进自己的浅薄和丑陋。不管怎么样,在世纪之交它成了中国人的一个伴侣。如何认识它、接纳它、利用它,是社会不容回避的问题。

正是在这一背景下,新闻出版署根据国务院批准的"三定方案",及时将电子出版物纳入规范管理,并将音像出版物管理司更名为音像与电子出版物管理司,各省、市新闻出版行政部门也设立了相应的管理机构。

为了加强对电子出版业的管理,新闻出版署从 1994 年 12 月至 1997 年 12 月,先后颁发了《关于加强电子出版物管理的通知》、《电子出版物管理暂行规定》和《电子出版物管理规定》三个文件。经过三年多的践行，电子出版物的基本概念逐步得到了补充完善：以数字代码方式将图文声像等信息编辑加工后存储在磁、光、电介质上，通过计算机或者具有类似功能的设备读取使用，用以表达思想、普及知识、积累文化，并可复制发行的大众传播媒体。媒体形态包括磁盘（FD）、只读光盘（CD-ROM）、交互式光盘（CD-I）、照片光盘（Photo-CD）、高密度只读光盘（DVD-ROM）、集成电路卡（IC-Card）和新闻出版署认定的其他媒体。

1997年12月，新闻出版署在郑州召开了全国首次电子出版工作会议，学习贯彻《电子出版物管理规定》。

这次会议的成果之一，是讨论并建议联合制作反映新中国50年成就的大型系列多媒体光盘《辉煌五十年》。后经中宣部和新闻出版署批准，该系列光盘被确定为国家重点电子出版工程。全套光盘分为综合和地方两部分，总计光盘33张，收录6万多幅图片，1200多万字，2000多段影视片段；并运用了虚拟现实等先进技术，全面展示新中国成立50年特别是改革开放以来全国各省市、各领域所取得的辉煌成就，是向中华人民共和国成立50周年献的一份厚礼。

为落实这一大型献礼工程，1998年4月和1999年7月，新闻出版署两次在南京召开专题会议，江苏新闻出版局和江苏音像出版社为这套光盘的总体设计和制作做出了较大贡献。这套系列光盘，分别由各省市党政主要负责人领衔，地方政府出资，34家电子出版社联合出版，统一包装发行，展示了我国出版业的优势和前景。

《中国学术期刊》（光盘版），是我国早期电子出版物的重要成果之一。它由清华大学主办，创刊于1995年8月，是当时世界上最大的光盘期刊，支撑系统达到国际先进水平，具有文章篇名、关键词、摘要、作者、引文等 10 多项检索入口，收录 1994 年以后各学术期刊名录 6000 种，其中全文收录 5000 种，题录摘要收录 1000 种，涵盖自然科学、工程技术、人文社科各个领域，其特点是原版显示，图文混排，公式图表一应俱全；基本与印刷物同步，与索引盘相配套，使用方便；网络版按日更新，日平均更新 3000 多篇文献，并通过 1999 年 6 月开通的中国期刊网向全世界传播。

主持人： 全国电子出版研究会成立后，在开展电子出版理论研究、扩大电子出版对外交流方面做了很多开拓性工作，特别是在我国成功举办了莫必斯多媒体光盘国际大奖赛。请您具体介绍。

谢明清： 为促进我国电子出版业的繁荣和发展，中国出版工作者协会于 1992 年 10 月在湖北成立了电子出版研究会。根据会员单位的要求和建议，电子出版研究会做了许多开拓性的工作，如：创办《中国电子出版》杂志，构建理论研究和业务交流平台；举办北京国际电子出版物展览会，展示国内外电子出版业的发展态势；召开海峡两岸电子出版业研讨会，交流华文电子出版业发展中的新问题；"走出去"观摩学习，参加莫必斯多媒体光盘国际大奖赛；等等。

莫必斯多媒体光盘国际大奖赛（以下简称"'莫必斯'大奖赛"）是 1992 年由法国巴黎第八大学几位资深教授，以著名德国数学家"莫必斯"的名义发起成立的，在法国巴黎连续举办了八届。2001 年 11 月，第九届"莫必斯"大奖赛移至我国北京举行，对"弘扬中华文化，共创数字辉煌"产生了积极作用。我国举办的这届国际赛事活动中，海外来宾和参赛作品之多，反映之热烈，令人振奋。时任中国版协副主席刘杲同志出任中国组委会主任。他在开幕式上致辞时说："'莫必斯'大奖赛前八届在美丽的巴黎举行，只有跨进新世纪这一届才离开故乡，不远万里来到北京。毫无疑问这是大奖赛国际组委会的一个正确选择。中国组委会有信心、有能力做好各项服务工作。"

本届参赛作品总计 45 部，我国（含港、台）8 部，其余是法国、加拿大、巴西、意大利、德国、希腊、西班牙、芬兰和美国的作品。经逐一演示和国际评委评定，共有 17 部作品获奖。其中，我国获奖 4 部，分别为北京印刷学院的《中国皮影戏》、清华大学出版社的《国粹——京剧》、台湾智冠电子公司的《金庸群侠传》(网络版）和河南电子音像出版社的《龙门石窟》。

2001 年之后，中国版协先后组团参加在法国、希腊、加拿大、罗马尼亚等地举办的"莫必斯"大奖赛，先后有 4 部作品获得奖项。

回顾参加"莫必斯"大奖赛的历程，从 1996 年至 2007 年，我们总计选送参赛作品 80 多部，获奖作品 14 部。

"不虚此行，颇有收获。"这是 2005 年，中国版协名誉主席宋木文作为代表团顾问，出席在希腊举行的该项赛事活动后说过的一句话，也是对我们回顾参加"莫必斯"大奖赛收获的最好概括和总结！

吴智仁 | 上海科技出版改革往事萦怀

访谈实录视频

访谈时间：2023 年 4 月 12 日
访谈地点：上海

　　吴智仁，1941 年出生，1962 年 7 月大学毕业后，分配到上海科学技术出版社，在理科编辑室当物理编辑。1972 年从干校回来后进了上海教育出版社（当时叫上海人民出版社教育编辑室），1977 年任编辑室副主任。1979 年 4 月回到上海科学技术出版社，先后任《自然杂志》编辑部和理科编辑室副主任。1985 年调到新成立的上海科学技术教育出版社，先后任副总编、总编，1992 年任社长兼总编，1997 年回上海科学技术出版社任社长、党委书记。社会兼职有上海出版工作者协会副理事长、上海出版社经营管理协会理事长、中国科普作家协会副理事长等。曾获首届全国百佳出版工作者、全国新闻出版系统先进工作者、第七届韬奋出版奖、上海出版工作者金奖等。

用我们编辑的笔把我们
中华民族的优秀文化传承下去。
这是我们的责任，也是我们的荣幸。

牟智仁
2023.4.12

主持人：您的编辑出版生涯长达 42 年，而且听说您是阴差阳错进入出版行业的，能给我们讲一讲吗？

吴智仁：我进出版社当编辑有个趣事。作为师范大学毕业生，我的同学大都在上海的中学任教。我毕业前夕，负责毕业分配的班主任老师到同学中了解，谁喜欢写写东西，文笔较好。其实班上文字修养比我好的大有人在，但当时有同学以为要为毕业文艺会演写剧本，时逢毕业考试关头就推荐了我。后来我才知道，其实这是老师在按照出版社对编辑的基本要求选人，我的编辑职业生涯就这样阴差阳错地开始了。但这种非本人的主动选择倒符合我的兴趣：我从小就喜欢看文艺作品。记得初中二年级时曾与一个住上海淮海坊的同学冒昧去他邻居巴金老先生家，请教阅读和写作的问题。巴金先生亲切地鼓励了我们。初中阶段我是立志长大后搞文学的，谁知我高中却进了上海一所著名的重理轻文的中学，当时恰逢 1956 年党中央号召"向科学进军"，在这种环境中我读了任鸿隽先生的《爱因斯坦与相对论》，非常崇拜物理大师的卓越贡献，于是选择了物理为终身专业。巧合的是，这本书正是我将要去的上海科学技术出版社物理编辑组编辑的。

刚进上海科学技术出版社时，正好有一本由电子工业部编的《无线电工业技术词典》，几千条词目要按部首编排。我是刚进社的见习编辑，可以趁此机会先熟悉起来。其间，经常去辞书出版社学习如何为大型词典编目。大约花了 4 个多月时间，完成了这份"剪刀加糨糊"的工作。我那时的编辑老师汪沛霖是圣约翰大学毕业的，颇有绅士气派，他让我独立编辑加工了《偏振光及其应用》、俄语原版的《量子力学》和《带电粒子静电加速器》等翻译稿。值得一提的是，在老编辑的带领下，我还参与了颇有影响的"数理化自学丛书"中 4 册《物理》的编辑工作。这套丛书（17 册）是由当时上海市教育局和上海科学技术出版社理科编辑室共同策划合作的成果，由上海市教育局组织资深教师分工编写，曾在 1960 年出版发行。1977 年恢复高考时，为了及时提供这套复习资料，在丛书纸型已销毁的情况下，出版社和印刷厂紧密配合，加班加点，重印了几十万套，在当时升学辅导资料极度缺乏的情况下，给参加高考的知识青年助了一臂之力。许多后来在事业上有成就的大学生，都怀着感激的心情提及这套书，认为这套书是改变他们人生道路的阶梯。

主持人：您在任职上海科技教育出版社社长 5 年间，出版社的销售码洋从 4000 万元增长到 1.4 亿元，成为 20 世纪 90 年代初上海出版界发展迅速的"四小龙"之一。请谈谈您的管理思路。

吴智仁：我与上海科技教育出版社有着很深的渊源。在上海教育出版社期间，我就与潘友星、吴伯玫等同志创办了《中学科技》。后来经过其他同志，特别是袁是德、顾方本等同志的努力，在杂志编辑部的基础上，于 1986 年成立了上海科技教育出版社，我当时任副总编辑，1992 年年底任社长、总编辑和党支部书记。在前两位社长任职期间，上海科技教育出版社的发展速度就比较快，1988 年实现的销售码洋约 2000 万元，在我主持工作前上升到 4000 万元，4 年翻了一番。不过，总体规模还不算大。经过全社职工努力，到 1995 年年底我们用 3 年时间又翻了一番，达到 8000 万元；又过了一年，1996 年升到了 1.2 亿元；1997 年我离开该出版社时高达 1.4 亿元，也即我任社长 5 年中净增长了 250%，在上海出版局下属近 20 个出版社中经济体量也进入大社行列了。

上任后我主要考虑了几个定位问题，即实力定位、业务定位和目标定位。

从实力看，在当时的教育类出版社中，我社是个小社，成立时间短，产品品种少，经济基础也比较薄弱，而且出版社编辑出版专业人才缺乏，选题开发能力相对较弱。在我当社长时十分重视专业队伍建设，除了培养青年编辑外，也设法从其他兄弟出版社引进了不少有多年编辑经验、选题视野开阔的人才，特别是我们班子花大力气从北京聘请了几位学术水平高、文笔好、有丰富科普作品创作经验的专家来充实编辑队伍。例如，我的作者队伍中有一位天文学家卞毓麟，文字修养高，他的作品我当责任编辑时几乎不必修改。在征得他同意后，我与出版社的总编辑翁经义专程去北京天文台，请李启斌台长支持出版工作，忍痛割爱。卞老师来我们出版社后，我们的选题质量上了一个台阶。又如，著名理论物理学家何祚庥院士的博士生潘涛，知识面广，文字水平高，学生时代就为上海科学技术出版社的"科学大师佳作系列"翻译了其中一种图书。他本人也有不少著译作品，是不可多得的编辑人才。当时我还在上海科技教育出版社任职，要与上海科学技术出版社的同志争抢小潘。好笑的是，潘涛后来进了上海科技教育出版社，而过程中我却被组织安排到了上海科学技术出版社。事后有好朋友开玩笑说我是"搬起石头砸自己的脚"，但我并不后悔。因为，潘涛与卞毓麟两位人才带领几位编辑在社领导支持下编辑开发了好几套分量很重的选题，其中，"哲人石丛书"在国内出版界具有重要地位。另外，我还邀请我大学时的老师、刚退休不久的上海师范大学校长、无线电电子学专家朱鸿鹗教授来帮助审读我社的《电脑技术》《实用无线电》等期刊。与此同时，出版社通过组织培训、请专家讲课等，努力提高原有编辑人员的素质，挖掘人的创造潜能。

值得一提的是，出版社的人才是多方面的，不仅仅是编辑人才。我社发行部门负责人原来在新华书店发行所工作，在全国书店系统有广泛的人脉。我们鼓励他的团队保持和发展与许多省市教育、出版、印刷、发行单位建立的良好合作关系，使我社的图书发行量剧增。这就为我社拓宽出书范围和寻找新的增长点提供了经济基础。

至于业务定位，我认为在出版社业务的比拼中，主要是看图书选题质量的优劣。虽然我对出版学术著作有某种略带"病态"的追求，但以中学师生为主要读者对象的科技教育出版社，既不能办成另一个科技出版社，也不能办成另一个教育出版社，而应该有自己的专业特色。面对全国有几十家教育类出版社，上海也已经有声名显赫的上海教育出版社的现状，我还是要按前两位社长定下的方向，把主要精力放在出版那些有利提高学生动手能力的图书上，如学生科技制作、科技活动、劳动技术和学生职业技术教育类图书。至于传统的学生读物和教学用书当然没必要完全回避，但要有自己的特点。在我社总编辑翁经义主持下，我们创新思路，组织上海有经验的中学教师编了一套中学数理化的"星级题库"，取得了显著的经济效益，而且对市场起了一定的引领作用。此后几年全国图书市场冠名"星级"的教辅图书大量投入市场，品种猛增。我们还成立了科技图书编辑室，出版一些优秀的科技图书，包括双效俱佳的实用医学书、高质量的冲奖书，也出版了少量"赔钱"的高档学术图书，以满足图书市场的需要。

例如，我们策划出版了由郝柏林院士主编的"非线性科学丛书"，以及"国民科技教育丛书""现代科学技术博览丛书"等等，支持出版了实用医学手册系列及《运动医学》《中国保护动物》《中国保护植物》等冲奖图书。在我之后的几位继任社长主持下，出版社的发展更是迅速，开发了许多在全国有知名度的优秀选题，诸如"哲人石丛书"（153 册）、《竺可桢全集》（共 24 卷）、《技术史》（牛津版）、"改变世界的科学"丛书等，而目前该社已成为出版界的科普图书出版重镇。

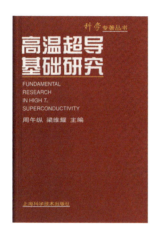 

《高温超导基础研究》荣获第十二届中国图书奖

《肿瘤的诱导分化和凋亡疗法》荣获第四届国家图书奖

主持人：您在上海科技教育出版社社长任上顺风顺水，年满56岁时，又要"开辟"新的战场，到上海科学技术出版社任社长，您当时是怎样考虑的？

吴智仁：我走进社会的第一站，就是上海科学技术出版社，我喜欢的许多启蒙读物也是上海科学技术出版社出版的。该社还出版了许多高质量的图书，如爱因斯坦与英费尔德的《物理学的进化》、杨振宁的《基本粒子发现简史》，以及畅销几十年的《费曼物理学讲义》《古今数学思想》等。虽然因出版社的经济效益不同，我个人的收入会有所变化，但我能有机会接掌该社，既是我的荣幸，也是一种挑战。而且出版局将我调回上海科学技术出版社，大概也考虑我是该社的老人。

1997年我任社长时，了解到前一年上海科学技术出版社的新书出版品种不到300种，人均不到1种。社内人心浮动，求变思变。我到上海科学技术出版社后，主要做了三方面的工作：一是秉持公道，合理解决住房和奖金分配等职工意见较大的问题（其实，平心而论我并不认为问题很大）；二是加强领导班子的作风建设，充分调动全社职工的积极性；三是调整图书结构，恢复生产规模，实施精品战略，扩大对外合作，开拓重大优秀选题。毕竟这是一个有深厚文化历史底蕴的大社，发展后劲较大，经过两年半的努力，初版图书的数量就上去了，销售、利润总额和国有资产均增加了30%左右。更可喜的是，在经济效益提高的同时，在符合政策规定的前提下，我们努力提高职工的收入水平，那几年提高得还比较快，职工的工作积极性大大提高。在出版图书的同时，我们努力发挥出版社书刊互动的优势，期刊也办得风生水起。《科学画报》《大众医学》在读者群中继续保持良好的声誉，在全国评奖中获多项大奖。

《上海服饰》也异军突起。由于采取合理而有力度的奖励措施，该刊的广告收入曾高达几千万元，与出版社的利润处在相同量级上。当时我敢于让创造出高业绩的职工得到远远超过我个人和领导班子成员六七倍的收入。对其他部门职工出现的心理不平衡，我耐心做了思想工作，引导职工从这几年大家的收入水平比前几年有较大幅度的提高中，认识到期刊

《大众医学》杂志荣获首届中国期刊奖

《上海服饰》杂志荣获首届中国期刊奖

的广告收入增加对出版社的贡献，并指出我们的做法是符合小平同志的思想：让一部分人先富起来，带动其他人共同富裕。

出版社要在市场竞争中生存、发展，必须要有一定的经济基础。当时在出版界对编辑部门进行经济考核比较普遍。但我们社有一种特殊的做法，对被认定为是优秀的或是可以评奖的或有重大文化价值的选题，可以不计入编辑部门经济核算项目，也即亏损由出版社承担。这样就减少了编辑策划好书怕赔钱的担忧，鼓励编辑策划好书。在政策激励下，我社理科编辑室的学术图书明显增加，获奖图书数量也就不断增多。据我统计，有些印数很少的高档学术图书，由于定价较高，销售收入还是大于编印发的直接成本。出版社只是付出了一点管理成本，而读者得到了所需的图书，这还是值得的。

在抓经济发展的同时，我们班子十分注重抓图书选题质量和出书结构。上海科学技术出版社是 1956 年由几家私营出版社合并而成的，两年后又吸纳了上海卫生出版社和上海科普出版社，成为一个出版门类齐全的综合性科技出版社。1997 年，为改变科普图书品种少的状况，我们成立了科普图书编辑室，并充实力量。经过几年的努力，我社的科普图书已有一定的规模，其中不乏有一定社会影响的优秀科普图书。

在 1999 年揭晓的第四届国家图书奖评选中，我社开始有图书获得正式奖。2001 年的国家图书奖全国总共约有 50 种图书，我社获奖书就有 3 种，比例还是挺高的，其中：荣誉奖 2 种，分别是 3000 多万字的《中华本草》和诺贝尔物理学奖得主李政道的《科学与艺术》；另一种图书获正式奖。这年获奖数量是我社历年最多的。

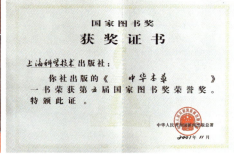

《中华本草》荣获第五届国家图书奖荣誉奖

《科学与艺术》硬壳　　　　　《科学与艺术》内封

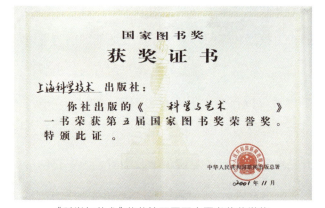

《科学与艺术》荣获第五届国家图书奖荣誉奖

主持人：改革是发展的动力，您回上海科学技术出版社后在改革上有过什么举措？

吴智仁：经过几年的努力，我们出版社的两个效益有了较大的提升，图书品种增加较快，出版社职工人数也增加较快（那几年我们吸收了几十名大学生、研究生），在编人员达到330多人。这么大一个摊子，按照原来出版社统一管理的思路，管不过来。我当时已年满60，精力不济。经过一年多的酝酿，班子讨论决定进行管理体制的改革。在出版社内部成立了三个图书出版中心和一个期刊经营管理中心，即科学出版中心（编辑出版科学、科普、科教图书）、技术出版中心（编辑出版工农业技术图书）、医学出版中心（编辑出版中西医学、医药图书），将原先与编辑室平行的出版科、美编室、发行科的人员分到这几个中心去，由原先的分管总编与原编辑室的主任组成图书出版中心的领导班子，赋予各个中心相应的责权利，各个中心实际成了独立核算的小出版社。但后勤、人事、财务部门的事务仍由出版社负责。通过变职能部为产品部的改革，将生产过程中的某些职能集中到图书出版中心，这样使图书出版中心的领导有足够的权力策划和调配，减少了原先职能部门与编辑部门协调配合可能出现的问题。说白了，就是将一个三四百人的出版社分成若干小社管理。各个分管总编权力大了，身上的担子重了，策划意识更强了，出现了八仙过海——各显神通，创意点子层出不穷的新气象。有一位中心主任为了开拓业务，一年内走访了十几个省，为中心创造了相当丰厚的经济效益，甚至惠及以后好几年。

在造大船成立出版集团蔚然成风的当时，我们科技出版社却将几百人的大社分成几个小社管理，并不是标新立异。当时的上海文艺出版社也是这样做的。出版社生产的发端是选题，选题的价值主要是创意，创意是智力的精华，它不是靠人海战术得到的。出版社的资产经营是规模大、效率高，而选题策划优劣并不与人数成正比。如果把组建出版集团看成热核反应的话，分成小社有点像核裂变。从物理上看，热核反应的氢弹还是靠裂变反应的原子弹引爆的呢！

主持人：上海科学技术出版社在出版界较早开展对外合作出版，您当社长后有什么新进展？

吴智仁：由于历史原因，20 世纪 50 年代初，上海出版业在全国一枝独秀，后来随着北京地区中央出版社的迅速发展，上海出版业虽然被北京地区中央出版社超越，但在地方出版社中仍占重要地位。一些出版社想进入我国内地图书市场，也愿意找上海的出版社合作。而我到任之前的上海科学技术出版社历届领导，任内也都有值得我学习的对外合作记录。特别值得一提的是徐福生社长任上，对外合作的规模和效益都有较大增长。我在任上海科技教育出版社社长期间，与香港同行在教育和少儿图书方面有过极少的版权合作接触，经验不多。调到上海科学技术出版社后，对外合作的机会明显增多，对我这个新手也是个学习机会。由于我社有多方面专业的编辑队伍，又有几位经验丰富的版权合作人才，还有较为规范成熟的对外合作制度，所以我上手也快。我上任不久，香港联合出版集团（"香港商务印书馆"为其旗下机构）总裁陈万雄先生就来我社商谈"故宫博物院藏文物珍品大系"合作出版事宜。因为双方的价值观相同，均有合作的诚意，在合作条款方面几乎没有任何争执，合作非常顺利，60 卷的皇皇巨著历时 10 多年，顺利在沪港两地出版。这套丛书的基础是香港商务印书馆同行打下的，精美的印刷装订也是香港联合出版集团在深圳的印刷厂完成的。而我们出版社的资深编辑周祖贻投入的整体设计、文字加工，使整套丛书更加完美。内地图书市场的规模及我社的宣传、营销、发行能力，保证了双方资金链的连续性。丛书责任编辑退休多年，该编辑室撤销后，这套书还在为出版社创造丰厚的利润，其中有些图书品种目前在二手市场上的交易价格还高于初版时的定价。

如果说这套"故宫博物院藏文物珍品大系"的合作出版我是积极支持和参与的话，那么，与香港万里机构合作的"鉴赏与品味系列"（16 种）虽然作为社负责人我是支持引进的，但成绩应记在分管总编辑和编辑名下。因为在 20 多年前从个人专业认知、兴趣爱好和市场认同方面我当时多少有点担心：单册 6 个印张的书定价 56 元、整套书要 900 多元，卖得动吗？不会亏本吗？然而，这套丛书在分管总编辑和编辑的精心运

"故宫博物院藏文物珍品大系"

作下，取得了良好的效益，特别是《咖啡鉴赏手册》《威士忌鉴赏手册》《红葡萄酒鉴赏手册》《香料鉴赏手册》等深受读者欢迎，甚至目前在旧书市场上交易价格也高于初版书价。

由于上海科学技术出版社品牌的影响，不少国外知名出版商纷纷与我社商谈合作，如1998年德国著名的斯普林格出版社就主动找我社合作。在经上级部门同意下，我社曾与其组建医学图书联合编辑部，对国内的医学图书市场进行了系统的调查。虽然后来因种种原因未能继续下去，但前期工作积累的资料及参与合作的编辑人员积累的经验，在以后的编辑工作中还是起到了较好的作用。

主持人：在您整个编辑生涯中，最值得您回味和自豪的是哪一段经历？

吴智仁：在我数十年的从业经历中，最值得我回味的，是创办、编辑杂志的经历。我特别珍惜1979年到1982年在《自然杂志》编辑部的难忘岁月。在《自然杂志》编辑部工作期间，我主要负责天体物理和天文学方面文章的编辑工作。我大学时并未学过天文，但对此很有兴趣。为了胜任期刊编辑工作，我抓紧时间恶补这方面的知识。我在阅读天文专业期刊（包括综合性杂志《科学美国人》《新科学家》《科学新闻》《世界科学》）中的天文相关文章的同时，大量参加各种天文界学术研讨会、报告会，甚至参加专家们集中两周的科研专题讨论班。虽然我不是很懂，但能提高我的天文素养和对天文选题的鉴别能力。那几年我学到的东西真胜过多年编一本书的收获。个人的得失还是次要的，主要是我自认为，我是胜任这个岗位的。好些作者曾问我："你是南京大学天文系的吗？""你是复旦毕业的吗？"当我回答我是师范大学的，他们大多表示震惊和认可。以一个专业外行（或半外行）的身份获得专业人士的认同，我还是很欣慰的。

我很自豪的是，有一期英国《自然杂志》(Nature)上发表了一组空间飞行器"旅行者2号"经过木星时的一系列发现，其中包括人类首次获得的木卫一火山爆发的照片。我立即请上海天文台的专家将几十页的英文编译成近万字的科普文章，加急发到最新一期《自然杂志》上。当天文界的作者朋友从原版杂志上刚看到时，我们的《自然杂志》就已经用中文介绍了。在互联网发达的今天这算不了什么，但在20世纪70年代末，一般读者只能看到海运来的海外杂志，一般要迟两个多月，而我们的杂志编辑部与很多世界著名杂志同行有样刊交换合作，能得到仅迟几天的空运杂志。

我英文水平不高，但对英文科技期刊中天文学和空间科学的文章还是很感兴趣，所以看到精彩的文章时也时常尝试翻译成中文介绍给国内的读者。我曾将《新科学家》杂志(New Scientist)一篇文章编译成《宇宙六问》发表在《科学画报》上，后来此文居然被审定选入人民教育出版社出版的中学生高三语文选修教材第六册。

后来《自然杂志》编辑部脱离了上海科学技术出版社，由其他部门主办。我们几个人当时都有些失落。在潘友星同志的倡议下，我们几个原《自然杂志》的编辑，开始了为复刊1915年创办的《科学》杂志艰难而愉快的历程。1984年8位著名科学家联名给国家科委主任方毅同志上书，建议这份在中国科学发展史上起过重要作用的《科学》杂志尽快复刊。在领导的支持下，这本曾两度停刊的杂志终于在上海科学技术出版社二度复活了，由上海科学技术出版社主办。《科学》杂志也许算不上一流杂志，但它是我国一大批科学带头人在100多年前联合成立的"中国科学社"创办的。在民族开始觉醒时刻，它是一面旗帜，也是一种象征。

我至今仍持有一个观点：要当好一个图书编辑，最好先做五年杂志编辑。一是因为杂志文章选题多、面广，要编好文章，需要阅读大量的资料，一年编辑上百篇长短不一的文章不亚于阅读上百本书；二是接触的作者多，这些作者学问高、知识面广，与他们相识得到的知识是单个学校老师无法提供的；三是学术性强的杂志给你的信息往往是最新的，许多科学发现出现在图书中是多年后的事，而报纸给读者的科学新闻虽然及时却不可能深入透彻；四是从杂志选题中容易筛选出优秀的图书选题，有利于书刊互动；五是从学术价值高的科学文章中能够发掘新的科学知识，便于我们非专业研究人员向更广大的读者普及。

主持人：您的职业生涯与编辑出版结下不解之缘，一定有许多感触和体会，能与我们交流交流吗？

吴智仁：我以上所说的多少有点炫耀或自我吹嘘的成分，在道德上我内心是有煎熬和自责的。我觉得以下的心得体会倒是我40多年经历的最大收获。

第一，关于图书的功能。我进出版社时，老社长贺崇寅为我们青年编辑上课时说，"图书出版是传科技进步之新知，开社会变革之先声，录人类文明之积淀，树文坛一代之新风，以及起正名定词作用"，讲得很精彩。现在通常说法，图书的功能有以下几点：知识教育的功能，信息传播的功能，思想宣传的功能，精神娱乐的功能，文化传承的功能。这几条都很重要。但我个人最看重的是文化传承。中华文明源远流长，图书功不可没。诺贝尔物理学奖得主李政道曾问我："唐朝谁最有钱？"我说，知道几个但说不清楚。他又问："唐朝谁最有学问？"我说那可多了。李先生说："所以你们出版社还是要出一些能流传下去的书，不要只盯在赚钱上。"李先生的想法和我不谋而合。我也一直把出版比人更长寿的图书，看得比赚钱更重要。

第二，出版改革的难点是什么？几十年来出版改革幅度不可谓不大，如绝大多数出版社的性质从原先的事业单位改制为企业，职工的收入与出版社经营好坏密切相关。相对而言，为了生存，出版社的活力增强了。问题是，出版体制的变化不大，虽然几乎所有省都将省局所属出版社联合成立了出版集团，在图书印制、发行、对外合作出版，以及进行资产运作上均有所进步，但集团的管理模式与原来的总社相比，进步不大。原先追求的管理人员规模精减，也难以实现。集团的细胞组织出版社的变化不大，个别集团甚至有以变卖下属单位优质资产来增加利润的做法。对出版社的管理有出版业务的行政管理、出版产业的经营管理和出版文化的意识形态管理等，不同的内容管理方法也不同：出版行政管理受政府的法规、法令的规范和约束，经营管理由产权人委托经营人按产业操作规则进行，意识形态管理由政治路线导向、干部路线保证。三种不同内容的管理应有不同的方法。如何深化改革似乎还有较长的路要走。

第三，当编辑时只要种好自己"一亩三分田"就可以了。不过，编辑也有自己的遗憾和痛苦，有时开发了一个自认为有价值的选题，领导说否定就否定了。其实，这只是各人所处的地位不同，所负的责任不同，看问题的角度不同，是十分正常的。我当了社领导后，还是尽量尊重编辑的意见。古人说，"己所不欲勿施于人"，只要不是重大的导向问题，允许负责任的编辑进行尝试。例如，上面我提及的那套"鉴赏与品味系列"，如果我坚持原来的想法，也许就无法出版了。这样不但利润会减少，也少了一个有市场竞争力的品种。我举这个例子无非是提醒自己，有时还是要有"自以为非"的雅量。

第四，关于"减员增效"的提法我一直有腹诽，认为这是个伪命题。诚然，一个单位冗员太多、人浮于事，效率不可能高，但把吃饭的人减少，效率就高了吗？如果每个吃饭的人创造的财富远多于吃的饭不是更好吗？当出版社领导的人要带领员工开发产品，而不是靠"节约"来发展出版社。我回到上海科学技术出版社的六七年间，除了补充退休造成的岗位缺失外，还引进了四五十名青年大学生，其中约1/4是研究生。这些年轻人现在也多是50岁左右的人，他们已是出版社的中坚力量，许多人比我们当时能干多了。

第五，精神文明建设相当重要。党中央一再强调加强精神文明建设，1995年上海出版局领导要我们科技教育出版社申报上海市精神文明单位，我才对加强精神文明建设有了切身体会。当年上海的出版社中似乎只有我们一家获此殊荣。获得精神文明荣誉后总要有点物质奖励，我们班子当时决定，在总的财务制度框架规定下，每人发2000元奖金，社内退休职工每人也发 500 元。把精神奖励和物质奖励结合起来，两个文明一起抓，成了我们的工作思路。以后遇到问题时做群众思想工作就容易了："别将我们精神文明的牌子砸了！"在社会出现灾情需要各方支援献爱心时，领导带头职工也踊跃捐款。总之，许多事好做多了，一顺百顺。

李元君 | 地方社的"接力"发展

访谈实录视频

访谈时间：2023 年 5 月 25 日
访谈地点：南宁

　　李元君，女，1943 年出生，中共党员，编审。1981 年在广西人民出版社当编辑，1985 年任广西人民出版社副总编辑，1990 年任接力出版社社长兼总编辑，2004 年兼任漓江出版社社长。先后获得全国新闻出版系统先进工作者、第二届全国百佳出版工作者、全国优秀儿童工作者、全国三八红旗手、精神文明建设"五个一工程"突出贡献奖、新中国 60 年百名优秀出版人物奖和韬奋出版奖等奖项、荣誉，曾被评为"年度中国出版十大新闻人物"和"年度出版人"。

把精品图书
奉献给社会

李之君
2023.5.25

主持人：接力出版社地处"老、少、边、山、穷"的经济欠发达区域，您作为首任社长，能突破这些条件的限制，带领出版社从地方走向全国，肯定有不少体会和感慨。请您谈一谈。

李元君：我是幸运的。1981 年进入出版界后，我亲身经历并体验了中国出版改革的艰苦历程，分享了改革成果。

入行后，1986 年我参观了在北京举办的国际儿童图书博览会，这是当年东欧国家和中国共同举办的一次小规模的儿童书展，国内参加这次博览会的出版社只有上海少年儿童出版社和中国少年儿童出版社。这两家出版社当时算得上是中国最好的少儿出版社，可展览出来的图书让我们觉得尴尬。且不说内容，就图书的设计和印制水平，与东欧国家的儿童图书实在没法比。这件事深深地触动并刺痛了我。

1990 年，我坐上接力出版社社长兼总编辑位置后，开始了出版追梦历程，希望中国的孩子们也能读到那么精美的儿童图书。当然我也知道，这是一个艰难的过程。

既然当了首任社长，为接力出版社争取创造一个好的开端，出版精美的儿童图书，我责无旁贷。接力社要能不断地有内容健康、设计精美的儿童图书面市，而且久久绵长。之前在广西人民出版社的 9 年工作经历让我明白，要实现这样一个梦，唯有一步步地改革。

我当时的想法比较单纯，没去想在这个国有单位里，这张椅子我能坐多久，也不去想坐在这张椅子上的我有多大的话语权，也不管在别人眼里我是不是明智。我把接力社当作是自己的"职务作品"，看成是一个难得的工作机会，我有责任做好这个工作。

我运气不错，在接力出版社社长的位置上一直工作了 16 年。这里要

1995年10月，全国少年儿童出版社重点少儿读物出版规划会议代表合影（前排有时任中宣部常务副部长徐惟诚、时任新闻出版署署长于友先、时任中宣部出版局局长高明光等，二排左二为李元君）

感谢历届领导对我的厚爱和宽容。历届领导他们对出版社改革的理解和支持，给我了无尽的力量，使我在接力社的圆梦之旅不至于一枕黄粱。

后来有人把我说得很传奇。但我想说，就人的本性而言，每个人都会有梦想潜藏在体内深处，也总会有无限的潜力去实现它。只要有适合的环境和条件，有机会，实现梦想的力量就会像发芽的幼小种子，具有强大的生命力和穿透力，最终长成一棵大树。

改革开放给无数的人创造了机会，成就了数不清的人，让他们做了很了不起的事。如果说接力社的改革算是在出版改革中一个小小的成功案例，我也不敢贪天功，因为是大环境成就了它，是明智的领导者扶持了它，是与我有一样愿望的同僚和优秀的接力员工造就了它。我只是很认真、很自律、很努力地做了我分内的事。

因为人类的进步，因为科学技术的发达，这个时代需要的是智慧和力量的汇聚。个人的力量在这个世界实在是太渺小了。我们要在事业上取得成功，必须把众人的、他人的，哪怕是很小的一点力量很好地用起来，让团队去成就事业。

今天各界用人总会列出这样的条件："有协作精神，有团队意识，综合素质好。"这就是人们经过无数的实践总结出来的经验。

主持人：作为新成立的接力出版社社长，您是如何在这张白纸上绘出最美蓝图，打造出版社品牌的？

李元君：还是那句话："事在人为。"当好社长是我的责任和担当，有了责任，就会想方设法去实现自己的目标。智慧在某种程度上也是来源于解决问题方法的积累。

在我的理想中，接力出版社应该是一个新型的文化单位，它应该有好的精神、好的员工、好的纪律、好的规章、好的形象、好的员工待遇、好的企业文化，最终，要有好的图书奉献给读者。而这些，都取决于要有一个好的管理模式。这种管理，应该基于从善的人文思想和真正的服务意识，应该有符合时局的、完善的各项规章制度。经济学家于光远曾说："国家富强在于经济，经济繁荣在于企业，企业兴旺在于管理，管理优劣在于文化。"小小的出版社，也是组成这个国家的一个细胞，无数个健康的细胞才能构成一个国家健康的躯体。

在广西人民出版社的 9 年中，我前 4 年的课题是怎么做好编辑。进入出版社的第 4 年，我就跨过中层被提拔为社级领导，那时真是诚惶诚恐，有点儿不知所措。不过，这也让我学习到了很多东西。我在接力社要考虑的是：如何改变出版社原有体制下的人事矛盾重重、工作效率不高、图书品质不高等问题。在当时的环境和条件下，按自己的想法管理好一个出版社，的确是一个很大的挑战。

潜意识告诉我，在中国社会处于改革开放这样一个大好的时代背景之下，不好好做事简直就是罪过。已经蹉跎了许多光阴，有了机会，我们为什么还要浪费生命的能量呢？接力出版社虽然地处边远，虽然没有文化和经济的优势资源，但可以通过创新管理体系激发内部活力，争取更多的社会资源，把社会优质资源转化为出版社的资源。

选题是出版社的生命之源，我首先抓了选题管理。一部书稿能否出版，编辑的权重相当大。而编辑的责任心和专业水平，直接影响着图书质量。一个负责任并有专业能力的好编辑，对书稿有正确的判断力，则可以确保图书的高品质。可是没有一个出版社可以做到所有的编辑对书稿都能有正确的判断力，都能做出好的图书。因此，一个出版社要使出版的图书能够经得起读者和时间的检验，那就不仅仅是编辑的事了，而是考验社长和总编辑，能不能带好一个团队。

兵熊熊一个，将熊熊一窝。编辑的素质如何，在很大程度上取决于领导的素质，取决于领导的选题思路。出版社社长和总编辑对图书市场的现状、对同行的情况、对本社的选题资源以及本社长远的发展规划有正确的分析和判断，才能从众人庞杂的思维中梳理出一条路径，才能有效地掌控选题，将出版社图书的出版带往正确的方向，使本社的图书出版既有特色又有市场，使全社的图书品质从根本上得到保障。

接力社成立以来，出版的图书荣获大大小小的奖无数，国家级的，部委级的，省区级的奖，该拿的都拿到了。这很大程度是因为抓好了选题管理。

1990 年，全国已经有 20 多家少儿出版社，其中一些少儿社成立的时间早于接力社十年、十几年。接力出版社学习和借鉴了兄弟出版社一路走来的经验和教训，才少走了弯路，实现了弯道超车。

主持人：图书是高度个性化的产品，出版社编辑的创造性劳动具有个性化特点，领导没法取代，只能通过激励措施，激发编辑的积极性和创造性。请介绍您培养、打造优秀编辑团队的经验、体会。

李元君：要带好一个团队，最关键的是抓好人员管理。好的团队是出版社兴旺的保障，是出版社的核心竞争力。对一个企业来说，领导者并不能够独自完成创造财富、创建品牌的业绩，他必须带领员工一道去实现这个理想。而好的员工只有在领导者精心创造的工作平台上尽情挥洒，才有可能充分施展他的才能和潜力。管理不只是一门学问，还是一种文化，它有自己的价值观、信仰，也有自己的语言体系。我希望接力社的管理理念不仅要接地气，还要营造人文之气、人本之气，让员工在健康的、良好的环境中快乐工作。这样的愿望我不敢说已经完全实现，但一直是向着这个目标行进的。

这些年来，这支队伍曾经在不容易规范的时期做到从业规范，在工作需要的时候一呼百应，在人际关系复杂的年月相对简单。那个时候，这些逐渐形成的接力企业文化，使其在出版改革过程中能够克服一些人为的障碍，使得管理团队制定的改革举措得以顺利实施。

在我卸任前后，一些人陆陆续续离开了接力社，有的升迁了，有的离开了广西。每每见到我，他们都会说起对接力社的留恋，说起在接力社那一段美好的日子，抒发对接力社的归属感，谈到接力社员工对企业、对单位的忠诚度，令人感慨。

主持人：接力出版社成立之初，面临着资金不足、设施陈旧、场地狭窄等困难，您是怎样应对挑战，在短短几年内使出版社显现出勃勃生机的？

李元君：广西人民出版社在 1986 年至 1990 年间，分出了 6 家专业社，为出版社改革带来了难得的机遇。当时这几家社都挤在一处，混杂着办公。社长们的管理理念也不尽相同。在这种情况下，出版社要想做出一些与众不同的改革举措，也并不容易。

接力社成立之初，领导班子成员很简单：我任社长兼总编辑，副总编辑王玲，副社长尹文富。两位副职都是很好的合作伙伴。原少儿编辑室主任老高离休了；副主任老甘早已去了漓江出版社，后又任广西美术出版社社长。时不我待，为了接力社能够快速发展，我们很快就做出决定：接力社搬出广西人民出版社大院，另租房子办公。新的办公楼是自治区环保局办公区内的一幢独立的四层楼。接力出版社于 1993 年完成了搬迁，意味着接力社已经完全脱离了母体，独立办社了。

从广西人民出版社分来的员工一共有 36 名，文化程度、工作能力参差不齐。我希望把接力社办成一个有方向、有目标、有社会责任感，团结、进取、创新、求实的文化单位。我曾在职工大会上说：一个人有多高的文化程度，有多大的能力，在当下不是最重要的。出版社有各个部门，总会有你可以做的那一份工作。最重要的是你有没有责任心。一个人如果对家庭有责任心，对社会有责任心，对自己工作的单位有责任心，你就是一个优秀的人。

在新的办公地点，易于整顿纪律，易于营造良好的工作氛围。我们用了好几年时间，一面沿用出版社的老规矩，一面摸索自己的改革之路，逐步制定和完善接力社的各种管理规章制度，工作逐渐走向正轨。

行政管理要把握工作与生活的辩证关系，这个意识已经潜藏在我内心很久了。人是需要尊重的。我们虽然无法知道人的潜力究竟能有多大，但是，通过实施以人为本的管理理念，能让员工的潜力得到很大的发挥，这已是不争的事实。

接力社从"分家"中得到的是一辆载重 2.5 吨的旧解放牌货车、一台旧三轮车、8 万元现金和 80 多万元的在途图书产品。我当时没有考虑这点家当能否养活 36 位员工，能否投入再生产。我只知道，财富是靠人去创造的，困难总是可以解决的，改革开放的大环境给了我们最好的条件。

上级领导者的开放思维，使刚刚脱离母体的接力出版社得到了大展拳脚的空间。1993 年，时任广西壮族自治区新闻出版局局长兼广西出版总社社长孙权科的一句话"你们能跑就跑，能飞就飞"，让我们得到驰骋的号令。接力社于是开始了迅跑。

孙局长是一位开明的领导，他给了出版社领导充分的信任和权力，而且提供的"服务"非常到位。我们有要求请他出面，他从不拒绝，总是想各种办法来解决我们的困难和问题。回想起来，我真是有幸，在开局之时得到开明的领导指路，接力出版社一路顺利多了。当孙局长因病不幸逝世，过早离开了我们，我内心的悲痛无以言表。

改革开放让大家看到了希望，有希望就会有诉求，出版社员工的诉求无非是两个方面：首先是事业有平台，再则是生活水平能够提高。因此，领导想做好工作，首先得为员工办实事，一步一步带领大家踏踏实实工作，去创造美好生活。

接力出版社创办之初虽然是白手起家，属于"一穷二白"，但我还是"斗胆"向大家做了一个承诺：社领导班子一定努力让接力社员工小家庭的生活达到本市的中等偏上水平，做到每位员工的收入可以承担一家三口的生活。但同时提出一个要求，不安排员工家属到社里工作，以此"杜绝"了"近亲繁殖"。

在那个特殊的年代，职工工资都比较低，社会就业困难，领导帮助解决职工家属的工作几乎成了理所应当的事。然而，这种成员结构会带来后患无穷的问题：职工素质得不到保证，人员之间容易产生矛盾，等等。由于当时接力出版社年轻人居多，这方面的问题不突出，我们的这项改革得以顺利实施。

我们从教育入手，提高员工待遇。出版社为职工各年龄段的孩子联系了南宁市最好的幼儿园、小学和中学，让孩子们能接受到家长放心的教育。对考上大学的孩子，出版社还发放奖金，以资鼓励和补助。

1993年，出版社给每位员工配备当时已算高端配置的计算机386，目的是让一个不够先进区域的员工首先在意识上跟上时代的步伐，做到技术上不落后，思想上不落伍。那个年代家庭极少有电话，我们却为每个职工家庭安装了电话，为大家联系工作等，带来了极大方便。然后是为职工建住房，解决更多的问题，等等。

出版社为职工做的这些事，很快在全国的少儿出版社传开，出乎我的意料。以至于后来我不得不在少儿社社长年会上向各位社长抱歉。我明白，这个传言对其他出版社会带来一些压力。接力社毕竟是一个新办的小社，主力员工是中青年人，很多事办起来比较简单。而有些大社、老社，要像我们这样办就太难了。欣慰的是，同行们却很宽容，还有人劝慰我说：你不要检讨了，是我们没做好。

接力社成立之初，我们便抓紧向政府申请了建办公楼和职工住房的用地。1994年，政府批给了我们9亩（6000平方米）地。那是一个狭长的地块，足够建办公楼和住宅。正在此时，时任办公室主任的李宁给了我一个信息：地处较好地段的一个无线电厂经营不好，要出让16亩（约10667平方米）地，地面上还有办公室、车间等附着物，只要2000万元人民币，问接力社要不要。我一直拿不定主意。一天，我因事和李宁来到广西教育出版社的办公楼，从8层楼看下去，墙的另一边，错落的建筑物掩映在一片树木之中，郁郁葱葱，好一处城中景致！李宁告诉我，那就是无线电厂要卖的那块地：南宁市园湖南路9号。我愣住了：这么好的地方不买，太可惜了吧！

回到社里，我赶忙找了财务科长李固珍，请她做财务分析，我们有没有可能在3年内分期调剂出2000万元钱，因为工厂同意这些钱可以分3年付完。经过财务人员的认真盘算，领导层开会决定把这块地购买下来。

过了两年，工厂经济依然缓不过来，厂里又给我们转让了10亩（约6667平方米）地，其中还带有两栋厂房。其中一栋是新建的，价格是1350万元。连同第一期，我们总共要付3350万元。这个价格是工厂提出的，我们并没有还价。然而，这些钱最终也没能拯救这个工厂，它还是破产了。

这个在南宁市曾经兴盛一时的国营无线电厂就这样倒闭了。3000 多万元在当时并不是小数，为什么还不能挽救它于危机之中呢！真是让人痛心！

而成立才几年的接力社却显现出勃勃生机。

直到现在，我还要感谢接力社财务部门的领导者和员工：我任职的 16 年，他们为我把守住了这个艰难而重要的阵地，没有出任何不该出的事，没有让我在财务和资金的问题上操心，使我得以有更多的精力考虑接力社的发展战略。有这样的助手，也是领导的幸运。

这块地在 1995 年开始着手启动。规划中首先建设职工住房，办公室就用工厂老办公楼改造。1996 年，接力社就从租用的南宁市教育路 5 号搬迁至园湖南路 9 号了。1997 年，职工住房也修建完毕，办公室将分房方案做好后，三次在职工中讨论、听取意见，最后一致通过，并没有出现单位分房子中常见的吵吵闹闹现象。每个人都开开心心地搬进了自己的新居，而且各人都说自己的那套更好。

有了好的办公条件，又有了满意的住房，大家工作起来心情自然是不同的。这样才有了一呼百应、精神勃发的工作劲头。

主持人：企业的发展既要有硬件建设，也要有软件建设，软件就是企业文化。我们了解到，您提出并践行的接力出版社社训，对接力出版社企业文化建设起了很大的作用。请您介绍一下这方面的情况。

李元君：企业文化是不可或缺的精神力量。建社伊始，我想的是怎样把这几十个人的心思聚合在一起，形成一股合力，这样出版社才有办好的基础。实际上，那时候我们这些文化人还没有形成完整的企业文化概念。

一个学者说：如果一个企业没有具有凝聚力的文化，这个企业很难发展，而企业文化一旦被创造出来，其价值和意义就会超越企业，超越员工的预期。接力社的发展也证实了这个理论。总结在广西人民出版社9年工作的亲身感受，我给自己捋出了在任期内应该做好三件事：建设一个团结的领导班子，营造一个健康的人际环境，创造一个能够让员工有所作为的工作平台。

别说员工，就是我自己也很期待在这样的环境下工作啊。

我提出的接力出版社社训“团结、进取、创新、求实”，基本涵盖出版社要具备的精神实质。在我任期的16年，接力社就是在这种精神的指导下一步一个脚印走过来，一件一件事做出来，一个一个成绩积累下来，走向成功的。

我们从最基础的工作开始。在一直定位为文化事业单位的出版社，编辑曾被认为独立性很强，不需要配合，被人们视为如作家一样具有个体性质。故而出版社出现纪律涣散，编辑一般不坐班的现象就不足为奇了。这种观念在改革开放后维持了很长一段时间，直到关于“图书是不是商品”“图书是不是特殊商品”的争论之后，编辑这种自认为神圣的职业观念才渐渐弱化（而现在这个工作的性质似乎又走向了另一面）。因此，在出版社内建立一个在今天看来正常的工作秩序，在那个年代确实得费一番心思。

在那个年代，一个边远的少数民族自治区，经济不是那么发达，文化积淀没有那么厚重，信息传递也没有那么快捷，把出版工作做好不是件容易的事。但我想，世间的一切皆事在人为。出版行业的特点是两头在外，其时间的宽度和空间的广度都是我们可控的，这让我们能够有自己作为的条件。

我把这样的意识传递给员工，帮助大家树立信心，共同去创造一个新天地。我们的工作目标，就是出版好书，这样才能体现出版人的价值，赢得社会的尊敬，树立员工的自信。

接力社在广西成立最晚，规模最小，底子较薄。当时不会有人相信这么个30多人的小小出版社将来能有什么作为。我也完全没有想到，过了若干年，接力出版社居然会成为中国出版改革的排头兵。这实在是改革开放给我们的机遇。

薄弱的底子并不可怕，成功需要的是勇气，是学习的精神。"追求卓越，追求合作"是我们定下的第二个社训。"追求卓越"是接力社的目标，"追求合作"即是手段，"合作"实则是向他人学习。

我提出要向外版图书学习。为此，1992年接力社引进了英国DK出版社的《妈妈宝宝护理大全》，这是一本精美的图文并茂的婴幼儿护理读本，每册定价138元（第二次印刷以后定价改到168元）。这样的图书价格，对于当时人均工资还仅仅是几十元的消费者来说相当昂贵。20世纪90年代初期，香港联合出版集团万里机构老总把它推荐给内地好几家出版社，但是没有一家敢于接受的。这些出版社也是有名的出版社，并不是没钱。我想，当时他们担心的是这么贵的书卖给谁。

拿到这本书时，我惊喜万分：书编得太好了，内容是那样引人入胜，年轻的父母看到这样的书肯定会爱不释手。虽然价格高一些，可是买书的钱比请一个老师教育儿女的费用要低太多了。这本书首版印了1万册，很快售罄。此后每年都加印，直至今天已经过去了30多年，此书依然是接力社的常销书。这么多年来，市场上出了不少仿制品，但一直没有超越它。这就是好书的生命力。后来，有的出版社询问DK出版社，接力社的版权期到了，是否可以转让给他们。DK 社是一个十分讲究诚信和友谊的出版社，他们给的答复是：那要看接力社还出不出了。

主持人：白冰放弃作家出版社副社长的职位，到接力出版社任总编辑，成了当时出版界的新闻。当时有什么风险？您是如何冲破阻力的？

李元君：2001 年，连我自己也没想到，我怎么就做了一件轰动出版界的事。这件事在当时出版界沸沸扬扬，一位文化名人对白冰说："最近，从南走到北都有人对我说，你知不知道出版界发生了一件事？作家出版社的副社长白冰被广西的接力出版社挖走了？当时我回答他们说，哦？这可是个大好事啊！"还有一位居住在美国的作者朋友也对我说了几乎同样的话。

的确，人们一直在问，一个属于中国作家协会的副局级的副社长，为什么愿意调到边远省份广西的一个处级小出版社工作？那时，白冰是作家出版社的副社长（副局级），不仅在做畅销书，同时还分管本版图书的发行。这种调动在当时完全是不可思议的事。可是这些人没有意识到，改革开放就是变化，总有人先行。

20 世纪 90 年代，整个国家的改革形势让出版人充满着理想，作家出版社在中国出版改革的进程中称得上是先锋。白冰作为作家社改革举措的重要执行者，他引进的版权图书《马语者》发行了几十万册，这在那个年代相当不容易。而接力社，还在寻找自己的突破口，不仅是选题，还包括图书到货晚的运输等一系列问题。什么是一个单位、一个企业的核心竞争力？人才！唯其是人才，才有这个力量。如果接力出版社能引进这样的人才，何事不成！由此我萌发了这个念头。

为了引进这个人才，我足足用了 3 年时间，以耐心和真心，体现我的诚意。在多次接触中，我与白冰产生了共同的语言，有了共同的愿望：不辜负改革开放的年代，做好一个对社会有贡献的出版人。共同的志向和美好的愿景，是白冰和我能够走到一起的根本原因。当然，白冰动心的是，接力出版社给了他一个足以让他挥洒才能的平台。20多年的实践证明，白冰是一个具有较高专业水平、不可多得的职业出版家。在他的带领下，接力出版社的图书品质和产品的市场占有率都达到了相当高的水平，在国际图书市场上自由驰骋，而且规模越做越大，影响越做越深远。白冰的贡献，圆了我当社长的梦，好梦成真，足慰平生。

我们这样一个地方出版社，要突破地域的限制，领导者必须要有预见性，首先还是观念的变化。从1996年开始，我就开始在北京寻求出路，从广西派人驻守北京，在北京招聘员工，摸索了几年，却并没有什么好的效果。1998年，接力社完成了南宁的办公场所和职工住房的建设之后，有了一定的资金积累，开始筹划在北京设立出版社分支机构，也是为引进白冰创造条件。

从北京引进出版社总编辑，当时不但在广西是破天荒，在全国也没有先例。从1998年至2001年的3年时间，为了转变出版社员工的观念，为引进人才创造条件，我开始在出版社做一些"预热"：那些日子里，我安排白冰与接力社的领导班子成员认识、熟悉，让出版社中层干部了解和熟悉这位职场能人，并请白冰到接力出版社讲课，与员工开展交流。这样，接力出版社上上下下都对其不陌生了，而白冰也对接力社的员工和企业文化有了初步的认识。这期间，除了少数几个人，出版社都不知道我的想法。当然，这在一般人看来，那是完全不可能，也是不可思议的事。

这样的调动，在今天是平常事一桩。十几年前可是非同小可，得要大领导拍板。好在当时广西壮族自治区新闻出版局局长阳建国是一位开明的领导，他完全同意把白冰调入接力社，并在一个恰当的时间约我去见时任广西壮族自治区党委宣传部部长潘琦。潘部长虽身在政坛，但笔耕不辍，尤爱书法，与出版有不解的渊源。他对白冰愿意到接力出版社工作非常赞成，这件在当时看来复杂的人事调动就在这一次见面中完成了。不久，作家出版社的上级单位中国作家协会人事部主任田滋茂给我来电话说："李社长，白冰的调动手续办完了。你们有本事，把白冰挖走了。"我说："田主任，这是中国作家协会对边远山区文化事业的支持，谢谢你们呀！"田主任说："我们舍不得他，可是也没办法呀！"

白冰的调动在出版界乃至文化界引发的热议，持续了好长的时间。此后，地方出版社在北京设立分支机构，引进人才，利用北京的资源优势开展组稿、市场营销等活动，实行异地发展战略，成了出版业的常态，促进了地方出版业的发展。

汪继祥 | 转企改制给科学出版社带来了活力

访谈实录视频

访谈时间：2023 年 5 月 23 日
访谈地点：武汉

汪继祥，1945 年 2 月出生，1978 年到中国科学院武汉分院政治部工作，1985 年任中国科学院武汉分院党组成员、秘书长，1987 年兼任科学出版社武汉编辑室主任，1988 年任中国科学院武汉分院副院长，1993 年 11 月任科学出版社副社长，1995 年 12 月任科学出版社常务副社长、法人代表，1997 年 4 月任科学出版社社长，1997 年 12 月兼任科学出版社党委书记，2000 年 6 月任中国科学出版集团理事长，2005 年 3 月任中国科学出版集团有限责任公司董事长、党组书记，2007 年 8 月任科学出版社有限责任公司董事长兼党委书记。2009 年退休后，任科学出版社荣誉社长、中国科学出版集团顾问。曾任第十届全国政协委员、中国出版工作者协会副主席，获全国百佳出版工作者、新中国 60 年百名优秀出版人物等荣誉。

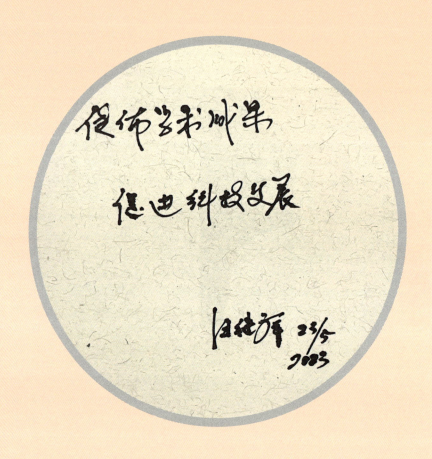

遍布当彩成果

促进科技发展

汪德辉 23/5
2003

出版寄语

主持人： 1995 年 12 月您就任科学出版社常务副社长并主持工作时，科学出版社存在的主要问题是什么？您是如何通过深化改革解决主要矛盾，使这个老牌出版社焕发新生机的？

汪继祥： 1995 年，科学出版社图书的平均印数只有 1000 册左右，出版业务处于亏损状态，加上基金和其他创收才基本持平。全年结余只有 214 万元，账上流动资金也只有 700 万元，严重制约了扩大再生产的发展，按当时的经营情况，急需 1000 万元流动资金。更为严重的是，由于管理滞后，不少中青年骨干纷纷离去，还有不少人在出版社挂名拿工资。我上任后，在春节期间走访了 20 多位老同志，虚心请教他们对出版社工作的意见和建议。针对全社当时有 20 多人长期不上班，游离于体制外，有的还拿着工资不干活的情况，我们新班子以此为整肃纪律的突破口：要求他们限期到人事处报到，重新明确岗位；对拒不服从分配的，则视为自动离职；对不把通知当回事的人，则坚决给他们办理辞退手续。此举刹住了这股不正之风，树立了新班子的威信。

针对出版社当时存在的三大矛盾——产品结构与盈利能力、人才断层与可持续发展能力、资产结构与扩大再生产能力的矛盾，我们从改革着手，进行调整。

一是解决产品结构与盈利能力的矛盾。科学出版社以出版高水平的学术专著见长。1996 年以前，每年出版的 500 余种图书中，80% 以上是学术书，平均印数不足 1000 册，当时科学出版社人均创利能力仅为出版业平均创利能力的三分之一。产品结构单一，品种过少，成为制约盈利能力的主要因素。从 1996 年起，我在调查研究的基础上，提出产品分类战略，把我社的产品分为 A、B、C 三大类，实行分类管理。A 类是科学出版社的传统优势项目，即基础理论、学术专著、论文集等。A类图书作为科学出版社的制高点，要提升质量，出版一批反映国内一流科技成果的学术专著。B类是应用技术类，主要有医学、考古、电子电气、计算机等各类高校教材教辅。B类图书在应用技术拓展范围、扩大规模方面，成为生长点。C类主要是文化类和中小学教材教辅，要逐步进入教育图书出版领域，形成有自己特色的教材系列。

与此同时，我们研究制定了中小学教材教辅、本科生教材、研究生教材、高职高专教材和干部培训教材五大系列的发展规划。到1997年年底，A类和B类图书产值不到总数的30%，C类图书占到70%以上，全社销售码洋增加到1.2亿元，利润首次突破1000万元。在成功实现1996年的"爬坡"和1997年的"上台阶"后，我们制定的1998年的目标是"全面突破"。1998年全年在版选题1226个，三类图书的结构分别是：A类占41%，B类占37%，C类占22%。当年产值达2.5亿元，产值、销售和回款均实现过亿，选题结构的调整取得了明显的效果。

在评价盈利能力的基础上，我们对三类图书进行了重新定位：A类图书要发扬传统优势，坚持"三高"（高层次、高水平、高质量）特色，努力做到国际化、精品化，充分发挥出版基金和作者资助的优势，实现双效统一，每年品种不少于300种。B类图书要建立300种常备书，扩大店销书品种。这类图书不再追求品种所占比例，而以是否形成常备书作为考核导向。C类图书作为利润增长点，今后不再限制品种比例。到2005年，产值要达到8亿元，做到"应变化、精品化、系列化、规模化"。

二是解决人才断层与可持续发展能力的矛盾。1997年年底，在职职工 399 人中，从事编辑业务的有 190 人，其中图书编辑只有 102 人，到 2000 年将有 30 个图书编辑退休。当时我社职工总数超过了 700 人（加上 254 名退休职工和聘用人员）。针对这种状况，我们采取了 4 个措施：清一批，清退了长期不上班的 24 人；减一批，机关职能部门人员从原来的 38 人精简到 22 人，调整下来的人员充实到编辑和生产部门；调一批，从 1996 年到 1999 年共引进 100 多人，其中半数以上是硕士和博士，主要充实编辑和技术岗位；分一批，通过转换机制分流人员，凡在下属二级公司工作的人员，其工资、福利由所在公司自行解决，共分流 60 余人。

经过 4 年的调整，全社职工的平均年龄从 52 岁下降到 40.2 岁，在 52 位编辑退休的情况下，新增编辑 71 人。销售队伍的数量也相应有所增加，素质也有提升。

三是解决资产结构与扩大再生产能力的矛盾。资产结构有两个方面的问题：第一，当时的体制是事业单位，资产是事业性质，与企业的经营机制相冲突，如向银行贷款却因没有财产抵押而未成。第二，流动资金短缺。为此，我们利用多种渠道帮助出版社贷款，以充实流动资金，加快扩大再生产。随着自身积累的逐年增加，我们与北京银行签署了合作协议。

经过 4 年的努力，三大矛盾得到初步解决，实现了规模经营。1999 年与 1995 年相比，科学出版社在中央级科技出版社的综合排名，从第 25 位上升到第 7 位，图书品种从 670 种增加到 1889 种，产值从 6400 万元增加到 3.08 亿元，销售收入从 3385 万元增加到 1.27 亿元，实现利润从 259 万元增加到 2285 万元。科学出版社的显著变化引起了行政管理部门的关注，在 1999 年的全国新闻出版局长会议上，于友先署长在报告中两次提到科学出版社积极探索走双效统一之路。

主持人：1999 年年底，您进一步提出要把科学出版社办成高水平、综合性、国际化专业出版社的战略任务。请问您是如何大胆探索、开拓创新的？

汪继祥：科学出版社虽然具有争取国际出版资源的传统和优势，但在计划经济体制下，无法形成战略发展方向。我们在 1999 年年底提出把科学出版社办成高水平、综合性、国际化的专业出版社的战略任务。2002 年，把中国科学出版集团的战略方向进一步确定为建成国际通行的科学（S）、技术（T）、医学（M）、教育（E）专业出版的发展方向。我觉得，争取国际出版资源、开拓国际市场，这个目标仅靠版权贸易还不足以实现，最有效的途径应当是率先组建中外合资公司。在这个方面，我们进行了探索。1996 年，在深圳筹建科学出版社深圳分公司的樊友民提出建立一家中日合资的出版公司，合作方是日本欧姆社。欧姆社社长佐藤是资深出版家，在日本出版界有较大影响。经过两次谈判后，1997 年，我应佐藤的邀请，参加了在东京举办的国际图书展览。其间，在欧姆社，我与佐藤、荷兰 IOS 出版社的阿伊纳共同召开了关于设立合作公司的会议，并举行了合资公司有关合作文件的签字仪式。佐藤提议 IOS 出版社占 5% 的股份，并由佐藤代持，科学出版社作为控股方。IOS 出版社通过收购等方式，经营的学术期刊达 200 种，在荷兰学术期刊领域有一定地位，与其合作是我们求之不得的。1998 年 9 月 4 日，中、日、荷合资公司——北京东方科龙电脑图文制作有限公司注册成立，我任董事长，佐藤任副董事长，向安全任总经理，樊友民、细井任副总经理。合

1995 年，汪继祥（右）
与佐藤合影

资公司的主要任务是翻译、出版欧姆社出版的电子电气方面的图书，承担欧姆社日文版图书和 IOS 社英文版期刊的排版工作，插图由欧姆社提供日文版图书的原图。由于有稳定的日文和英文排版资源，加上对欧姆社电子电气图书中文版的首选权，合资公司第三年开始盈利。合资公司建立后，引进了大量的优质国际出版资源，优化了科学出版社的图书结构，形成了一定的品牌影响力。合资公司的创办，对科学出版社开辟两个市场、利用两种资源，具有开创性的意义。

与日本、荷兰组建合资公司的成功经历，坚定了我社与国际大出版集团深度合作的信心，加快了对外合作的步伐。2005 年，中国科学出版集团与荷兰爱思维尔集团签署了建立战略伙伴关系的意向书。当年 11 月，科爱翻译公司正式挂牌成立。德国施普林格出版集团是科学出版社多年的合作伙伴，一直关注科学出版社的发展，寻求与科学出版社合作发展的机会。经过多轮会谈，2005 年 5 月，双方签署了《总体合作框架意向书》，主要包括三个方面的内容：一是学术期刊的合作，将科学出版社的学术期刊有选择地纳入施普林格网络平台上发布，因此产生的收入的 39% 作为版权费返回出版单位。《中国科学》《科学通报》利用施普林格的全球网络发布平台，国际影响迅速扩大。从 2006 年到 2010 年，这两家期刊网络版的国际订户翻了一番多，下载量从 8.9 万次增加到 64 万次，学术影响因子也有大幅提高。随着发行量的增加，2010 年两刊的版权收入达 50 万元。二是版权方面的合作。科学出版社对施普林格的新书版权有首选权，其数学图书的版权引进，一直是科学出版

2005 年，汪继祥（前排左三）与施普林格出版集团全球出版总裁合影

社的重点。作为对等，科学出版社的版权，施普林格也有首选权。这种合作模式，既获得了对方出版资源的首选权，又通过输出版权和推荐有价值的图书以合作的方式在国际上出版，可较好地满足国内作者在国际知名出版社出书的需求，对于提升科学出版社在国内外争取优秀作者和出版资源起到了较好的促进作用。三是构建科学出版社与施普林格合作网络平台。此外，科学出版社还先后与培生教育出版集团、威科医学出版集团等签署了战略伙伴关系合资合作协议，国际上与我社有版权贸易的出版社有200多家。从2000年开始，科学出版社的版权引进大幅增加，稳定在每年200种左右。版权输出每年也有近200种，基本实现了版权引进和版权输出的平衡。为此，2008年12月，科学出版社被列入"国家文化出口重点企业"。

主持人：2000年12月，您在科学出版社工作会议上提出了"培育核心竞争力，迎接新世纪的挑战"。请您谈谈科学出版社的核心竞争力是什么，如何培育核心竞争力。

汪继祥：科学出版社经过46年的发展（科学出版社成立于1954年），特别是自1995年至2000年近5年的调整和发展，形成了一定的优势，表现在4个方面：在选题结构上，数学类、生物技术类、医学引进类、同步类等选题成为科学出版社的强项；在管理上，科学出版社在吸收国际先进管理经验的基础上，对出版社的人事组织管理、战略管理、经营管理、产品质量管理、成本管理、服务质量管理方面进行了较大的改革，形成了科学出版社的管理特色，在出版界产生了较大影响；科学出版社46年来出版的几万种图书，以编校严谨和成书质量高著称，形成了较好的质量品牌效应；在市场营销实践中，科学出版社的营销策划竞争力不断提升。

为此，我们把科学出版社的核心竞争力概括为四个词：先进的理念、过硬的队伍、一流的管理和知名的品牌。并提出要在从单纯的学术出版向综合板块特色和规模集成经营的转化过程中，培育核心竞争力。从2000年年底提出培育核心竞争力，到2009年领导班子换届，科学出版社的核心竞争力的四个要素都得到了培育和加强，科学出版社的核心竞争力初步形成。这四个要素分别为：

一是先进的理念。我们把握了正确的改革发展方向，在出版界率先完成了文化体制改革的试点，在体制创新、机制创新、管理创新方面已处于领先位置，具有中国专业出版旗舰的基本条件和基本优势。在国家层面上重组专业初步资源的平台已经形成，最终形成的初步两翼的战略方向已得到主管部门的认同。

二是过硬的队伍。人才队伍已趋于成熟，业务人员专业化的能力有很大的提升，各个层面和关键岗位人才具有较强的业内竞争能力，基本上能够承担起未来战略发展方向的重任。

三是一流的管理。具有科学出版社特色的管理体系已经形成，包括党组织建设和企业文化战略、经营、核算、考核、分配等各个方面的管理已经形成了比较完备的制度，管理和效率都有显著提高。

四是知名的品牌。整体战略框架下实行科学出版社品牌的建设已经取得显著成效，科学出版社总品牌得到提升，子品牌影响日增，形成了科学出版社的品牌群。龙门教辅、中科进出口、高等教育、考古、医学、东方科龙的电子电气等品牌在业内的影响力均居前列，而且出现了持续发展的良好势头。

　　从四要素的结构看，先进的理念、过硬的队伍、一流的管理是因，知名的品牌是果。出版社要腾飞，先进的理念是导航系统，确保航行的正确方向。过硬的队伍和一流的管理是两翼，缺一不可。而且要保持平衡，主体是知名品牌，品牌的含金量越高，品牌群的基础越强大，竞争力就越强。但是，从形成核心竞争力的长期性和艰巨性看，还不能认为核心竞争力已经完全形成，还需要在今后发展和改革实践中不断强化，培育核心竞争力也要与时俱进。随着历史阶段、社会生产力水平和技术水平的变化，核心竞争力的内涵和侧重点也会随之变化，要根据客观形势的变化，提出合理的结构要素，使之成为指导核心竞争力的准则。

　　主持人：人才是出版社起决定作用的第一资源。在科学出版社超常规的发展中，出版社的人才队伍起着决定性的作用。科学出版社在人才队伍建设方面有不少创新举措。请您具体介绍。

　　汪继祥：出版社是智力密集型企业，出版社最大的资本和生产力就是人才。与资金密集型企业不同的是，出版社不需要不断地进行大型设备的更新和改造，出版社只要有优秀的编辑队伍，就能出版好书。在科学出版社人才队伍建设中，编辑作为主体，是产品的设计者、资源的积聚者和产品的营销者。我们按照"引进、调整、培养、管理"的八字方针，指导人才队伍建设，引进专业对口、业务成熟的编辑人员和高校应届毕业生充实编辑队伍。对应届毕业生则采取导师制的个性化培养方式，对非编辑人员原则上不予引进；考核评价体系则着重向优秀人才倾斜，调整淘汰不合格人员，形成有效的竞争淘汰机制。

我们调整了出版社机构设置，将传统的人事处改为人力资源部，要求为每个员工建立人力资本台账，凡涉及个人的各项费用支出均计入其成本，年终计算出年度个人成本，结合考核创造利润的指标，综合评估个人的绩效。为调动员工积极性、创造性，我们坚持增量调整的原则，实行按业绩贡献调整增量，做到"少量快跑，年年有进步"；同时注意可调整的总量空间，与行业内中上分配水平相比适当留有余地，为以后的调整留下空间。

我们把化解科学出版社人才断层危机视为加强人才队伍建设的机遇。从 1996 年起，每年新招聘员工不少于 30 人，主要招聘岗位是编辑和营销人员。到 2002 年，共引进 170 人，其中博士 10 人，硕士 65 人。全社本科学历的员工占 90% 以上，平均年龄从 1995 年的 52 岁，降低到 2002 年的 38 岁，全社人才队伍结构趋于合理，整体素质有所提高，形成了一批业务骨干，实现了代际转移，为科学出版社的可持续发展增添了后劲。

2003 年，经过酝酿和调研，出版社形成了 18 级岗位点薪制的薪酬体系，基本原则是，人力成本占总成本的 25% ~ 30%，奖金总量与全社经营利润挂钩，税后利润的 15% ~ 20% 作为当年的奖金总额。岗位类别分为管理岗、销售岗、编辑岗、高管岗、中管岗 5 类，从社长到初级工人设置 18 级岗位，每个岗位确定能级点数，每年的点值（即一个点对应的金额）由可供分配的总额除以参与分配的总点数得到，点值乘以岗位能级点数为所在岗位的薪酬总额。每类岗位分设若干级别，如编辑岗位分为 6 级。根据编辑的成长周期规定年限考核晋升级别，使每位员工都能把握自己晋级加薪的机会。点薪制的推行，有效地调动了各类人员的积极性。我任社长期间忌讳个人承包和按选题收益提成，主张学习国际通行的按岗位计薪酬的做法，以免出现选题私有化和当领导的挑肥拣瘦、以权谋私的现象。实践证明，这个制度设计是正确的。

1997 年到 2000 年，我们进一步改革出版社内设机构，对出版社的主要业务进行归并，把出版社的编辑业务设置为五大中心，中心下设分社和选题策划机构，形成了计算机、电子电气、生命技术、高等教育、医学、考古等新的优势板块，为编辑主体创建施展身手的岗位平台。

为了让这些新的增长点成为出版社的竞争单元，2000 年，我们在出版社公开招聘各个板块的首席策划，鼓励编辑毛遂自荐。经过分管领导推荐、应聘答辩和评委投票，任命了 18 位首席策划，其职责是负责专业板块的选题策划、质量把关和发展规划制定，直接承接出版社下达的经营任务。由于这批首席策划中有半数是才进出版社没几年的青年编辑，资历较浅，有些工作年限较长的编辑心理有些失衡，有的人还说这是拔苗助长，长不了。为此我在多个场合强调，这是培养新人的尝试，是编辑工作的改革举措。同时加强了对新上岗的首席策划的培训，并给他们打气：“社里对你们寄予厚望，能否胜任全靠自身的努力，有人说我是拔苗助长，我就是要赌一把。”实践证明，这批首席策划除有 2 人中途考核调整外，其余都成了科学出版社编辑业务的骨干和中坚力量，而且大部分都晋升了级别。2003 年，随着岗位分类点薪制的实施，又组织了一次首席策划招聘。首席策划的成功表明，对青年人的培养，必须要给他们提供机会，促进他们在实践中磨炼成长，如果总是论资排辈，优秀青年的脱颖而出只能是一句空话。在出版社工作会议上，我就领导的人才观提出要求，领导要具备识才之眼、荐才之心、用才之举和护才之胆。这样才能确保人才“引得准，长得快，留得住，用得好”。

主持人：品牌建设是出版社高质量发展、提升市场竞争力的核心要素，请您介绍科学出版社在创建总品牌和子品牌体系方面的创新思路和举措。

汪继祥：科学出版社的品牌是几代创办人的心血浇灌而成的，在传统体制下，科学出版社品牌以"三高"（高层次、高水平、高质量）为核心，目标是为科研工作服务、为科学家服务、为中国科技发展服务，主要导向是为读者出好书。在市场经济体制下，要实现社会效益与经济效益的高度统一，出版社不仅要为读者出好书，更重要的是满足社会经济发展的需求，实现从任务型向经营型的转型，为科学出版社的这块金字招牌增添光彩。我们把科学出版社的总品牌与子品牌结合起来，在总品牌的统领下，打造龙门书局、高等教育教材、文物考古和北京中科图书进出口公司4个子品牌，在发挥子品牌效应的同时，增强了总品牌的含金量。

一是构建"大龙门"。龙门书局是科学出版社的前身。1993年，新闻出版署批复同意恢复使用龙门书局名称为科学出版社的副牌，出版一些有市场前景的文化类和教辅类图书，解决科学出版社限于专业分工只能出版学术类专著而造成的经济困难。1994年，在讨论龙门书局今后的发展时，我提出"大龙门"的思路，把龙门书局从科学出版社独立出来，成为一个相对独立的出版社，从实际出发，先易后难，先开发产品。为此，龙门书局设立了3个编辑室，不到半年，各自推出了"金钥匙"丛书、"中华骄子"丛书和《新三字经》，发行量超过了科学出版社的图书。接着于1996年8月推出了"三点一测"丛书。丛书作者杨希祥巧妙地把学生需要掌握的重点、难点、知识点与综合练习结合起来，深受学生欢迎。丛书（27种）首印2万套，很快就一销而空。"三点一测"不但成了龙门书局的标志性品牌，还成为全国同步类教辅的经典，累计发行达 500 万套，单本最大印数超过了 800 万册，2008 年被列入"改革开放30 年最具影响力的 300 本书"。到 2004 年，龙门书局在版图书达到 2000种，产值 7.4 亿元。2005 年，由于教辅市场的变化，龙门书局利润急速下降，2006 年出现了亏损。2007 年，为了增强活力，对龙门书局进行了股份制的公司化改造，成立了"北京龙腾八方文化有限公司"，面向社会招聘公司总经理。新公司自行制定新的规章制度和考核奖惩办法，全面梳理，优化产品结构。2008 年，经营状况大为改善，彻底扭转了连续下滑的局面，产值达 5.25 亿元。2009 年产值增加到 7 亿多元，利润回升到2000 万元。截至 2009 年，累计为科学出版社贡献利润 4 亿多元，有力地支持了科学出版社专业类图书的出版。

二是向高等教育教材进军。科学出版社虽然出版了少量大学教材，有的还被评为优秀教材，但大学教材品种少、码洋少，谈不上市场影响。1997 年，在社工作会议上，我提出把教材开发作为今后的战略发展方向，要理直气壮地在教材领域形成自己的特色，并指出科学出版社教材开发成功、形成特色之时，就是科学出版社经济上的翻身之日。2000年，我们约请时任中国科学院教育局局长余翔林组织编写了 100 多种中国科学院版研究生系列教材，涉及中国科学院研究生教育的大部分学科，由时任中国科学院副院长白春礼任编委会主任，各学科的正、副主编均由院士担任，编写者都是在教学第一线的资深教授。这套教材成为我社成系列进入教材出版领域的新起点。到 2002 年年底，科学出版社可供教材已达 800 种，初步形成了 5000 万元产值的规模。2003 年，按照"立足科技、面向教育"的战略方向，以及"相关集成、转换机制"，形成新的竞争单元的思路，从 2003 年开始，把教材出版从科学出版中心剥离出来，成立了高等教育分社，从组织架构上促进高等教育教材出版的专业化发展。经过 3 年的努力，2005 年实现了翻番的目标，可供教材达 1500 种，重印率接近 70%，产值近亿元；聚集了不少优质教材出版资源，沉淀了一批精品教材；高等教育分社发展到 30 多人，形成了一支专业化操作教材的编辑和营销队伍。接着，把计算机业务部的定位，从出版计算机图书调整为出版高职、高专教材的分社，补齐了科学出版社缺少高职、高专教材的短板。医学分社除了自身的业务，也在努力拓展医学类的大学、高职、高专教材。2006 年，我们确定了教材"十一五"翻番的目标，机构设置从竞争环节向竞争单元转化，在分社形成规模的基础上设立中心，进一步下放权力，促进各中心成为市场竞争主体。高教和职教出版分社分别调整为高等教育出版中心和职业教育出版中心，进一步加强了教育出版。

之前，科学出版社列入"十五"国家级规划教材只有 23 种。到"十一五"期间，列入国家级规划教材达 789 种，在全国排名第三位；到"十二五"期间，列入国家级规划教材（本科）达 253 种，在全国排名第二。出版社可供教材有 5000 多种，获奖教材有 1000 多种，年发货码洋达 5 个亿，成为科学出版社主要经济增长点和利润来源，形成了科学出版社的教材品牌。

四是圆梦进出口公司。1993 年年底，我到科学出版社上任不久，时任社长侯建勤让我研究能否建立科学出版社主办的图书进出口公司。由于当时条件不充分，未能如愿，但我一直放在心上。1998 年 7 月，党中央做出了部队不得经商的决定，总部设在天津的中国科技图书资料进出口公司准备脱钩，正在找接手的单位。科学出版社主办的《科学世界》杂志主编徐津津是天津人，她听说后，及时告诉了我。我当即决定由徐津津代表出版社，与其北京公司的总经理张典跃接触。经过多次谈判，张典跃认为由科学出版社接手，进出口公司的发展更有前途，于是积极向天津公司的领导推荐。经过多次沟通，最终我们达成由科学出版社出资 300 万元的收购协议。2000 年，科学出版社把收购的公司更名为"北京中科进出口有限责任公司"。这样既圆了侯老社长当年要办图书进出口公司的梦，也使中国科学出版集团成为全国仅有的办有图书进出口公司的 3 家出版集团之一。但这次收购只是买了进出口公司的壳，在接管的 10 多个人中，真正搞进出口业务的只有三四个人，公司年营业额只有300 多万元，处于亏损状态。要使公司发展起来，关键在于人才。于是公司面向社会招揽专业人才，聘任在图书资料进出口行业有影响的资深人士邓华为顾问，引进了中国地质矿产信息研究院院长助理于萌、中国教育图书进出口公司孙永中担任公司副总，形成了一支既稳健专业，又有开拓精神的领导团队。

当时全国有几十家图书报刊资料进出口公司，市场竞争比较激烈。在发展方向上，我们经过调研，确定了"以传统纸介质书刊进出口业务和电子资源产品代理业务并重，优先发展网络和文献资源数据库代理和增值"的战略发展规划。这个规划既顺应市场需求的变化趋势，同时也避开了传统领域的过度竞争，最终形成了中科进出口公司的三大特色优势。

一是数字化产品优势。代理的国外数字资源产品，从开始时的几家国外公司的资源，逐步发展到代理引进涵盖国外知名学会、协会、商业出版社、政府机构、国际学术组织出版社等 200 多个数字出版资源产品。到 2010 年，占有的数字资源产品（文献资源数字化产品）市场份额达 40% 以上。

二是引进资源加服务模式的创新优势。公司率先采用买断国外大型数据库的经营模式，由公司按地区行业协会集中采购，分销到各专业协会，这样既做到了专业细分，又降低了采购成本。公司进行资源整合，发挥服务创新的优势，从 2000 年开始参加中科院创新文化资源建设，在分析馆藏和对国内外主要图书馆分析比对的基础上，提出构建资源共享保障文献资源的建议。2004 年参与中国高校文献保障系统的西文期刊目录库建设，为该库形成有机的知识组织和服务体系，形成有效的资源共享提供咨询服务。经过 10 年的发展，到 2009 年，中科进出口公司年经营额达 3.4 亿元，年利润达 1866 万元，在全国 46 家书刊资料进出口公司中，占有 25% 的市场份额，位居行业第三。

三是发力考古文物出版。20 世纪 90 年代，科学出版社出版了"中国珍稀法律典籍集成"等文物、考古类图书，但规模小，影响不大。在 1998 年夏季面向社会招聘的面试中，应聘对象闫向东的简历引起了我们的注意。他是北京大学考古专业研究生，导师李伯谦是国内夏商周考古研究的知名教授。闫向东很了解科学出版社文物考古类图书的出版情况，对把科学出版社的考古文物图书发展成为文物考古出版领域具有竞争力的品牌，充满了信心。我们认为有这样认识和抱负的他，正是我们所需要的人才，决定聘用。

2000 年，在出版社首席策划启用中，虽然闫向东在出版社才工作了一年多，但由于他的组稿能力较强，我们决定破格聘用他为文物考古分社首席策划。闫向东没有辜负我们的期望。他创新选题开发思路，没有按专业编辑直接深入研究机构去挖掘出版资源的传统模式运作，而是以实践中形成的"促进学术交流，做好专业服务，做强专业出版"的理念，聚焦出版资源，策划组织了"新世纪中国考古学传播学术研讨会"。130多位全国考古研究机构和高校的专家、学者参加了研讨会，中国社会科学院学部委员、考古研究所所长刘庆柱和北京大学考古文博学院教授李伯谦做了主旨发言，研讨会提出的"公共考古学"新概念引起考古学界的热议，以此团结和联系了一批业内专家。研讨会的成功召开，在文物考古界影响至今，夯实了科学出版社文物考古分社的品牌。2003年以来，文物考古分社先后策划组织了"中国大遗址保护学术会议""中国玉器考古论坛""中国瓷器高峰论坛""世界著名博物馆馆藏中国玉器论坛"等9次学术活动，出版了1000多种图书。其中有些重点图书的出版历经了七八年的时间跨度，如"长江三峡工程文物保护项目"，120个品种，汇聚了全国120多家文物单位，历时15年的研究成果，完整记录了三峡水库淹没的历代文化遗址资料，并获得资助4000万元。

主持人：中国科学出版集团从1998年启动出版体制改革，到2000年成立中国科学出版集团，再到2003年7月被列为中央出版体制改革试点，直至2007年完成转制，成立中国科学出版集团有限责任公司，并被评为"全国文化体制改革优秀企业"，为中国科学出版集团的跨越式发展创造了条件。请您谈谈体制改革中遇到过哪些难点，是如何克服的。

汪继祥：我24岁参加工作的第一站就是企业，历经6年，对企业有比较深的认识，认为企业的本质就是提供产品，是在满足社会需求的过程中追求利润最大化的法人治理结构。当年我之所以选择留在科学出版社，是因为我认定科学出版社的最终归属一定会是企业。1996 年，我在中国科学院举办的上岗培训班写的论文题目，就是《科学出版社向企业过渡难点的思考》。

1998 年，中央决定中国科学院开展知识创新工程试点，路甬祥院长明确提出发展中国科学院文化产业的构想：成立以科学出版社为核心企业的出版集团、以科学报为核心的报业集团、以院文献情报中心为核心的信息网络集团。同年 6 月 25 日召开了中国科学院文化产业研讨会，之后成立了出版集团筹备工作组，要求 10 月形成集团组建方案。11 月中旬，我们提交的出版集团组建方案在院长办公会议上获得通过，要求出版社尽快转制，实行股份制，建立产权明晰、自主经营、自负盈亏、自主发展的现代企业制度。在组建中国科学出版集团的过程中，我们于 1998 年 6 月得知新闻出版署已确定 5 家出版集团作为出版集团改革试点单位。机不可失，我们马上向新闻出版署呈交了要求列入出版集团改革试点单位的报告，争取发展的机遇。也许是我们的执着与诚意打动了有关领导，更重要的是路甬祥院长关于顺应全国文化产业发展潮流，发展中国科学院文化产业的讲话已在出版界传开，而且得到了大家的认同。于是新闻出版署的出版集团改革试点从 5 家增加到 6 家，而中国科学出版集团是唯一的部委所属的出版单位。此后，我们抓紧对原来的集团组建方案进行修改、完善，形成了试点方案，提出把出版集团转制成企业，并向中宣部、新闻出版署领导做了汇报。2000 年 6 月，召开了中国科学出版集团成立大会，中国科学院、中宣部、新闻出版署领导到会讲话。

2003 年，中央文化体制改革启动，这是继新闻出版署进行出版集团试点后，由中央推动的全国文化体制改革试点，其规模和政策支持力度及政府推动力都超过了以往，出版体制改革进入了新阶段。科学出版集团成了国家第一批文化体制改革试点单位。2004 年 3 月 5 日，新闻出版总署批准了中国科学出版集团的体制改革方案，要求中国科学出版集团按照现代企业制度的要求，加快清产核资、资产划转、授权经营等工作，突出主业，充分发挥科学出版社核心企业的龙头作用，积极推进试点工作，圆满完成任务。总署领导还充分肯定了中国科学院领导对中国科学出版集团转制工作的重视，肯定了中国科学出版集团在部委出版社体制改革中起到了很好的带头作用。从 2003 年 7 月 31 日被列为中央文化体制改革试点单位，到 2004 年 3 月 5 日新闻出版总署正式批准中国出版集团体制改革方案，历时 7 个多月。接着，我们按照中国科学院领导的要求，着手起草中国科学出版集团体制改革实施方案。实施方案就集团公司的组织结构、转制的实施步骤、转制人员的社会保障和安置等提出了原则性意见，并向中国科学院出版委员会对出版集团的职能做了界定："中国科学院出版委员会要按有关规定，对集团公司行使指导职能，重点是贯彻党和国家出版方针政策，坚持正确的出版方向，不干预集团公司的日常经营活动。"2004 年 9 月 3 日，中国科学院院长办公会议批准了这个方案，转制工作进入全面操作阶段。2007 年 4 月，集团核心企业科学出版社有限责任公司完成了工商注册登记，全体员工统一纳入北京市社保体系。中国科学院也批准了我们撤销原事业单位的报告。从 1954 年 8 月科学出版社成立，到 2007 年 4 月摘掉事业单位的帽子，历经 53 年。当然，单位性质的改变，仅仅是第一步，关键在于转

制后能否有跨越式的发展。2009 年我接受记者采访时，用了三句话概括
了体制改革的难点和关键：改到深处是产权，改到难处是人员，改后能
发展是关键。

海飞 | 见证童书高质量发展传奇

访谈实录视频

访谈时间：2023 年 8 月 18 日

访谈地点：北京

　　海飞，原名骆光伦，1946 年出生。曾任中国少年儿童新闻出版总社社长、党组书记、总编辑，中国出版工作者协会副主席兼少年儿童读物工作委员会主任、国际儿童读物联盟中国分会主席，中国少年儿童报刊工作者协会会长，中国少年先锋队工作委员会副主任。第十届全国政协委员。中国作家协会会员，中国作协儿童文学委员会会员。著有《黑戈壁》《孔雀石：海飞小说散文集》等文学作品集和《童书海论》《童媒观察》《童书大时代》《童读大时代》等新闻出版文集。策划、主编、监制了 100 多部图书和电视剧，作品曾获中国图书奖、中华优秀出版物奖。获得韬奋出版奖、全国百佳出版工作者等奖项、荣誉，入选新中国 60 年百名优秀出版人物。

童书传奇
黄金世版

沙印
2023年8月18日

主持人：您担任中国少年儿童出版社社长之时，正是我国全面推行改革开放之际。您作为"国"字号少年儿童出版社的社长，是如何抓紧改革机遇，把中少社带入新的发展阶段的？

海飞：1993 年 2 月 9 日，我 47 周岁生日那天，时任团中央书记处第一书记宋德福给我打电话，说团中央书记处准备调我去中国少年儿童出版社当社长。理由有三条：一是我当过共青团甘肃省委书记、甘肃省少先队工作委员会主任，熟悉青少年；二是我在任甘肃电视台台长，熟悉新闻出版；三是我是中国作家协会会员，出过几本文学图书，既熟悉出版社，又熟悉作家。是时，我在甘肃生活工作了 25 年，对甘肃这块第二故乡"故土"难离，对电视台这个行业难舍；同时对共青团组织在我离开 5 年后，又重新召唤我，盛情难却。德福书记开玩笑似的说，给你一个"中国"字头，换掉一个"甘肃"字头，你都不干？就这一句话，"半途出家"，我走进了出版。

1993 年 4 月 8 日，我到北京市东四十二条 21 号中国少年儿童出版社担任社长，黄伯诚任总编辑。从甘肃来到北京，从甘肃电视台台长变成了中国少年儿童出版社社长，从事出版工作，到 2023 年正好 30 年。

中少社是中字头的国家级专业少儿社，是有 37 年历史的老社，有 200 多名职工，每年出版 450 种图书，办有 7 种少儿杂志。如何当好中少社社长，如何搞好老社自身的改革开放，打开新世纪之门，打开世界之门，融入世界出版主流，创造新世纪的新繁荣，更好地为亿万少年儿童读者服务，是摆在我面前的大事，当然也是摆在中国少儿出版界面前的大事。

我深知做强做大中国少年儿童出版社任务的艰巨和责任的重大。为此，我从调查研究入手，用了两个月时间，找了 52 位社内外的同行，向他们拜师学艺，请他们帮助我出点子。我记得和他们聊天时出的题目是："假如你是海飞，假如你是社长，你最想在中少社干的三件事是什么？"从中获取了大量有价值的信息，我受到很多启发，足足记了三本笔记本。接着，我又组织了学习考察组，先后到北京及地方共 8 家出版社考察，如江苏少儿社、上海少儿社、浙江少儿社、接力出版社等。考察结束后，我就跟班子及全社职工进行了认真的研讨。当时我出了 10 个题目组织全社职工讨论。依靠全社员工的集体智慧，我们制定了中少社改革开放和跨世纪的发展规划，旗帜鲜明地提出以"为了孩子、为了未来、为了祖国、为了世界"为办社宗旨，提出了以出版效益为中心、实现社会效益和经济效益的统一，积极探索建立以少儿读物出版为主业、以大少儿文化为基础的综合性中少出版集团，把中少社建设成为国内一流、世界知名的专业少儿社为奋斗目标。在"四个为了"的办社宗旨中，第四个"为了世界"是我加的，并且把"四个为了"用中英文对照镌刻在出版社门厅的正面墙上。当年，国际儿童读物联盟秘书长琳娜·梅森访问中少社，看到"For the world"，就曾经问我，你们出版社怎么为了世界？我说，全世界 5 个小孩，就有 1 个是中国小孩，我们把中国小孩的童书出好了，就把世界五分之一的事情做好了。琳娜·梅森连连点头，称赞我们中少社有世界视野。

中少社一手抓改革，一手抓开放。全社进行了人事制度和经营管理制度两项制度改革，实行图书部门的主任负责制和期刊部门的主编负责制，全面推行以目标管理为核心的管理模式。1994 年 1 月，中少社在全国出版界率先申请了企业执照，率先成立了对外合作部。

图书方面，我提出了由爱国主义教育图书系列、
大世界图书系列、雏鹰图书系列、希望图书系列、
"地球村"图书系列 5 个系列组成的跨世纪少儿图书
出版工程，努力构建具有鲜明时代特色的精品图书，
先后推出了《21 世纪的中国》、《中国 20 世纪三大伟
人》、《中国冠军录》、"婴儿大世界"、"幼儿大世界"、
"动物大世界"、"植物大世界"、《丁丁历险记》21 册、
《林格伦作品集》8 册、"纽伯瑞儿童文学奖丛书"48
册、《彼得兔的世界》等一大批优秀的品牌书、常销
书、畅销书。我身体力行，直接参与策划爱国主义教

5 个系列图书
部分书影

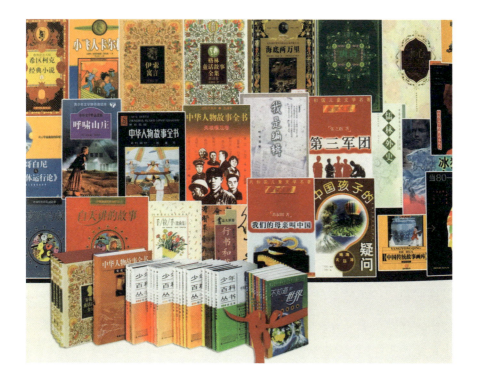

育图书系列、大世界图书系列、"地球村"图书系列这3个系列。在策划"地球村"图书系列时，鉴于中国刚刚加入国际版权公约，我发挥中少社在北京的地理区位优势，带着编辑跑了丹麦、瑞典等二十几个国家驻中国大使馆，登门拜访，联系出版业务。我们想通过出版，让中国孩子能读到世界上最优秀作品的创意和诚意，打动了对方。这些大使馆都非常支持，有的是大使亲自出面。丹麦大使馆还推荐了精通丹麦语的翻译家林桦先生，确保了图书翻译的"原汁原味"。

期刊方面，认真推行以主编负责制为中心的"一条龙"改革，主编竞争上岗，两年一聘，责权利结合，把人权、财权、编校权、经营权、分配权"五权"全部落实到期刊编辑部，落实到主编身上。"一条龙"改革，使中少社期刊面貌焕然一新。《婴儿画报》首先突破月发行50万册，继而《幼儿画报》《儿童文学》《我们爱科学》先后突破月发行100万册。特别是《幼儿画报》，曾经创造了月发行170多万册的奇迹。中少社期刊"北斗七星"闪闪发光，成了全国少儿期刊的传奇。

出版社作为图书产业链的中间环节，作为社会文化的中介，一头连着作者，一头连着读者，作者的支持和读者的认可，直接影响到出版社的发展。为此，中少社率先成立了中少社策划部和读者俱乐部，连续举办了3届"中少社十大金作家金画家"评选表彰活动，团结、吸引一大批优秀作者，巩固、壮大了作者队伍。中少社先后被评为全国优秀出版社和全国"最受读者喜爱的八家出版社"之一，进入了一个比较良性的发展阶段。1996年6月1日，中少社建社40周年，江泽民总书记专门为中少社题写了"出版更多优秀作品，鼓舞少年儿童奋发向上"的题词表示祝贺。

主持人：世纪之交，共青团中央按照党的十五大提出的新闻出版要"加强管理，优化结构，提高质量"的要求和全国宣传部长工作会议确立的"发展新闻出版业，抓住机遇，组建新闻出版集团"的思路，提出整合系统力量，重组文化资源，实行中国少年报社和中国儿童出版社的强强联合，组建中国少年儿童新闻出版总社，您是如何不辱使命，完成这个重任的？

海飞：1999 年 8 月 10 日，时任团中央第一书记周强找我，说团中央准备整合全系统资源，对中国少年报社和中国少年儿童出版社两个具有半个世纪历史的少年大报社、少儿出版大社实行强强联合，组建一个跨新闻与出版的少年儿童传媒集团，让我提供组建方案。当时，全国已经有报业集团、发行集团，尚未有出版集团，更没有跨新闻与出版的传媒集团。

《中国少年报》，别看是为少先队、为少年儿童服务的"小报"，却是发行量曾经高达 1142 万份的中国第一少年大报。我国 20 世纪后半个世纪的小朋友，几乎都是"看着《中国少年报》长大的"。我首先在中国少年报社设了办公室，与报社员工打成一片。然后，用一个多月的时间，在北京、南京、上海、广州进行认真调查研究。10 月 1 日，给团中央书记处呈报了组建方案。12 月 14 日，上报中宣部、新闻出版署。2000 年 3 月 17 日，团中央书记处成立了由书记处常务书记巴音朝鲁为组长的筹备小组，我是筹备小组成员兼办公室主任。同时，任命我为中国少年报社党组书记兼社长。在团中央书记处的领导下，我带领班子成员，群策群力，认真为中少总社擘画了一幅既鼓舞人心又切实可行的发展蓝图。

2000 年 5 月 23 日，在上级有关主管部门的大力支持下，中国少年儿童新闻出版总社在人民大会堂宣告成立。我任中少总社社长。中国最大的少年儿童专业新闻出版集团和最具权威性的现代化少儿传媒基地在世纪之交诞生，中少总社开始了新世纪的新征程。整合后的中少总社，拥有 4 亿多元人民币的资产，500 余名员工（其中 200 余名是招聘制员工），拥有中国少年报社、中国少年儿童出版社、中国少年儿童音像出版社 3 家出版机构，拥有中少在线青少年媒体网站。总社年出书品种1500 多种，并且，在原有的《中国少年报》《中国中学生报》《中国儿童报》《中国儿童画报》《婴儿画报》《幼儿画报》《中国少年儿童》《中学生》《我们爱科学》《儿童文学》《中国卡通》《中国少年文摘》的基础上，新创办了《中国少年报》(都市版)、《中国少年英语报》、《知心姐姐》杂志、《嘟嘟熊》杂志，形成了年龄段全覆盖、门类齐全的强大的少儿期刊阵容。中少总社真正成了具有中国特色、时代特色、少儿特色的跨新闻出版的标志性的少儿传媒集团。2001 年 12 月，我又兼任了中国少年儿童新闻出版总社总编辑。

在上级领导部门的支持下，我们在制度创新上下功夫，采取了一系列改革措施、建章立制、重组机构。确立了以社长负责制为核心的总社领导机制；建立了总社党组会议制度、社委会制度、编委会制度、经委会制度、职工代表大会制度、每月部门负责人会议制度等运作机制，并开风气之先，在总社设立了总经理、总会计师，统一人事、统一财务、统一经营、统一分配激励机制；设立既突出专业特色又相互关联的新闻中心、图书中心、期刊中心三大中心，精练队伍，凝聚人气，吸引人才，开发智力，为集团的发展和创新注入不竭的动力和活力。

我比较重视中少总社的基础设施建设和现代化建设。鉴于中国少年报社"居无定所"、租楼办公，而中国少年儿童出版社长期在北京东

四十二条胡同里，进出不便，在团中央和北京市的大力
支持下，我组织精兵强将，举全社之力，十年磨一剑，
在长安街建国门外永安里，与上海宝山钢铁公司合作，
建起了一座地面20层、地下4层，6万多平方米的宝钢
大厦（亦即"中国少年大厦"）。中少总社从胡同走向
长安街，拥有了当时全国最现代化的智能办公场所。

　　与此同时，整个总社的集团化、市场化、现代化、
国际化发展呈现出欣欣向荣的景象，总社书报刊产品及
音像电子产品的数量、质量稳步提升，社会效益和经济
效益双丰收，与国外50多个国家建立了友好合作关系，
版权贸易快速增长。中国少年儿童出版社，这个国家级
老出版社，在改革开放中焕发了青春。

2011年，海飞
（后排右五）在
中少总社大厦
标石揭幕暨钥
匙交接仪式上

主持人："改革开放给中国少儿出版带来了千载难逢的大好时机，我们少儿出版工作者不能辜负这个伟大的时代。"这是您多次表达的少儿出版理念，作为全国少儿出版的领头羊，请介绍您在践行理念中的创新举措。

海飞：我一贯认为，精心呵护少年儿童，真心厚爱少年儿童，把最好的东西给自己的下一代，是一个政党成熟的标志，是一个国家进步的标志，也是一个民族兴旺的标志。少儿出版没有省界，也没有国界，我虽然只是"国字头"出版社社长，但我的视野始终落在整个中国少儿出版上。从 1993 年到 2023 年的 30 个年头，我牵头为中国少儿出版做了 3 件事。

一是发起成立中国出版工作者协会少儿读物工作委员会（简称少读工委），构建了一个协调保障全国专业少儿出版有序竞争和联合发展的童书平台，推动并见证少儿出版的"大国崛起"。

1994 年，借中宣部、新闻出版署召开全国少儿出版工作会议的东风，我提议全国 30 多家专业少儿社联合起来、抱团发展，共同为少儿出版大国崛起做贡献。这个建议得到了全国少儿出版界的积极响应，而且得到了新闻出版署和中国出版工作者协会的大力支持。1994 年 9 月，少读工委在北京雁栖湖正式成立。我任主任，上海少儿社社长周舜培、明天出版社社长赵镇琬、新蕾出版社社长郭占魁、辽宁少儿社社长于耀先、未来出版社社长倡承军、接力出版社社长李元君、四川少儿社社长张京任副主任。少读工委每年召开一次主任会议、一次全国少儿社社长年会、一次全国少儿图书交易会暨少儿出版峰会，每年联合组团参加意大利博洛尼亚国际童书展。随着出版改革的深化，我国的少儿出版从专业出版演化成几乎所有出版社都参与的大众出版。为了确保少儿出版的健康发展和出版质量，在中国版协的支持下，我推动全国非少儿专业出版社成立了中国童书联盟。

1995年3月15日，中宣部、文化部、团中央、中国作协在北京市南河沿的欧美同学会召开"儿童文学创作研讨会"。受中宣部委托，中少社承办了研讨会，由我主持。时任中宣部副部长、文化部部长刘忠德传达了党中央关于"把长篇小说、电影电视和儿童文学、少儿出版作为全国宣传文化口三大件来抓"的重要指示及相关部署。3月16日，《人民日报》对研讨会和"三大件"进行了专题报道。紧接着，中宣部、文化部、新闻出版署等上级领导部门先后在北京、上海、南宁等地部署了"三大件"和中国动画"5155"工程。并且，从1994年开始，到1999年，中宣部和新闻出版署连续5年召开每年一次的全国少儿出版工作会议，中宣部常务副部长徐惟诚、新闻出版署署长于友先亲自主持，这在中国出版史上是绝无仅有的。党和政府高度重视儿童文学、少儿出版，儿童文学界、童书出版界如沐春风，也为中国童书新世纪的传奇发展，打下了坚实基础。中国版协少读工委自觉地把抓"三大件"中的儿童文学、少儿出版作为自己工作的重中之重，全力以赴。

为了促进全国少儿出版社之间的评比交流，打造全国少儿出版界的资源共享空间，扩大少儿出版在业界的影响，2007年，我推动少读工委和《出版商务周报》联合创办了一年一度的全国"桂冠童书"评选推荐活动；2016年，我又推动时代出版集团、安徽少年儿童出版社和北京师范大学图画书研究中心联合创办了两年一届的"图画书时代奖"评选活动。这两个奖项，已经成为中国童书出版界的重要奖项和童书出版风向标。

从 1994 年至 2013 年，我担任了长达 20 年的中国出版工作者协会少读工委主任。从 2013 年到 2023 年，我们迎来了为实现中华民族伟大复兴的中国梦而奋斗的新时代。这 30 年，中国少儿出版从弱到强、从小到大、从封闭到开放，大国崛起，强国发展，开启了中国的童书大时代，成为中国出版的"领涨力量"。进入新世纪，我国童书创造了"黄金十年"和近 20 年的连续以两位数增长的出版奇迹。2015 年，我国童书出版品种达到 4 万种，超过美国，成为世界第一。2016 年，我国成为销量最大的世界第一大童书市场。2019 年，是我国童书出版的"制高点"。全国 580 多家出版社，557 家出版童书，并且有 200 多家民营书商介入童书出版。全国出版童书品种 44196 种，其中，新版 22791 种，重印 21405 种。童书零售市场码洋规模达到 225 亿元人民币，占全国图书零售市场总规模的 25.19%，成为中国整个出版的第一板块。广大少儿出版工作者，既是亲历见证者，也是参与开拓者，其中少读工委的努力与付出，起到了非常重要的作用。

二是因势利导、积极开展国际儿童读物联盟中国分会（ Chinese Board on Books for Young People ）的工作和活动，认真加强国际合作，主动讲好中国故事。

国际儿童读物联盟，简称 IBBY，被国际出版界誉为世界儿童读物出版的"小联合国"，创建于 1953 年，总部设在瑞士巴塞尔，每两年举行一次世界大会，研究讨论国际儿童读物的现状与发展，选举领导机构，评选颁发国际安徒生奖。中国于 1986 年正式加入，成立国际儿童读物联盟中国分会（简称 CBBY）。1996 年，鉴于少读工委的工作实力和影响力，新闻出版署于友先署长决定把原来挂靠在署外事司的 CBBY 划归少读工

委。1996年，我从CBBY首任主席严文井先生手中
接任了国际儿童读物联盟中国分会主席的职务。整
合后的少读工委和CBBY，一套人马，两块牌子，对
内少读工委，对外CBBY。主任会议、理事长会议一
起开；社长年会、理事会一起开；全国一年一次的
少儿图书交易会一起开；一起组团参加一年一度的
意大利博洛尼亚国际童书博览会；一起组团参加两
年一届的IBBY世界大会，并一起推荐参加国际安徒
生奖评奖的中国作家、画家。新闻出版署、中国版
协的历届领导宋木文、于友先、邬书林等，都多次
参加过少读工委、CBBY的活动。

国际儿童读物联盟
中国分会（CBBY）
工作团队合影（左四
为海飞）

从 1996 年至 2013 年卸任 CBBY 主席，整 17 年，其间，我 23 次率 CBBY 代表团访问了 40 多个国家，连续参加了 7 届国际儿童读物联盟世界大会，结交了一大批外国朋友，为中国少儿出版业通过 IBBY、布拉迪斯拉发国际插画双年展（简称 BIB）、联合国儿童基金会等有关少年儿童事业的国际机构，争取国际资源、国外资金，参展参会，人员互访，学术交流，融入国际市场打下了坚实的基础，使中国少儿出版与世界的联系更加紧密，更加协调。CBBY 成了 IBBY 中一支充满活力的、不可或缺的重要力量。2002 年，在 IBBY 成立 50 周年的庆典大会上，我带领 CBBY 代表团，成功地抵制了"台独"分子的分裂活动。继而，CBBY 推荐的中国人选两次成功地入选了 IBBY 执委会，第一个是福建少年儿童出版社社长黄建斌，第二个是百路桥公司总经理张明舟。其中，张明舟还担任了 IBBY 主席。2006 年，CBBY 还在中国澳门成功地举办了第 30 届国际儿童读物联盟世界大会，极大地提升了中国童书出版界在亚洲和全球的地位。我也因此被国际儿童读物联盟称为"中国 IBBY 之父"。CBBY 持之以恒的努力和坚守，使中国童书获得了全世界同行的广泛关注，中国童书对外开放的步伐越来越大。

打开国门，走出去，请进来，给中国童书带来了天翻地覆的变化。"让中国的孩子与外国的孩子站在同一条阅读起跑线上"，这是 CBBY 始终如一倡导的理念。中国成为世界上引进国际图书版权最多的国家，同时，版权输出也在逐年增加，童书版权贸易逆差不断缩小。中国童书，也在改革开放中不断提升。记得第一次参加意大利博洛尼亚国际童书博览会，对我、对我们整个参展团来说，可以用震撼两个字来形容，是真正的"望洋兴叹"！世界上的童书怎么能做得这么漂亮？我们的童书和世界上的童书差距怎么这么大？同时，连一直活跃在博览会上的台湾，童书质量也比我们强得多。在参展团的总结会上，大家总结了"四个起不来"。一是我们的童书站不起来，薄薄的、软软的；国外的童书开本大、页码厚、封面硬，站得挺挺的。二是我们的童书亮不起来，灰不溜秋的，不起眼；国外的童书用纸一流、色泽丰富多彩，光鲜亮丽。三是我们的童书书名响亮不起来，总像父亲训儿子、老师训学生；国外的童书书名都像是从欢乐的儿童嘴里喊叫出来的。四是我们的童书丰富不起来，单一的开本，单一的式样；国外的童书五花八门，丰富多彩，撕不烂的书、咬不破的书、洗澡书、桥梁书、图画书，应有尽有。随着国家经济实力的提升，随着科学技术的进步，随着童书出版人的奋起努力，我国童书的质量全面发展、飞速提高，不仅"中国故事"讲得越来越好，而且，装帧设计、制作质量也已经赶上和达到国际先进水平，甚至许多国外出版商都在中国印制外版书。并且，我国童书已经成为我国在国际上获奖最多的图书板块，如作家曹文轩获得了国际安徒生奖文学奖，朱成梁、黑眯、九儿等一批作家、画家获得了《纽约时报》优秀童书奖、BIB 金苹果奖、博洛尼亚最佳童书奖等奖项。

为了更好地贯彻执行中国出版业"走出去""引进来"的发展战略，2010 年 9 月，我在《中国出版》杂志上发表了《关于建设童书出版强国的三个梦想》文章，呼吁在自己的"家门口"设立中国的国际童书展和国际儿童文学奖。2013 年 11 月，首届上海国际童书展在上海世博展览馆开幕。2014 年，"陈伯吹儿童文学奖"正式更名为"陈伯吹国际儿童文学奖"。我多年心心念念的夙愿得以实现，我也因此获得了首届陈伯吹国际儿童文学奖特殊贡献奖。

　　三是创办《中国少儿出版》杂志，引入"童书"概念，创立"童媒""童读"理念，界定"童书大时代""童读大时代"，为中国少儿出版的理论建设办刊著书立说，为中国的儿童阅读推广鼓呼呐喊。

　　出版实践离不开出版理论的支撑和提升。少儿出版历来被人误认为是出版业中的"小儿科"，门槛低，无学问，无理论。为此，我多次呼吁创建中国的少儿出版理论，并以身作则，身体力行。

　　1997年，我发起创办了我国首份少儿出版综合性应用理论刊物《中国少儿出版》杂志。《中国少儿出版》由少读工委和CBBY合办，季刊，我任主编。在1997年至2009年的12年间，出版了48期，发表了上百位作者的文稿、图片，计3000多篇，530余万字，并举办了6次少儿出版理论研讨会，开创了我国少儿出版理论研究的新风。

　　1995年5月，我作为中国出版工作者协会代表团成员，途经香港考察台湾，广泛而又深入地考察了港台少儿出版情况，并先后在与台湾、香港的出版联谊会上发表演讲。访问期间，我敏锐地感觉到，台湾把形形色色的少儿图书统称"童书"。这是一个非常简洁、非常响亮、非常大众化的提法，也符合联合国儿童权利公约把"儿童"界定为"18岁以下的任何人"的共识。于是，我就把"童书"概念引入大陆。1995年11月8日，我在《新闻出版报》上发表了《台湾童书面面观》的文章。2001年9月，我撰写出版了第一部少儿出版专著《童书海论》，其中的《少儿图书概论》一章，对少儿图书的界定、少儿图书的地位、少儿图书的沿革、少儿图书的现状、少儿图书的分类、少儿图书的出版体系、少儿图书名作书目和作者、少儿图书的市场营销等进行了全面的论述，在业界引起较大反响。这一概论后被收录于老出版家王益、汪轶千主编的人民出版社出版的出版工具书《图书商品学》中。2002 年 10 月，在上海举办的全国少儿社社长年会上，中国版协少儿读物工作委员会与明天出版社、上海少儿社、《出版参考》杂志社，联合举办了"中国少儿出版理论体系建设暨《童书海论》出版研讨会"。少读工委把 2002 年确定为中国少儿出版理论元年，号召童书出版界重视少儿出版理论研究。《童书海论》作为我国童书出版理论的开山之作，于 2002 年 12 月获得了中国图书奖。"童书"这个提法也流行全国。

随着中少总社的组建，新媒体、多媒体的繁荣发展，2005 年 5 月，我出版了第二部专著《童媒观察》，自创了"童媒"理念，并迅速被社会接受。北京大学新闻传播学院把"童媒"列为 2005 年度的媒体新概念之一，还特邀我在北京大学新闻传播学院研究生班做"儿童媒体的崛起"的讲座。

进入新世纪，我国童书出版高速度发展，迎来了"黄金十年"。紧接着，又创造了近 20 年的连续两位数增长的出版奇迹，一跃而成中国图书出版第一板块。同时，我国的童书出版品种世界第一，童书市场规模世界第一。我在认真研究了英国维多利亚时代和美国"4664"婴儿潮时代的童书出版之后，提出了"中国已经进入了自己的童书大时代"的论断，于 2016 年 9 月出版了第三部专著《童书大时代》，并相继在中国人民大学、北京大学、北京印刷学院等高等学府，全国 20 多家出版机构，希腊雅典第 36 届 IBBY 世界大会做了专题演讲。中国进入童书大时代，中国童书出版的传奇故事，引起了国内外广泛的强烈的反响。

同时，我高度关注图书出版产业链发展和图书受众阅读终端的受益率，积极参加全国各类奖项的评选，积极撰写图书评论，积极参加儿童

《童书海论》　　　　　　　《童读大时代》

阅读推广，先后出版了《书是甜的——海飞童书评论集》《书海飞评——海飞儿童文学评论集》《童读大时代》等著作。继界定童书大时代后，又界定了童读大时代。国家图书馆就用"童读"概念，在全国146家少儿图书馆、1319家分馆，开展"四季童读"活动。我积极响应国际儿童读物联盟的号召，促进中国分会把每年4月2日世界儿童阅读日，设定为中国儿童阅读日。在担任全国政协委员期间，我利用这个难得的高端平台，积极为青少年健康成长鼓与呼，提出了"全民阅读，儿童优先""儿童阅读是人生成长的第一课堂、人生成长的文化味蕾、人生成长的精神摇篮"的阅读理念，并参加了500多场儿童阅读推广活动。

锲而不舍，金石可镂。中国少儿出版理论体系的建设，得到了全国童书出版界和专家学者的高度重视。进入21世纪，一批少儿出版理论著作应运而生。如江苏少儿社祁智的《抵达或者出发》，浙江少儿社孙建江的《童年的文化坐标》《童年的文化力量》《童年的文化密码》，湖南少儿社吴双英的《童书之光》，希望出版社王琦的《童书的种子》，太原师范学院崔昕平的《中国童书出版纪事》，中华读书报陈香的《黄金十年：中国少儿书业风云录》，等等。这些对中国童书的理性分析、理性探索、理性研究，一定会让中国的童书大时代更加长远，更加辉煌。

时代在不断更替，科技在不断进步，图书出版的载体也在不断地变化。但是，人类对于自身未来的厚爱、对自己下一代的厚爱，一定不会、也不能改变。百万年的人类进化，一万年的中国文化，五千年的中华文明，我们需要图书传承、传播、创新、发展。童书，作为少年儿童成长的文化味蕾，作为少年儿童成长的"第一粒扣子"，作为少年儿童成长的精神家园，任重道远。我们在改革开放的历史进程中创造了中国童书的出版传奇，迎来了中国自己童书大时代。我们寄希望于新时代的中国童书，不忘本来，吸收外来，面向未来，创造新的辉煌，创造属于世界的中国童书大时代。

唐浩明 | 打通古今　传承智慧

访谈实录视频

访谈时间：2023 年 8 月 8 日
访谈地点：长沙

　　唐浩明，1946 年出生，著名作家、学者，1982 年分配至岳麓书社，先后担任编辑室主任、副总编辑等职。编辑《曾国藩全集》《胡林翼集》《彭玉麟集》等近代历史文献，著有长篇历史小说《曾国藩》《杨度》《张之洞》，以及读史随笔集《冷月孤灯·静远楼读史》与"唐浩明评点曾国藩"系列等，编辑的图书及其作品曾获国家图书奖、中宣部"五个一工程"奖等。曾任第九届、第十届全国政协委员，享受国务院政府特殊津贴，曾获中国出版政府奖优秀出版人物奖等奖项，入选新中国 60 年百名优秀出版人物。

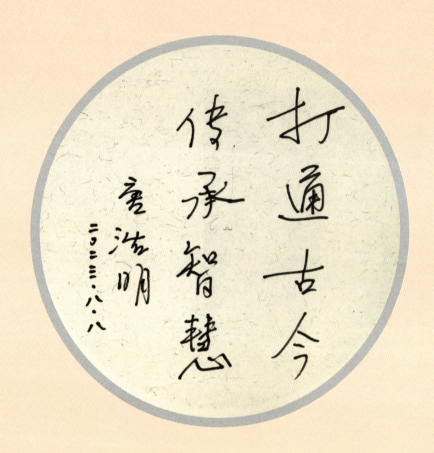

打通古今
传承智慧
唐浩明
二〇二三·八·八

主持人： 您在大学读的是水利工程，毕业后也在水利部门工作，您是如何转行进入编辑出版领域的？对编辑工作有什么感受？

唐浩明： 我是"文革"前的最后一届大学生，当时读的是水利工程，毕业后一直在水利部门工作。但我个人更喜欢文学、历史等人文学科。所以，"文革"结束，恢复研究生制度后，我于1979年考入华中师范学院中文系古典文学专业，从工科生变成了文科生。3年后毕业，我被分配到湖南长沙岳麓书社。那时岳麓书社刚从湖南人民出版社分出来，建社不足半年，全部人马加起来也就十几个，都在一间大办公室上班。岳麓书社还在附近的新华社湖南分社招待所租了一间约10平方米的小房子，我被安置在那里。我用一个大书柜，将房间分为前后两部分，我在后半部分搭了一张单人床，摆上一张书桌、一把椅子，就算安顿下来了。前半部分，则坐着编辑部主任和另一个编辑。因为有书柜挡着，我坐在后面，有一种拥有独立空间的感觉，心里很安宁。下班后，这间办公室便是我的"天下"，更觉十分满足。我从小喜欢读书，现在天天与书稿打

唐浩明
在书房

交道，又可以遇上不少有学问的作者，这工作太合我的意了。

编辑部主任待人和气，平易近人。他当时正在看《古文观止》译注的清样，《古文观止》相关译注我一直想读却找不到，现在书稿居然就在眼前，我很高兴，对主任说："您打清样时多打一份，把那一份送给我吧。"主任说："用不着留清样，出书时社里每人会送一本。如果你还要的话就找我，每个责任编辑，社里会发 20 本样书。"

我简直惊喜极了。这就意味着，今后我不用花钱，就可以得到很多书。编辑这个职业居然有这么好！

"编辑"这两个字，在我的心里一直有很崇高的地位。我们民族的至圣先师孔夫子就是中国的第一个大编辑。孔夫子一生述而不作，整理编辑《诗》《书》《春秋》，论对中华文化的贡献，没有哪个人能超过他。历史上，有许多著名的编辑，如编《文选》的昭明太子、编《唐诗三百首》的蘅塘退士、编《古文观止》的吴氏叔侄、编《古文辞类纂》的姚鼐等，他们的贡献，并不亚于一个有成就的学者、作家。近代许多文化名人，都做过编辑，如张元济、梁启超、李大钊、陈独秀、胡适、鲁迅、叶圣陶、梁实秋、巴金等。当代编辑中，也有不少文化名人，如张恨水、张友鸾、金庸、高阳、林海音、王鼎钧、巴人、杨伯峻、周振甫、韦君宜、傅璇琮、沈鹏等。岳麓书社这个以出版中国传统文化书籍而著称的古籍社，是我向往的圣地。如今有幸成为其中一员，机会非常难得，以这些编辑名家为榜样，做一个对文化事业有贡献的编辑，成了我的初心和追求。

主持人：编大部头的古籍书枯燥乏味，而且花费的时间多，您当时为何主动请缨？您是怎样"啃"下这块"骨头"的？

唐浩明： 岳麓书社当时制订了一个庞大的湖南地方文献与古籍的整理出版计划，开列从古代到新中国成立前的2000多种湘籍人士的著作，拟陆续出版。其中特别引人注目的是六大全集，即王夫之、魏源、曾国藩、左宗棠、王闿运、王先谦6个人的全部文字。这是6个浩大的文化工程。

出于对中国传统文化的热爱，我认为这个出版计划十分必要，非常及时。第一，"文革"后，有许多好书已极难找了，现在重印，可以为读者提供方便。第二，从古到今，书籍浩如烟海，质量参差不齐，亟须人做一番清理。把那些经受住了时间考验的有意义的书挑选出来，重新印刷，以便引起读者注意，这样既造福当代，又可将它们引入人类文化长河中。第三，趁着一批宿学老成者还健在，给他们创造一个传递文明薪火的平台。总之，这是一桩功德无量的事。于是我向社领导主动请缨——我愿意来做这件事。

这件事，说起来都认为是好事，但是做起来毕竟太枯燥乏味，且极耗时日，有些编辑出于种种原因，参加的积极性不高。我的主动请缨很快便得到批准，而且承担的是六大工程中最重要的一项，即担任新版《曾国藩全集》的责任编辑。我当时从内心感谢社领导的器重，把这样一个重担交给我。这份信任，促使我以高昂的热情，竭尽全力地投入工作。

但平心而论，这个工程的难度确实非同一般。

首先是曾国藩这个人不一般。他出身于普通的农民家庭，靠自己的努力一步步走进了朝廷的权力圈；然后又以文职官员的身份，白手起家组建一支军队，平定了太平天国运动。他不但立功，而且立德立言。百余年来，他成了平民子弟的励志榜样，尤其备受政治家的敬重。梁启超认为他不仅是中国有史以来数一数二的大政治家，也是全世界数一数二的大政治家。毛泽东说"愚于近人，独服曾文正"。蒋介石也以他为榜样。但同时，也有人说他是汉奸、卖国贼、刽子手，是阻挡历史车轮前进的反革命头子。评价的反差之大，历史上少见。

其次，老版《曾文正公全集》影响很大。曾氏死后不久，由李鸿章兄弟等人组织编辑刻印的《曾文正公全集》即问世，该书可谓近代个人全集中影响最大的一部。蒋介石将它随身携带，走到哪里带到哪里。毛泽东也很喜欢读它，至今韶山故居还保存着四本线装版《曾氏家书》，每册封面上都有"润之珍藏"四个端正的楷书。梁启超从中摘取数百条语录，编辑成一本《曾文正公嘉言钞》。蔡锷则据此编辑《曾胡治兵语录》，作为他部队的教科书。

最主要的是，我所编的新版全集，富有传奇色彩。

曾国藩是一个档案备份意识极强的人，他所有的文字包括家书、日记这种私密文字都留有副本。战争年代，每隔一段时间，他就派专人将他的副本，从前线护送到老家保存。他死后，这些文书档案成了曾氏家族的镇宅之宝，世代典守，秘不外示。新中国成立前夕，他的第四代嫡孙曾宝荪、曾约农姐弟将其中的一部分手迹，辗转带到台湾，大量的文件则依旧留在曾氏老家富厚堂内。中华人民共和国成立后，曾氏家族的一切财产都被没收，充作公产。房屋、田地、古董，以及室内的所有家具摆设都成了抢手货，唯有那些"没人要"的书籍及文书档案，被堆放在富厚堂内的砖坪里。摆了一段时间后，有人曾建议，干脆一把火将这些"反动"的材料烧掉了事。幸好省里有关人士得知了此事，决定将这批东西运到省会长沙，交给中山图书馆（湖南图书馆的前身）保管。那时，图书馆没把这批东西当回事，随便找了一个不起眼的小屋子堆放，然后用一把锁，将它们紧锁起来，从此再无人过问。时间一长，大家也慢慢将此事给遗忘了。

歪打正着，这种"打入冷宫"的待遇，却起到了对古籍的保护作用。在"文革"时期的"破四旧"狂热中，正是因为被"人们"遗忘，这批材料才侥幸逃脱那场劫难，完整地保留到"重见天日"的那一天。

20世纪80年代初，在拨乱反正中，中央恢复了古籍整理出版规划小组，各省也陆续成立了相应机构。在湖南古籍整理出版规划小组的领导下，学术界和出版界联手，对湖南近代历史文献进行了调查清理，使尘封30年之久的曾氏旧档得以重放异彩。学者们将光绪年间的刻本《曾文正公全集》与这些材料进行比较后，发现有很多著作没有收录进去。当时的全集，其实是一部选集。学者们认为，很有必要以这些档案为基础，再将台湾20世纪60年代影印的《湘乡曾氏文献》《湘乡曾氏文献补》合起来，出一部新版曾氏全集。上报国务院古籍整理出版规划小组获准后，便有了这样一个项目。

然而，要将这个计划变为现实，却是一件很不容易的事情。首先得组织一个队伍。这虽然是件好事，但学者老师们对此积极性不高。主要原因是高校、社科院没把古籍整理视为科研成果，古籍整理成果在评职称、晋级、获奖这些方面都不起作用，他们做此事，除了能得到一点微薄的整理费，没有其他功利性的收获。好不容易从三四个单位组织了20余人的专家队伍，因为种种原因，却难以找到合适的主编人选。在主编缺位的情况下，所有的联络、协调，甚至包括全集体例的统一等事情，便都落在出版社的身上，具体来说就是落在我这个责任编辑的头上。当时的我，出于无知而产生的"无畏"，竟二话没说地担当起这个角色。

　　再就是繁重的清理复印工作。那时岳麓书社没有汽车，我只好把社里唯一的复印机搬到板车上，与一个小伙子合作，一路颠颠簸簸地把复印机拖到省图书馆。社里派出另一个同志做复印员。从那以后，我每天进库房，对那些一百多年前的"曾宅老档"进行清点。因年代久远，保存不当，发黄发霉、脱落、腐烂、虫蛀的文档很多，得一一将它们处理归置，然后交复印员一张张地复印。风雨无阻，天天如此，就这样三个多月下来，终于将除奏稿外的藏件全部复印了下来。幸而当时图书馆领导的"市场意识缺失"，没有因此事收费。如果按照图书馆现在的规定，资料费将是一个出版社难以承受的天文数字。出版社如无法筹集到这笔巨款，事情就"黄"了。

　　为了真实地感受曾氏文集的深浅，我首先对曾氏家书进行了整理校点。我在通读省图书馆藏件、光绪年间刻本、台湾影印本的基础上，整理出近百万字的曾氏家书。为方便读者阅读，我将其分为上下两册，并为每封家书写了提要，又在书后附上人名索引和内容主题索引。1985年10月，这两册家书作为新版《曾国藩全集》最先推出的部分，由岳麓书社出版。从1985年最先出版《曾国藩全集·家书》，到1995年出齐《曾国藩全集》，历时10年，在国内外产生了较大的社会反响。美国纽约《北美日报》发表了一篇题为《还历史以本来面目》的社论，祝贺中国出版《曾国藩全集》，说出版此书是"朝着正确对待历史的方向跨出了可喜的一步"，"是中国文化界人士的思想突破了一大禁区的标志"，"其重要性完全可以和中国发射一枚新的导弹或卫星相比拟"。这事让湖南出版界很兴奋，参与整理的学者专家们也受到鼓舞。

主持人：您在编辑《曾国藩全集》的同时，把编辑《曾国藩全集》、研究曾国藩与写曾国藩的长篇历史小说结合起来，全方位地走进曾国藩的世界，开创了编写一体的古籍整理模式。请您谈谈这方面的体会。

唐浩明：《曾国藩全集》出版后，社会好评如潮。我奉湖南省委组织部之命，写了《曾国藩对人才的重视与知人善用》一文，实事求是地总结了曾国藩在识人用人方面的一些成功经验。此文被列为中组部举办的第三梯队培训班的课外重点参阅论文。我从中受到启发：现在已到了可以客观科学对待历史的时候了，只要是抱着这种态度研究历史，是可以得到社会认可的。在整理校点曾氏家书的过程中，我已经不知不觉地走进了曾氏的世界。说实在话，先前我对曾国藩并不了解，只是从教科书上知道他是一个大反面人物。这段时期我仔细阅读他写给家人的 1000 多封书信，发现他信中所讲的许多观念与我们倡导的观念十分契合，而且有些话使人震撼。如他对儿子说："若农夫织妇终岁勤动，以成数石之粟数尺之布，而富贵之家终岁逸乐，不营一业，而食必珍馐，衣必锦绣，酣豢高眠，一呼百诺，此天下最不平之事，鬼神所不许也，其能久乎？"这段话不是在宣传革命理论吗？身处他的地位，能将世事看得这样通透，说明这个人非同一般。

我由此产生了向前辈学习的念头，我不再满足于只伏案看稿、改正错别字，而是要独立研究，做一个有学问有思想的出版人。我一边编辑曾氏全集，一边潜心于近代史与曾氏的研读。编辑的职责，逼迫我必须一字不漏地读懂曾国藩留下的 1000 多万字的原始材料。这种笨拙的读书方式，使我看到历史的许多细枝末节。而这，往往容易被不少以研究为主业的历史学家们所忽视。我先后在学术刊物上发表了 10 多篇研究曾氏的文章，引起了学界的注意。在《曾国藩非汉奸卖国贼辨》（以"邓云生"之名发表）这篇文章中，我提出曾氏不是汉奸卖国贼的观点。文章在《求索》杂志上发表后，立即被美国《华侨日报》摘要刊载。在全方位地研究曾氏这个人后，我有一个认识：曾氏既非十恶不赦的反面人物，也不是一代完人式的圣贤，他其实是一个悲情色彩很浓厚的历史人物。他身处晚清时期政治军事的旋涡中心，却一心想做圣贤，一心想在中国重建风俗淳厚的理想社会，这就注定了他的悲剧性。细细品味他留下的文字，可以发现他的内心深处是悲凉的、抑郁的，他的苦多于乐，忧多于喜。这种强烈的悲情氛围，要远远超过他的那些风光荣耀的外在表现。

1986 年，我进入人生的四十不惑时，做出了一个在当时看来是很大胆的决定：写一部以曾氏为主人公的长篇历史小说。之所以以小说的形式而不是以评传的形式来写，是基于以下几点：

第一，借助文学元素走进人物的精神世界，可以将人物写得生动鲜活，尽可能接近我心目中的那个人物原型；第二，读者喜欢读文学作品，图书的发行量会比较大，我的努力所能够获得的认可面也会大一些；第三，我在青少年时代极想做一个作家，借此圆我的作家梦。从那以后，除了上班时间编《曾国藩全集》，其他时间我都用于构思、撰写有关曾国藩的小说，每天写作到凌晨一两点。那段时间，我没有星期天，没有节假日，没有任何应酬，除开睡觉外，也没有任何休息的时间。我甚至连天气变化、时序推移的感觉都不复存在。为了获取尽量多的时间，我坚决辞掉了副总编辑的职务。我当时已不年轻了，前所未有的紧迫感，促使我格外珍惜时间，分秒必争。

三年多的日夜兼程，我写出了百万字的初稿。到了将书稿交给湖南文艺出版社，正式讨论出版事宜时，长期以来心中的最大顾虑，便立即成了最大的拦路虎。这个最大的困难不是别的，恰恰就是曾国藩本人。鉴于当时曾国藩是个有争议的人物，选题一直搁浅。1989年年底，我向湖南省新闻出版局新任局长当面陈述了两个多小时的出版理由。局长当即表态：只要没有政治问题，又不是诲淫诲盗，可以考虑出版。局长还要求每个局党组成员都看一遍书稿，并且签字表态。局党组如此慎重地对待一部书稿，过去从来没有过。书稿终于进入正式出版流程。

在湖南出版界态度还不明朗的时候，我请我的父亲与台湾黎明文化公司联系出版事宜。1990年台湾黎明文化公司出版了《曾国藩》的第一部。三个月后，以《血祭》为书名的大陆版《曾国藩》第一部也在湖南文艺出版社出版。《曾国藩》第一部出版后引发的社会反响，大大地出乎人们意料。这部书首先在校对室里一片叫好。出版后，来出版社买书、要书的，车水马龙。当时印书的新华二厂在邵阳市，因为供电紧张，常常停电。工厂要求供电所供电，所里的人便开玩笑说，你们拿《曾国藩》来，我们就供电。平时不读书的出版社门卫，也想请责任编辑送他一本书。我听后很感动，立即给他送去了签名本。

从《曾国藩》第二部开始，局党组不再集体审稿了，书稿由湖南文艺出版社终审。1991年，第二部《野焚》出版，1992年第三部《黑雨》出版。几乎与此同时，台湾也推出了黎明版的第二部、第三部。那几年，社会上广泛流传两句话："从政要学曾国藩，经商要学胡雪岩。"无形中为《曾国藩》做了很好的广告宣传，同时也推动了岳麓书社版的《曾国藩全集》的发行。1995年，《曾国藩全集》第一次整体推出，便印了8000套，半年售罄后，又加印了5000套。30卷的历史人物全集，两年内发行 13000 套，比较少见。不但读者喜欢，学界也予以认可。《辞海》（第七版）专为岳麓书社版的《曾国藩全集》立了一个词条。

此后，我又策划了《胡林翼集》《彭玉麟集》《曾国荃全集》，并担任责任编辑。这几个人都是当时湘军的高级将领，他们的文集，无疑是研究那一段历史的重要史料。作为一个编辑，我不想四路出击，到处开花，我把目光锁定在一个比较小的范围。这个小范围，一是湖南，二是近代。我认为，这样做，无论是对出版社，还是对我个人，都是有利的。编辑虽说是杂家，但也不能太杂，杂中还得有所专。太杂必流于浅薄，有所专才能走向深厚。

在这个过程中，我继续利用业余时间创作历史小说，写了《杨度》与《张之洞》两部书。这两部书的时代背景也框在近代。与《曾国藩》一起，这三部书被人们称为"晚清三部曲"。

进入 21 世纪，图书市场出现了不少以曾国藩为题材的"跟风书"。但这

《杨度》

《张之洞》

些"跟风书"存在两个突出的问题：一是绝大部分图书浅薄，抄袭的痕迹明显；二是图书内容热衷于权谋机巧一类的"术"，对于曾氏身上所体现的中国传统文化中的"道"，或忽视或淡化或歪曲。作为"曾国藩热"的"始作俑者"，我的心情颇为压抑，我觉得我有责任为曾氏做一些正本清源的事。于是，我在《张之洞》出版后就明确表示，我今后不再写长篇历史小说，而是做点别的事。

这个事中最主要的便是写"评点曾国藩"系列。确切地说，"评点曾国藩"是评点曾国藩的文字。2002 年推出"评点"系列的第一部《唐浩明评点曾国藩家书》，以后陆续推出《唐浩明评点曾国藩奏折》《唐浩明评点梁启超辑曾国藩嘉言钞》。对这三部评点，我的写作宗旨是：以走进曾氏心灵为途径，以触摸中华民族文化的底蕴为目标。作为一个文化人，我认为这才是研究曾国藩的正路子。从 2007 年到 2011 年，我又花了整整 4 年的时间对 10 多年前出版的《曾国藩全集》做了一次全面的修订。

"唐浩明评点曾国藩"系列

修订工作基于以下三个主要原因：第一，这 10 多年来又发现了一些曾氏文字，特别是台湾出版的"台北故宫博物院"所收藏的曾氏奏折，为数不少，很有补充进去的必要；第二，20 世纪 90 年代出版的全集存在着不少差错，很有改正的必要；第三，由湖南省政府资助出版的《湖湘文库》将《曾国藩全集》列入其中，为全面修订提供了难得的条件。

　　作为《曾国藩全集》的重要参与者，这 10 多年来，我一直为当年因为人员众多、政出多门而造成的不少差错而深存遗憾。现在能有这样一个机会来弥补，且可以增加许多新内容，这是一件好事。我中断了"评点曾国藩"系列的写作，全身心投入《曾国藩全集》修订版的工作中去。2011 年 11 月，在曾氏 200 周年诞辰的纪念会上，举行了隆重的修订版首发式。看着用红绸带包扎的 31 册修订版全集，我心里长长地舒了一口气，感觉基本上可以无憾于读者、无憾于子孙了！

　　之后，第四本评点日记、第五本评点书信、第六本评点诗文也陆续推出。"评点曾国藩"系列的陆续出版，从新的视角，为有兴趣的读者提供了读本。

　　主持人：*每个行业的从业者都有自己的职业成就，从中获得职业动能，增强职业自信。编辑工作所承担的培根铸魂使命，有着不一般的职业成就。请谈谈您对编辑职业成就的看法。*

　　唐浩明：自从 20 世纪 80 年代进入岳麓书社，我就常常想着这样一个问题：作为一个编辑，我的职业成就体现在哪里？或者说，什么是我的职业追求？

　　我认为传承人类优秀文化遗产、积累当代文明成果，应是出版社的最主要的职能。至于获得多高的经济收入，创造多大的利润价值，则是对这个职能履行程度的回报之一，而不是衡量它的最重要的指标。具体到我自己，一个古籍出版社的编辑，其立足点则要落在传承中华民族的优秀文化遗产上，把古代的知识、技能，把古人的感悟、体验传承给今人。这其中最为重要的是古人的智慧。一个称职的古籍编辑，要有一种意识，即如何能让今天的读者更方便地接受这一切。我把自己的思考概括为 8 个字：打通古今，传承智慧。

智慧，本是人类的高端成果，但其中仍然有低层次与高层次之分。低层次的智慧是可以用文字来表述的。这些年来，我也应邀讲过一些课，其中有一个课程就叫作"曾国藩的人生智慧"。我写曾国藩的评点系列，也是把很多的心血用在挖掘曾氏的处世做人的智慧上。我编辑的曾国藩、曾国荃、胡林翼、彭玉麟等人的文集中，自然也蕴含着他们许多的智慧。至于高层次的智慧，则不是文字或语言所能表达的。大家都知道轮扁斫轮的故事，出自《庄子》一书的这个寓言，实际上说出了人世间一个最大的真理，即文字与语言本身具有局限性。只不过轮扁的"六经乃糟粕"那些话，说得太过激、太情绪化而已。许多年后，岳飞所说的"运用之妙，存乎一心"，则以平和的心态把这个感悟说得直白而为人们所理解和接受。

那么，高层次的智慧还能传承吗？如果能，它会以什么方式传承呢？我认为，人类的高层次智慧一定是能够传承的，但不以文字或语言的形式来直接传递，而是隐藏在杰出人物对世事的具体处置上。善于观察和思索的人会将此化于内心，心领神会而随机运用。我之所以要倾注自己的大部分心血去写三部历史人物的小说，其主要的目的就在这里。

我希望借助文学元素来再现历史上那些杰出人士的所作所为，让有心的读者从中去琢磨去感悟那些高层次的智慧。

40 年来，我走过一条从文献整理到文学创作，再到文本解读的道路，看起来扮演了编辑、作家、学者三个角色，其实我一直立足在编辑这个岗位上。20 世纪 80 年代，出版界倡导编辑要努力成为作家型编辑、学者型编辑，我非常认同。这些年来，我的一切努力，实际上也是朝着作家型编辑或学者型编辑的方向前进，在努力中分享成果，提升自我。